U0720805

中共江蘇省委黨校圖書館 編纂

中共江蘇省委黨校圖書館館藏古籍珍本圖録

鳳凰出版社

編纂委員會

序

我國古籍卷帙浩繁、延綿千年，是中華優秀傳統文化的重要載體，凝聚着古聖先賢的深邃智慧。習近平總書記高度重視中華優秀傳統文化的傳承與發展，强調要“深入挖掘古籍蘊含的哲學思想、人文精神、價值理念、道德規範，推動中華優秀傳統文化創造性轉化、創新性發展”。黨的二十大報告鮮明提出：“把馬克思主義基本原理同中國具體實際相結合、同中華優秀傳統文化相結合。”加强古籍研究，對於賡續中華文脈、弘揚民族精神、增强國家文化軟實力、建設社會主義文化强國具有重要意義。

中共江蘇省委黨校高度重視古籍工作，2017 年，專門成立古籍整理工作小組，有組織有規劃地開展古籍工作，使校藏古籍得到保護、整理和傳承。2018 年底，在江蘇省古籍保護中心的指導幫助下，我校圖書館順利完成了古籍普查工作，全面摸清了家底。專家們給出了“存藏數量可觀、品質較高、版本形式較爲豐富”的普查結論，爲我校古籍保護工作的進一步發展堅定了信心、增强了動力。

點滴彙聚，以成江河；梧桐并間，極望成林。經過近四年的不懈努力，我校圖書館於 2022 年 1 月成功獲批“江蘇省古籍重點保護單位”，《中共江蘇省委黨校圖書館等八家收藏單位古籍普查登記目録》由國家圖書館出版社出版，《中共江蘇省委黨校圖書館館藏古籍珍本圖録》已付梓。《中共江蘇省委黨校圖書館館藏古籍珍本圖録》的出版，凝聚了工作人員的敬業和奉獻精神，是我校古籍保護工作的重要階段性成果，爲後續的古籍挖掘整理、研究闡釋以及數字化等方面工作奠定了堅實基礎。

《中共江蘇省委黨校圖書館館藏古籍珍本圖録》彙聚了館藏396部善本中的237部珍本，有入選國家珍貴古籍名録的元刻明修本《附釋音禮記注疏六十三卷》，有入選江蘇省珍貴古籍名録的明崇禎虞山毛氏汲古閣刻津逮秘書本《詩地理考六卷》（其上有天放樓趙烈文題）、明萬曆刻本《春秋輯傳十三卷宗旨一卷凡例二卷》（目前全國只有三家單位收藏）和明刻本《江上山志》（明代潘之恒撰，目前未見他處有收藏，可能爲孤本）。還有品相極好的清刻本《唐文吕選十三卷》、藏家極少的明萬曆刻本《宗鏡録一百卷》以及晚清名臣翁同龢後裔翁之廉的日記等。我校古籍的數量、品質以及珍貴程度在全國省級黨校中可謂首屈一指，所藏名人批校題跋本、稿本、抄本及地方誌中不乏善本、珍本。

紙壽千年，良書播惠；繼絶存真，傳本揚學。古籍保護工作任重而道遠。當今世界正經歷百年未有之大變局，實現中華民族偉大復興正處於關鍵時期，傳承和弘揚中華優秀傳統文化迎來新的歷史機遇。新征程上，我們要認真學習貫徹習近平總書記關於傳承發展中華優秀傳統文化的系列重要論述和做好古籍工作的重要指示批示精神，堅持中國特色社會主義文化發展道路，堅持把馬克思主義基本原理同中國具體實際相結合、同中華優秀傳統文化相結合，堅持爲人民服務、爲社會主義服務，堅持百花齊放、百家争鳴，堅持創造性轉化、創新性發展，以社會主義核心價值觀爲引領，系統推進古籍保護、整理、出版和利用，努力爲黨的幹部教育培訓工作提供新的素材，爲黨治國理政提供有益啓示，爲傳承和弘揚中華優秀傳統文化貢獻黨校力量。

目　録

一　元明珍本

二　清代珍本

一　元明珍本

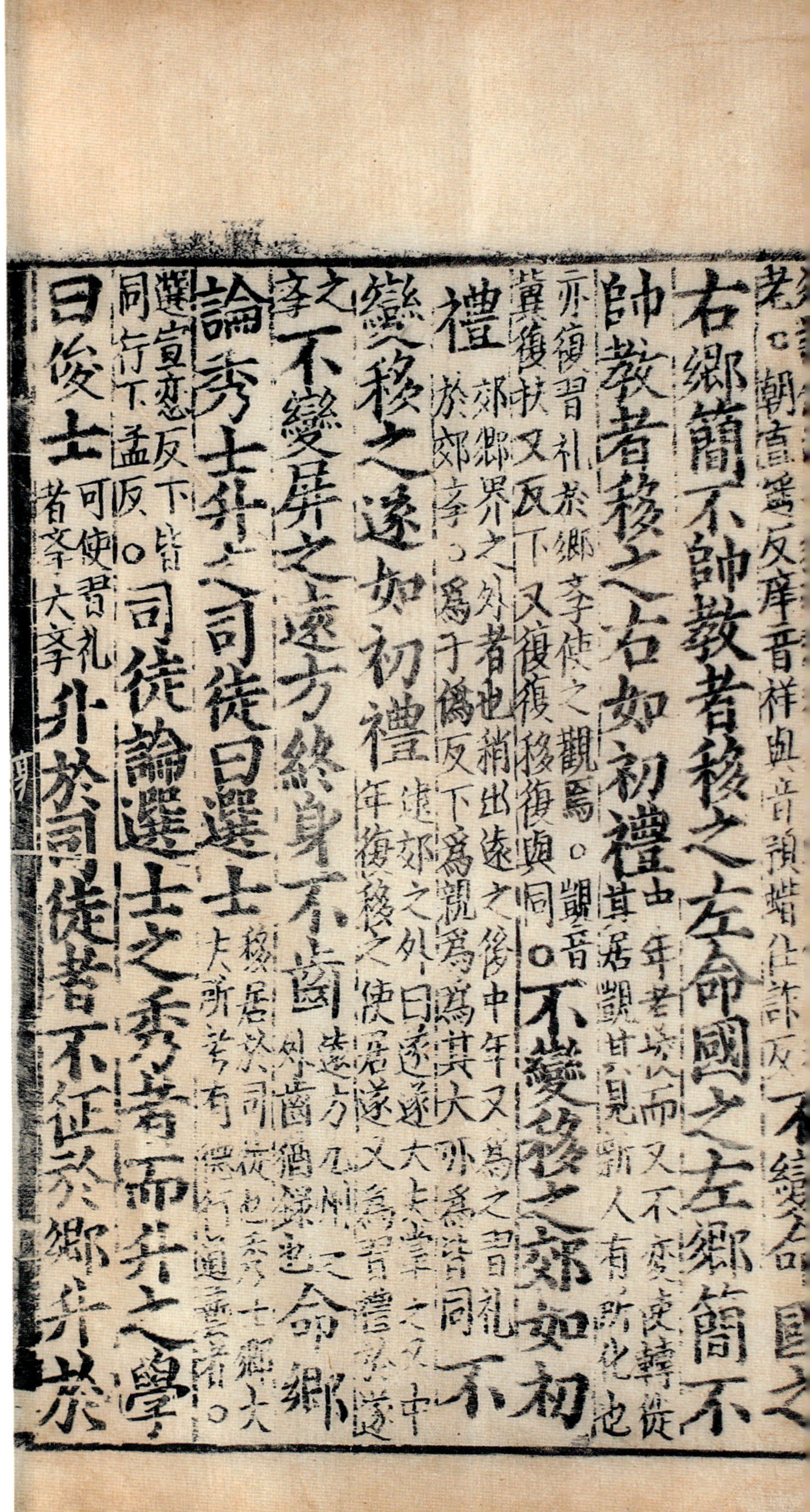

不變命國之
右鄉簡不帥教者移之左命國之左鄉簡不
帥教者移之右如初禮　不變移之郊如初
禮　不變
變移之遂如初禮
不變屏之遠方終身不齒　命鄉
論秀士升之司徒曰選士
選　司徒論選士之秀者而升之學
曰俊士　升於司徒者不征於鄉升於

元刻明修本

存三十五卷（十三至十九、二十七至三十五、四十五至六十三），26册。半葉10行，行17字，小字雙行23字。白口，白魚尾，左右雙邊。框高18.5厘米，寬13.8厘米。入選第六批國家珍貴古籍名録，名録號12340。

附釋音禮記註疏卷第十三

王制　鄭氏註　孔穎達疏

司徒脩六禮以節民性明七教以興民德齊八政以防淫一道德以同俗養耆老以致孝恤孤獨以逮不足上賢以崇德簡不肖以絀惡司徒地官卿掌邦教者也簡謂差擇也○防本又作坊音同恤辛律反逮音代又大計反肖音笑絀勑律反命鄉簡不帥教者以告帥循也不循教謂敖很不孝弟者司徒使鄉簡擇以告者鄉屬司徒○帥音率循音巡敖本又作傲同五報反很胡墾反弟大計反本又作悌耆老皆朝于庠元日習射上功習鄉上齒大司徒帥國之俊士與執事焉將習禮以化之使之觀焉者[illegible][illegible]仕[illegible]反

西湖遊覽志二十四卷（明）田汝成 撰

明嘉靖二十六年（1547）嚴寬刻本

存五卷（二十至二十四），1册。半葉10行，行20字。上下黑口，單黑魚尾，四周雙邊。框高20厘米，寬14.1厘米。

西湖遊覽志第二十四卷

浙江勝蹟

錢唐田汝成輯撰

浙江

浙江在郡城之東南登西湖諸山則大略可瞰其源發自徽州曲折而東以入于海故名浙江亦曰浙河其潮晝夜再上諸家立說不同宋時郡志載姚寬西溪殘語及徐叔明高麗錄二篇大抵皆云潮隨日而應月依陰而附陽元時婁伯宣作浙江潮候圖說又檃括其詞更加明爽其

吾學編六十九卷（明）鄭曉 撰

皇明大政記第八卷　　吾學編第八卷

臣海鹽鄭曉

乙酉憲宗純皇帝成化元年春正月○二月彗星見
○鄖襄盜起王恕爲副都御史撫治南陽討平之
○兩廣蠻叛征夷將軍都督趙輔贊理軍務僉都
御史韓雍率兵討之○三月加吏部尚書王翱太
子太保○進陳文禮部尚書○幸太學釋奠先師
○夏四月張寧岳正爲汀州興化知府○副都御
史楊璿巡撫荊襄○荊襄流民劉千斤反○五月
兵部尚書王竑致仕王復爲兵部尚書尋改工部

明隆慶元年（1567）鄭履淳刻本

存三十一卷（五至十、十七至十八、二十四至三十三、三十八至四十五、五十二至五十五、六十九），8冊。半葉10行，行19字，小字雙行同。白口，白魚尾，左右雙邊。框高18.5厘米，寬13.8厘米。

春秋經傳集解三十卷　（晉）杜預　撰　（明）穆文熙　輯評　春秋名號歸一圖二卷　（五代）馮繼先　撰

春秋經傳集解襄公一第十四

晉當陽侯杜預註　盡九年

明鄄郡考功員外穆文熙編纂　兵部左侍郎石星校閱

河南道監察御史劉懷恕閱　江西道監察御史沈權同閱

襄公名午成公子母定姒謚法因事有功曰襄辟上有德曰襄

經元年春王正月公即位無傳於是公年四歲仲孫蔑會晉欒黶宋華元衛甯殖曹人莒人邾人滕人薛人圍宋彭城魯與謀於虛打而書會者禀命霸主非匹敵故○與音預夏晉韓厥帥師伐鄭仲孫蔑會齊崔杼曹人邾人杞人次于鄫鄫鄭地在陳留襄邑

明萬曆十五年（1587）劉懷恕刻春秋戰國評苑本

存十七卷（十四至三十），16冊。半葉9行，行20字，小字雙行同。白口，單黑魚尾，四周雙邊。框高24厘米，寬14.4厘米。

泊如齋重修宣和博古圖録三十卷（宋）王黼 等撰（圖1）

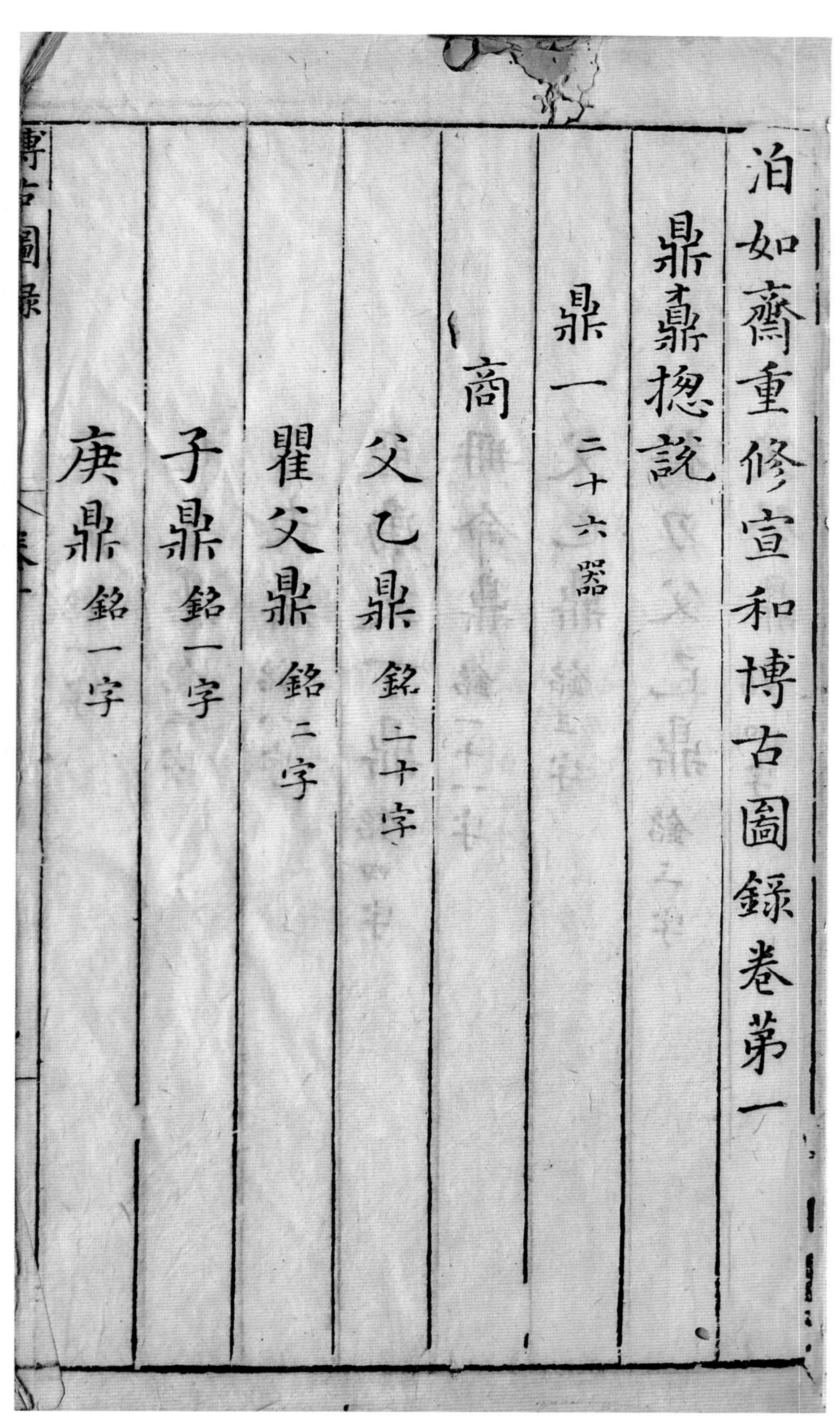

明萬曆十六年(1588)泊如齋刻本

缺二卷(十四至十五)，11冊。半葉8行，行17字。白口，白魚尾，四周單邊。框高24.6厘米，寬15.5厘米。

泊如齋重修宣和博古圖録三十卷　（宋）王黼 等撰　（圖2）

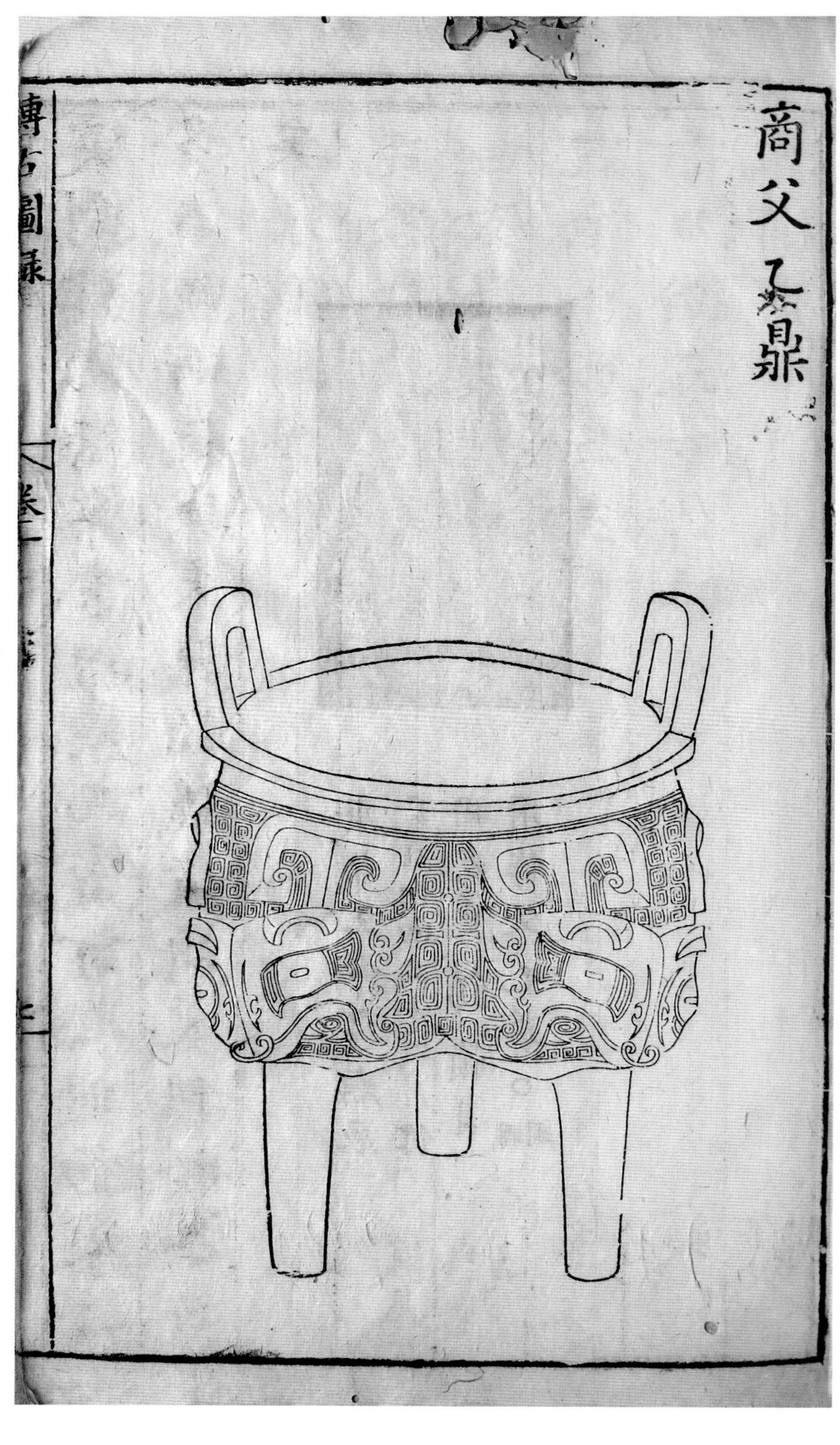

重修宣和博古圖録三十卷　（宋）王黼　等撰

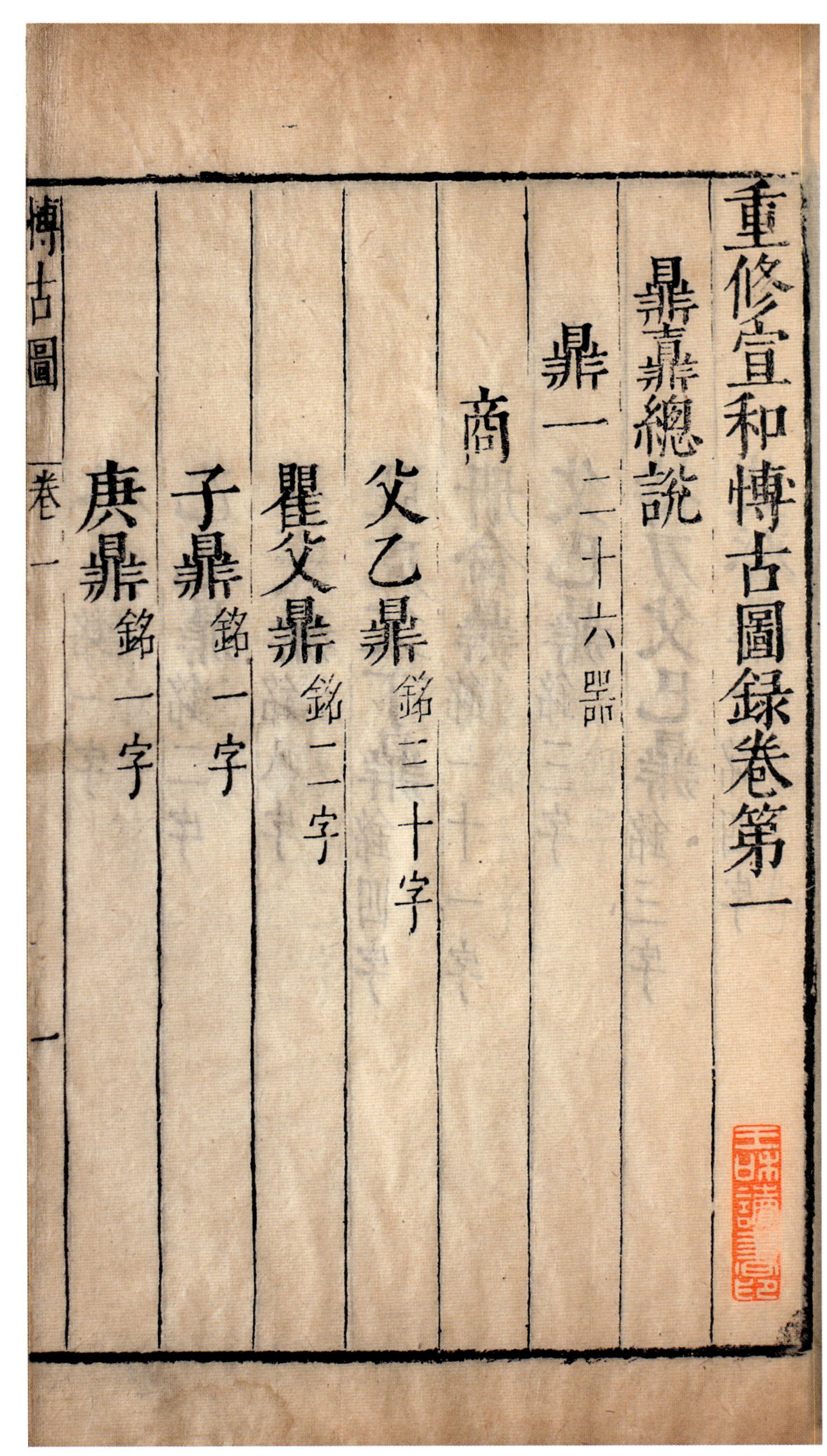
重修宣和博古圖録卷第一
鼎鼒鬲總説
鼎一　二十六器
商
父乙鼎　銘三十字
瞿父鼎　銘二字
子鼎　銘一字
庚鼎　銘一字
博古圖　卷一　一

明萬曆二十七年（1599）于承祖刻崇禎九年（1636）于道南重修本（卷三至卷五配抄本）
10 冊。半葉 8 行，行 17 字，小字雙行同。白口，無魚尾，四周單邊。框高 21.2 厘米，寬 13.9 厘米。

漢魏叢書 （明）程榮 編

中鑒五卷 （漢）荀悅 撰 （明）黃省曾 注

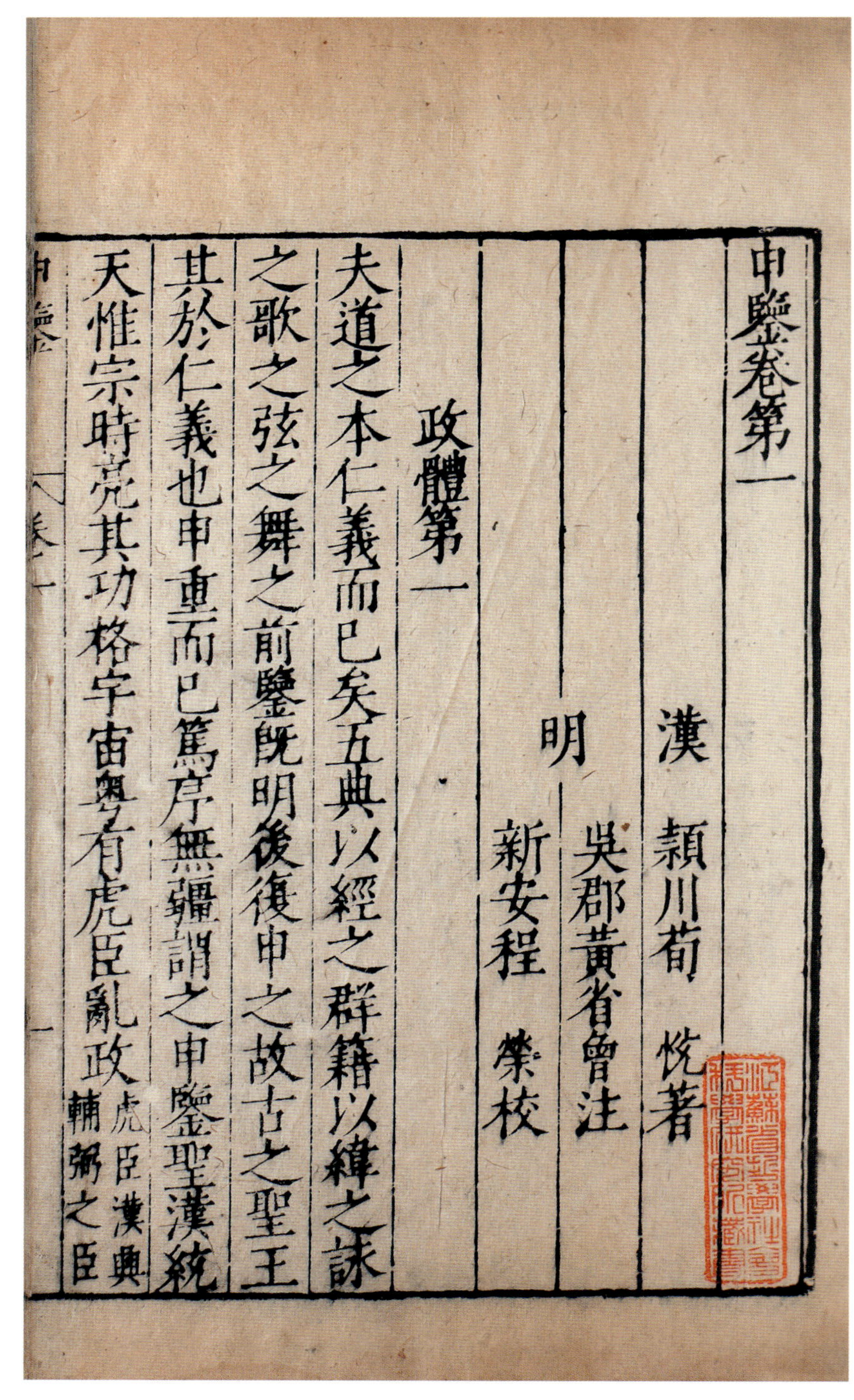

中鑒卷第一

漢 潁川荀 悅著

吳郡黃省曾注

明 新安程 榮校

政體第一

夫道之本仁義而已矣五典以經之群籍以緯之詠之歌之弦之舞之前鑒既明後復申之故古之聖王其於仁義也申重而已篤序無疆謂之申鑒聖漢統天惟宗時亮其功格宇宙粤有虎臣亂政虎臣漢典輔弼之臣

明萬曆二十年（1592）程榮刻本

存五種二十九卷（中鑒五卷、穆天子傳六卷、西京雜記六卷、白虎通德論二卷、王子年拾遺記十卷），7册。半葉9行，行20字，小字雙行同。白口，無魚尾，左右雙邊。

穆天子傳卷之一

晉　河東郭璞註

明　新安程榮校

古文

飲天子蠲音涓山之上戊寅天子北征乃絕漳水絕猶截也漳水今在鄴縣庚辰至于□觴天子于盤石之上觴者所以進酒因云觴耳天子乃奏廣樂史記云趙簡子疾不知人七日而寤曰我之帝所甚樂與百神遊于鈞天廣樂九奏萬舞不類三代之樂其聲動心廣樂義見此載立不舍言在車上立不下也至于鈃山之下卽鈃山今在常山石邑縣鈃音邢癸未雨雪天子獵

白虎通德論二卷 （漢）班固 撰

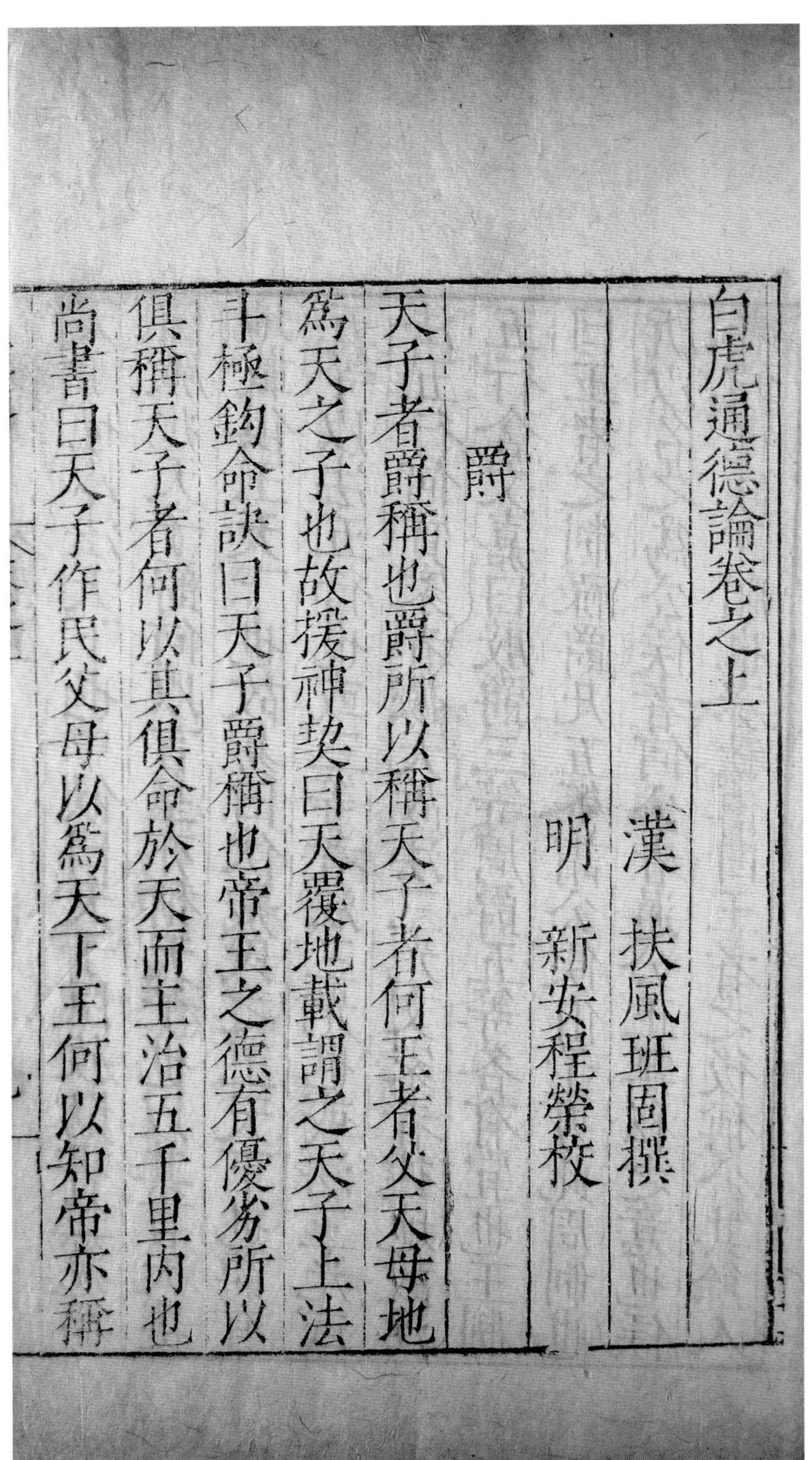

白虎通德論卷之上

漢 扶風班固撰

明 新安程榮校

爵

天子者爵稱也爵所以稱天子者何王者父天母地爲天之子也故援神契曰天覆地載謂之天子上法斗極鉤命訣曰天子爵稱也帝王之德有優劣所以俱稱天子者何以其俱命於天而王治五千里内也尚書曰天子作民父母以爲天下王何以知帝亦稱

王子年拾遺記卷第一

晉 隴西王嘉著

梁 蘭陵蕭綺録

明 新安程榮校

春皇庖犧

春皇者庖犧之別號所都之國有華胥之洲神母遊其上有青虹繞神母久而方滅即覺有娠歷十二年而生庖犧長頭脩目龜齒龍唇眉有白毫鬚垂委地或人曰歲星十二年一周天今叶以天時且聞聖人

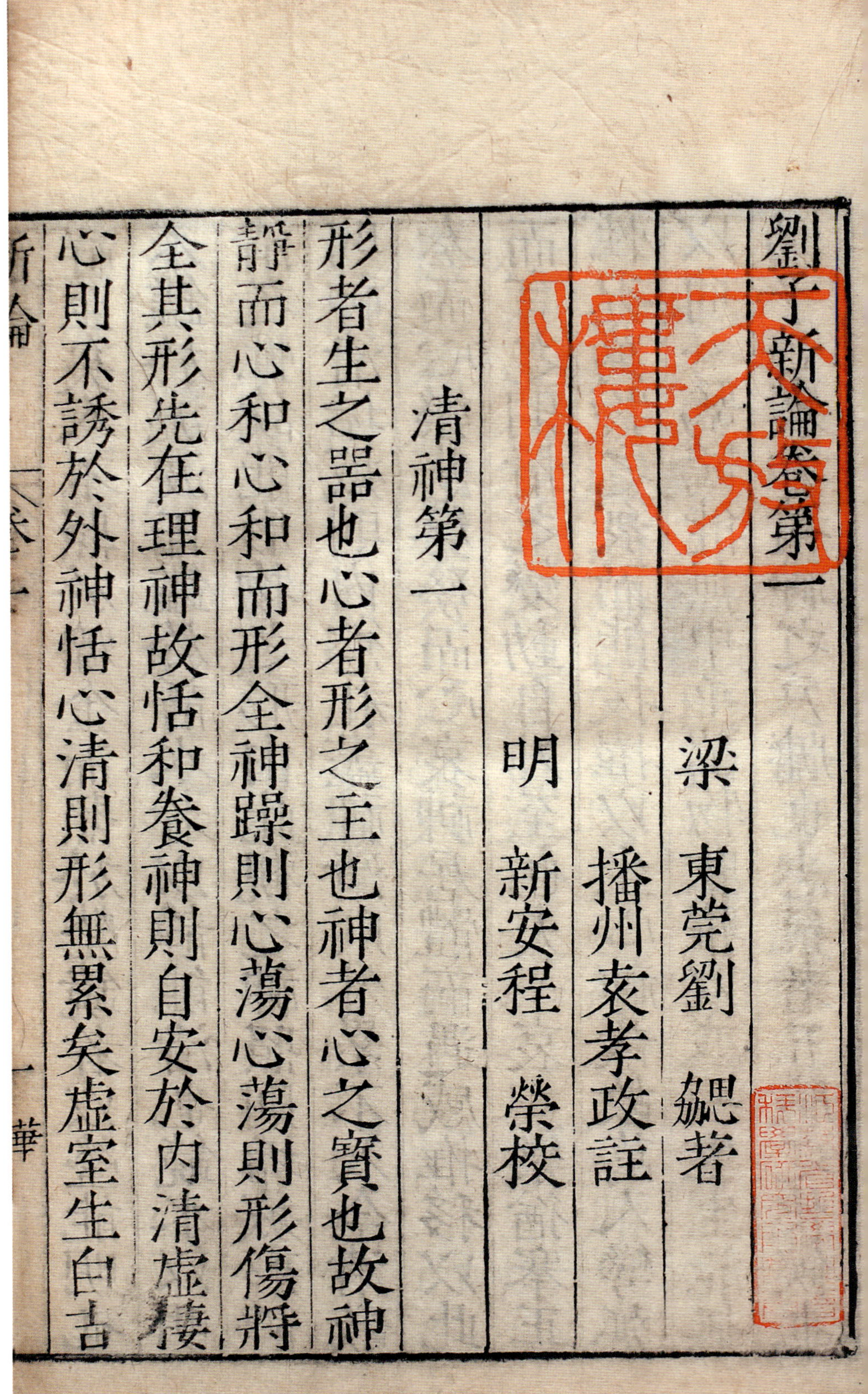
劉子新論卷第一

梁　東莞劉　勰著

播州袁孝政註

明　新安程　榮校

清神第一

形者生之器也心者形之主也神者心之寶也故神靜而心和心和而形全神躁則心蕩心蕩則形傷將全其形先在理神故恬和養神則自安於內清虛棲心則不誘於外神恬心清則形無累矣虛室生白吉

新論　卷一　一　華

明萬曆二十年（1592）程榮刻本　清趙烈文題識

存六種三十六卷（潛夫論十卷、劉子新論十卷、中論二卷、風俗通義十卷、忠經一卷、人物志三卷），6冊。半葉9行，行20字，小字雙行同。白口，無魚尾，左右雙邊。

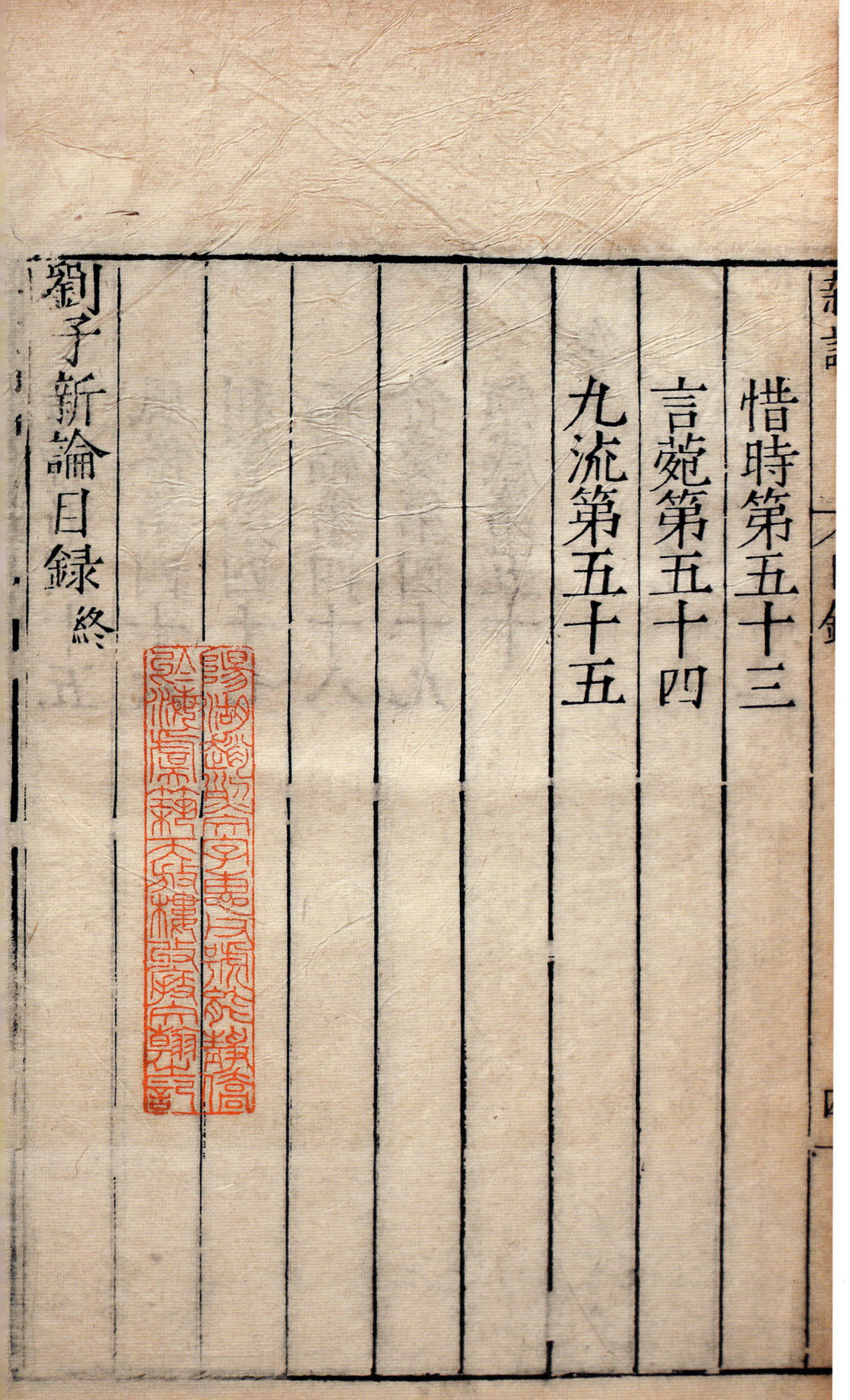

惜時第五十三
言苑第五十四
九流第五十五

劉子新論目録終

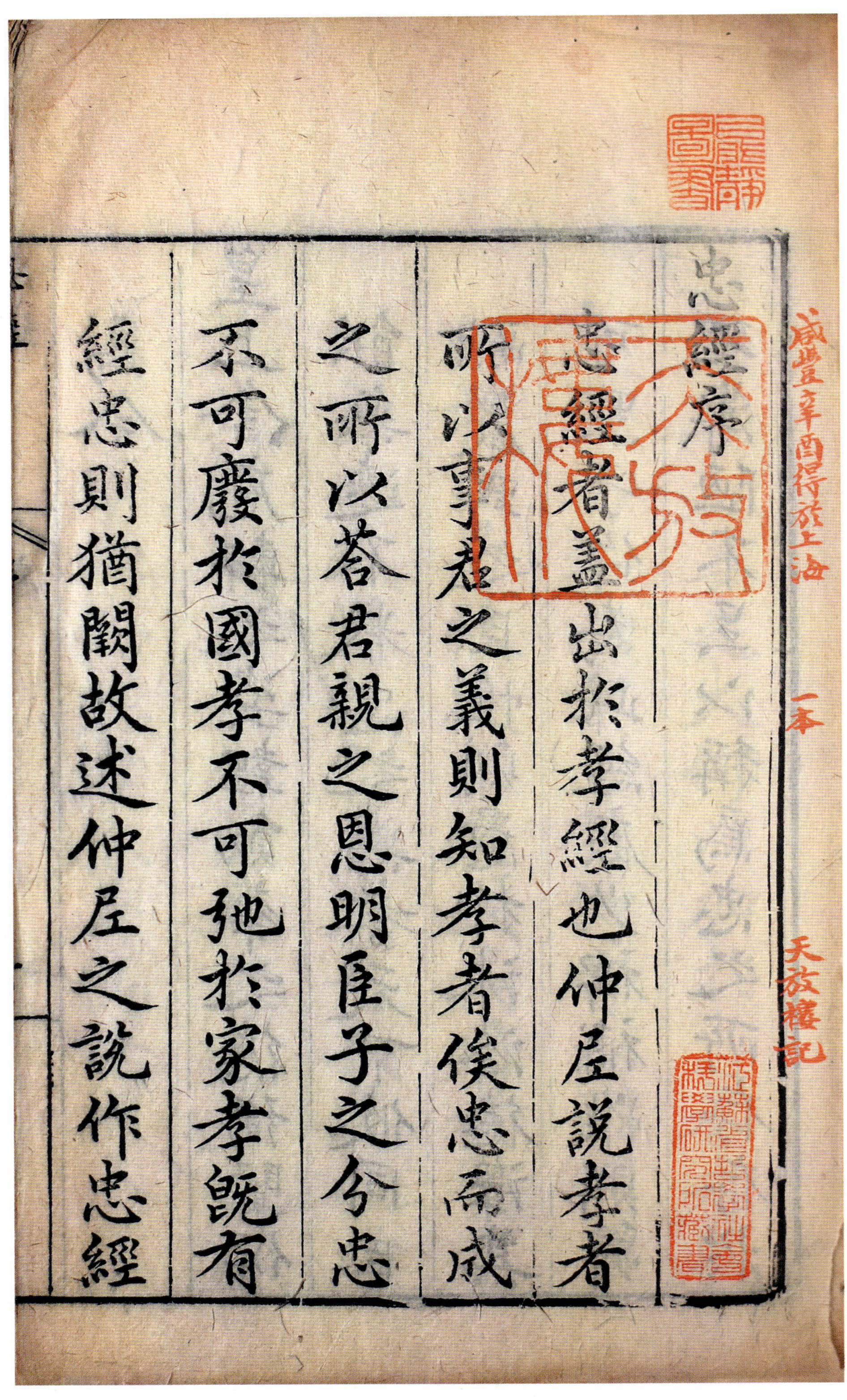

忠經序

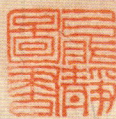

忠經者蓋出於孝經也仲尼説孝者所以事君之義則知孝者俟忠而成之所以荅君親之恩明臣子之分忠不可廢於國孝不可弛於家孝既有經忠則猶闕故述仲尼之説作忠經

忠經一卷　（漢）馬融 撰　（漢）鄭玄 注　（圖1）

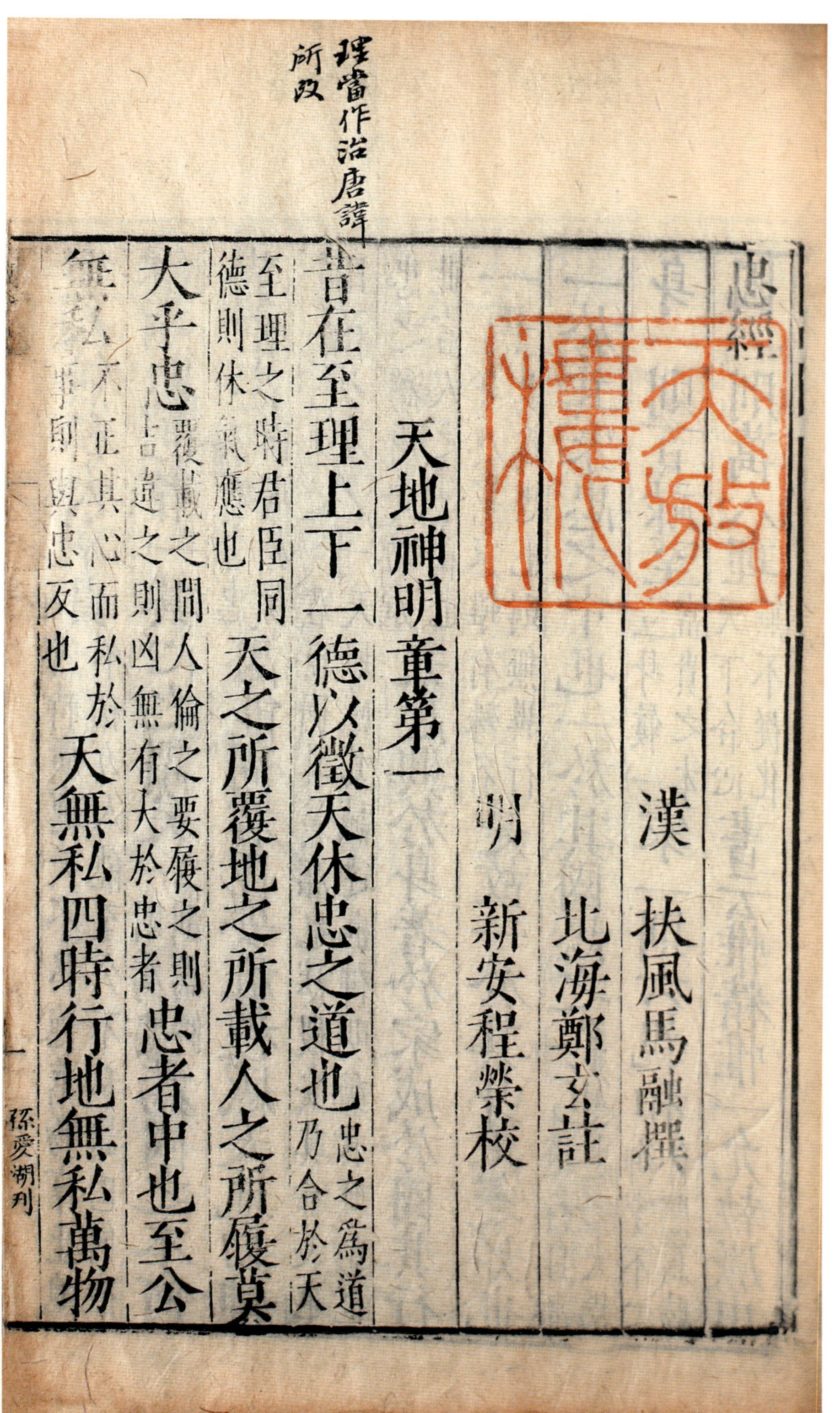

理當作治唐諱所改

忠經

漢　扶風馬融撰

北海鄭玄註

明　新安程榮校

天地神明章第一

昔在至理上下一德以徵天休忠之道也忠之爲道乃合於天至理之時君臣同德則休氣應也天之所覆地之所載人之所履莫大乎忠覆載之間人倫之要履之則吉違之則凶無有大於忠者忠者中也至公無私不正其心而私於事則與忠反也天無私四時行地無私萬物

孫愛湖刊

忠經一卷（漢）馬融 撰（漢）鄭玄 注（圖2）

人物志三卷　（三國魏）劉邵　撰　（北魏）劉昞　注

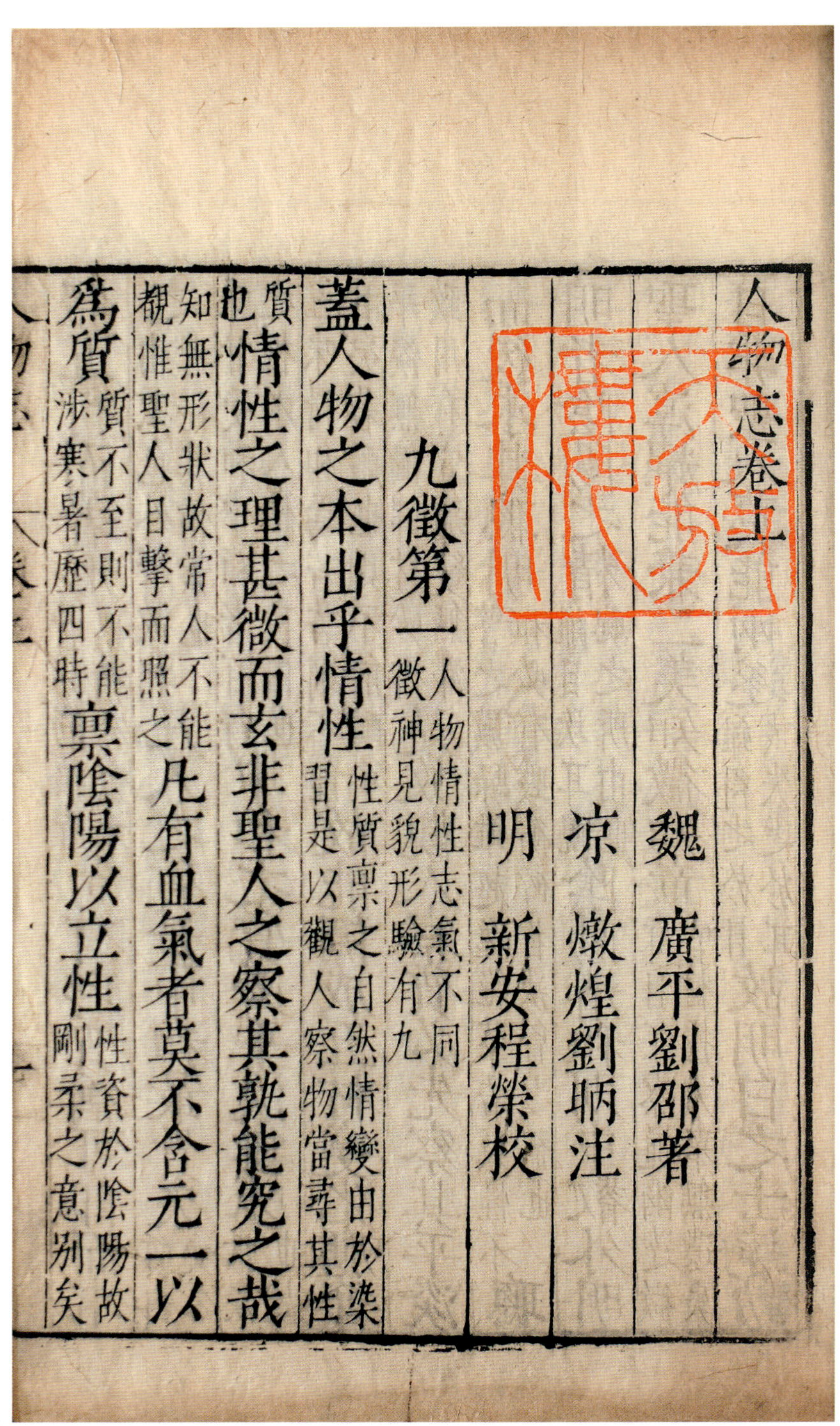
人物志卷上

魏　廣平劉邵著

凉　燉煌劉昞注

明　新安程榮校

九徵第一　人物情性志氣不同徵神見貌形驗有九

蓋人物之本出乎情性　性質禀之自然情變由於染習是以觀人察物當尋其性質也　情性之理甚微而玄非聖人之察其孰能究之哉　知無形狀故常人不能覩惟聖人目擊而照之　凡有血氣者莫不含元一以爲質　質不至則不能涉寒暑歷四時　禀陰陽以立性　性資於陰陽故剛柔之意別矣

人物志　卷上　一

宋書一百卷　（南朝梁）沈約　撰

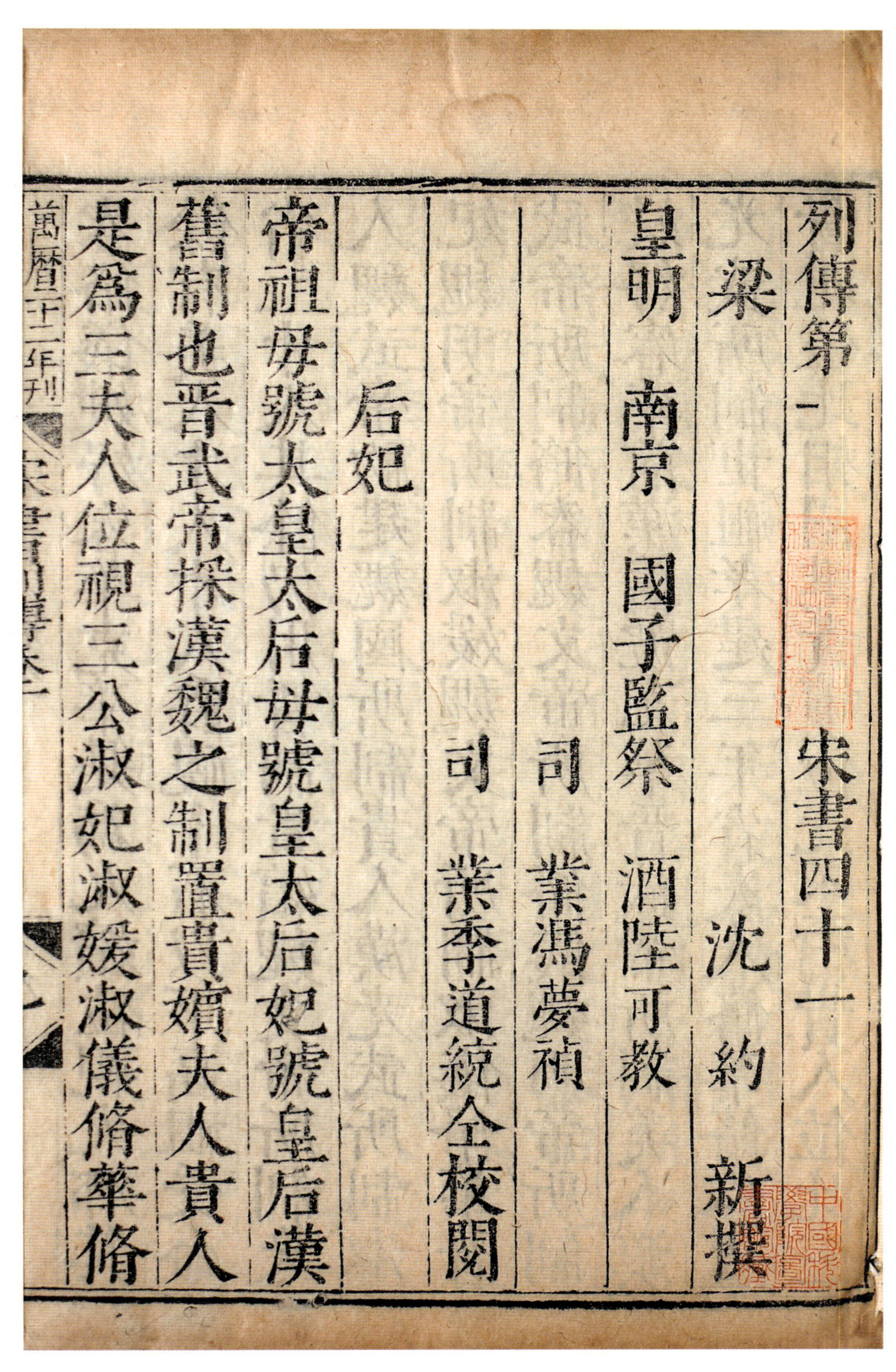

明萬曆二十二年（1594）南京國子監刻清順治、康熙遞修本

存八十卷（二十一至一百），18册。半葉9行，行18字，小字雙行同。白口，三黑魚尾，四周雙邊。

框高22.1厘米，寬16.6厘米。

維摩詰所説經注十卷　（後秦）釋鳩摩羅什　譯　（後秦）釋僧肇　注

維摩詰所說經註卷第一

姚秦三藏法師鳩摩羅什譯

長安沙門僧肇註

什曰維摩詰秦言淨名即五百童子之一也從妙喜國來遊此境所應既周將還本土欲顯其淳德以澤羣生顯跡悟時要必有由故命同志詣佛而獨不行獨不行則知其有疾也何以知之同志五百共遵大道至於進德修善動靜必俱今淨國之會業之大者而不同舉明其有疾有疾故有問疾之會問疾之會由淨國之集淨國之集由淨名方便然則此經始終所由良有在也若自說而觀則衆聖齊功自本而尋則功由淨名源其所由故曰維摩詰所說也肇曰經者常也古今雖殊覺道不改羣邪不能沮衆聖不能異故曰常也

一名不可思議解脫

肇曰微遠幽深二乘不能測不可思議也縱任無礙塵累不能拘解脫也此經自始于淨土終于法供養其中所明雖殊然其不思議解脫一也故總以

支那　維摩詰所說經註卷一　四

明萬曆二十七年至二十九年（1599—1601）徑山寂照庵刻徑山藏本

2冊。半葉10行，行20字，小字雙行同。下黑口，無魚尾，四周雙邊。框高23.1厘米，寬15.2厘米。

宗鏡録卷第三

慧日永明寺主智覺禪師 延壽 集 檇李玄覺居士屠繩德校梓

夫教明一切萬法至理虛玄非有無之證絶自他之性若無一法自體云何立宗 荅若不立宗學何歸趣若論自他有無皆是衆生識心分別是對治門從相待有法身自體中實理心豈同幻有不隨幻無楞伽經云佛言大慧譬如非牛馬性牛馬性其實非有非無彼非無自相古釋云馬體上不得有牛性是有是無然非無馬

明萬曆三十二年（1604）屠繩德蘭暉堂刻本

存四十四卷（一至四十四），12册。半葉9行，行18字。白口，單黑魚尾，左右雙邊。框高18.4厘米，寬13.1厘米。

經濟類編一百卷 （明）馮琦 輯

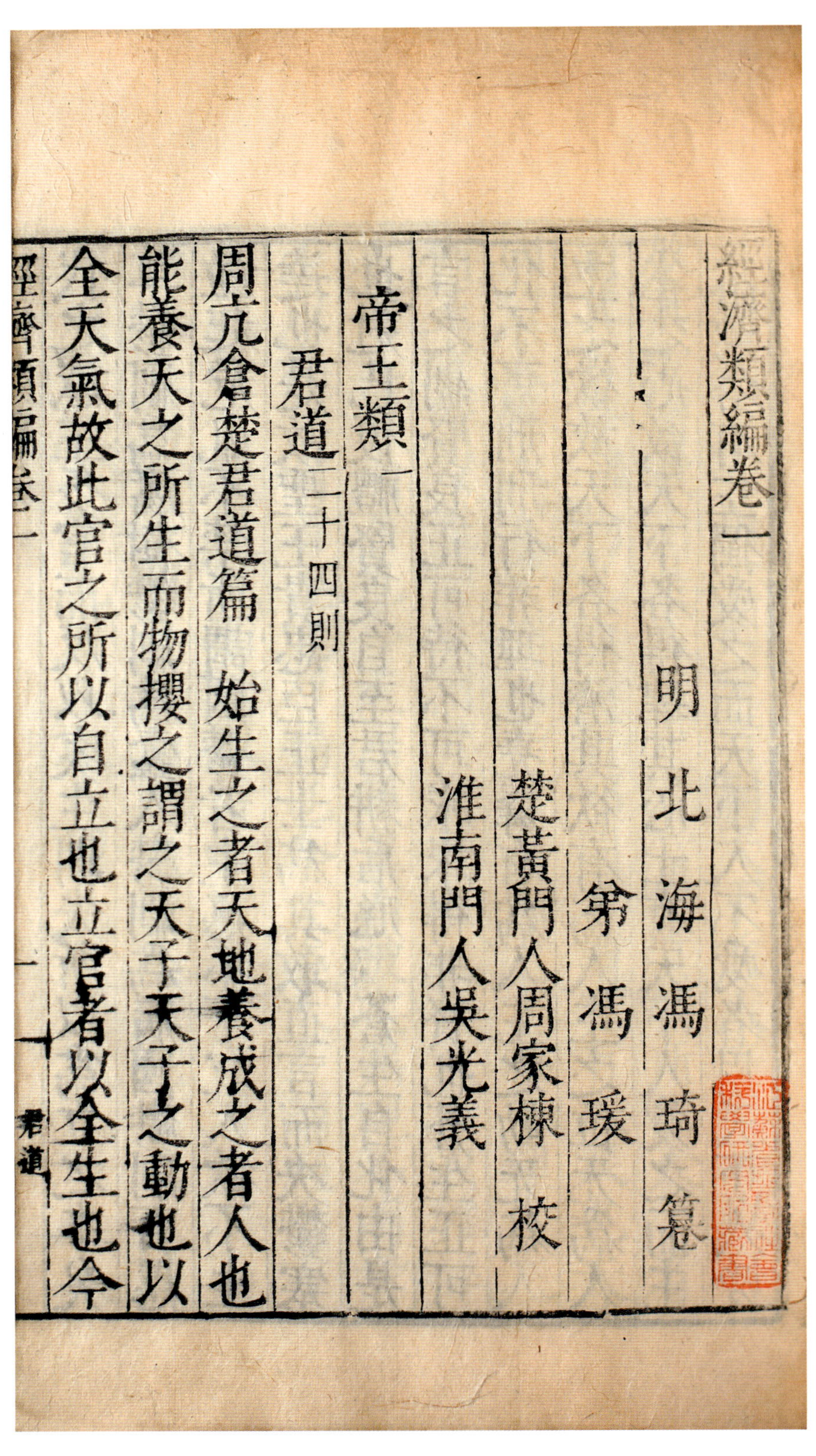

經濟類編卷一
明北海馮琦纂
弟馮瑗
楚黃門人周家棟校
淮南門人吳光義
帝王類一
君道二十四則
周亢倉楚君道篇 始生之者天也養成之者人也能養天之所生而物攖之謂之天子天子之動也以全天氣故此官之所以自立也立官者以全生也今
經濟類編卷一 一 君道

明萬曆三十二年（1604）刻本

存五十卷（一至五十），16冊。半葉10行，行20字，小字雙行同。白口，無魚尾，四周單邊。框高22.2厘米，寬15.1厘米。

荊川先生右編四十卷　（明）唐順之　輯　（明）劉曰寧　補遺　（圖1）

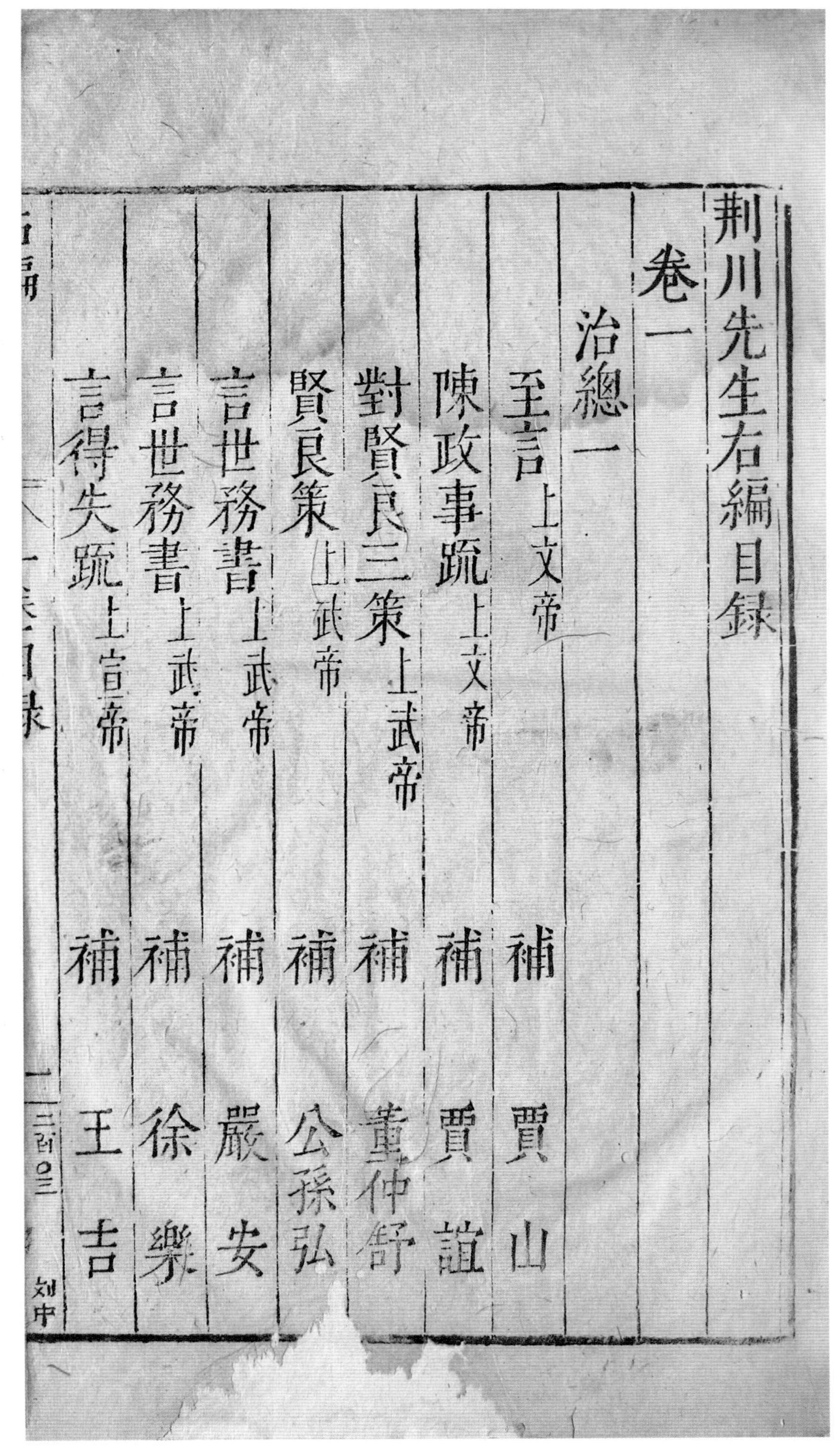

荊川先生右編目録

卷一

治總一

至言上文帝　補　賈山

陳政事疏上文帝　補　賈誼

對賢良三策上武帝　補　董仲舒

賢良策上武帝　補　公孫弘

言世務書上武帝　補　嚴安

言世務書上武帝　補　徐樂

言得失疏上宣帝　補　王吉

明萬曆三十三年（1605）南京國子監刻後印本

存十四卷（一至十四），14冊。半葉10行，行20字，小字雙行同。白口，白魚尾，左右雙邊。框高22.2厘米，寬14.5厘米。

荊川先生右編卷一

都察院僉都御史毗陵唐順之編纂
南京國子監祭酒豫章劉曰寧補遺
司業吳興朱國禎校定

治總一

至言　賈山

山潁川人孝文時言治亂之道借秦爲喻名曰至言

此文去戰國未遠有奇氣而不用繩墨

臣聞爲人臣者盡忠竭愚以直諫主不避死亡之誅者臣山是也臣不敢以久遠諭願借秦以爲諭唯陛下少加意焉夫布衣韋帶之士修身於內成名於外

荊川先生右編四十卷　（明）唐順之 輯　（明）劉曰寧 補遺　（圖2）

通鑑紀事本末四十二卷（宋）袁樞 撰（圖1）

通鑑紀事本末卷第一

三家分晉

周威烈王二十三年　初命晉大夫魏斯趙籍韓虔爲諸侯

臣光曰臣聞天子之職莫大於禮禮莫大於分分莫大於名何謂禮紀綱是也何謂分君臣是也何謂名公侯卿大夫是也夫以四海之廣兆民之衆受制於一人雖有絶倫之力高世之智莫敢不奔走而服役者豈非以禮爲之綱紀哉是故天子統三公三公率諸侯諸侯制卿大夫卿大夫治士庶人貴以臨賤賤以承貴上之使下猶心腹之運手足根本之制支葉下之事上猶手足之衛心腹支葉之

明萬曆三十四年(1606)黄吉士刻本

缺一卷(四十二),41册。半葉11行,行22字,小字雙行同。白口,單黑魚尾,四周單邊。框高21.3厘米,寬15厘米。

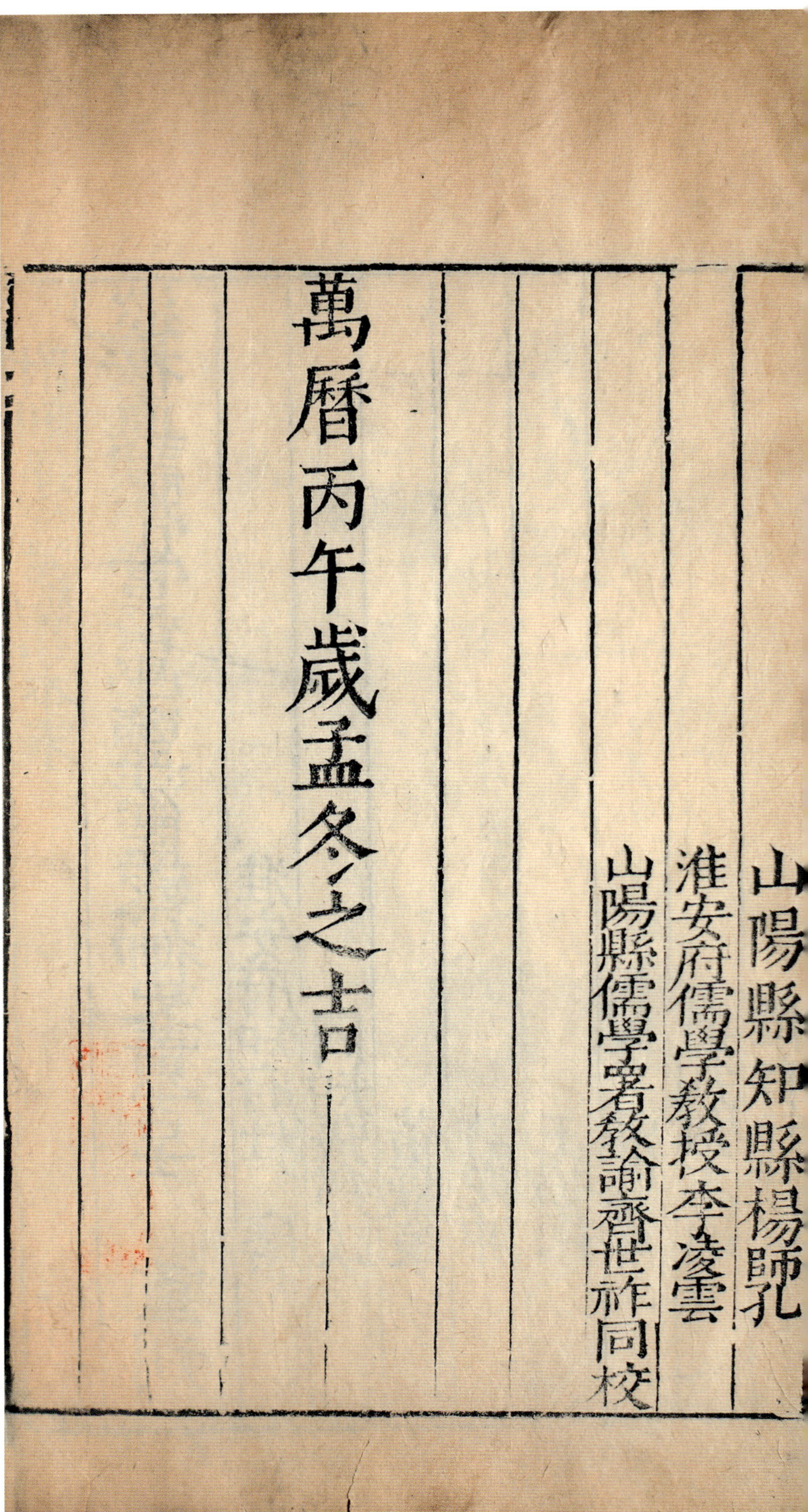

山陽縣知縣楊師孔
淮安府儒學教授李凌雲
山陽縣儒學署教諭齊世祚同校

萬曆丙午歲孟冬之吉

附刻通鑑紀事本末

巡按直隸帶管督學鹽法監察御史董基呈　重刊

淮安府知府杜　縻

同知張邦政

董獻策

許從坤

王指南

張鳳翼

通判張志道

推官亓詩教

焦氏澹園集四十九卷　（明）焦竑　撰

焦氏澹園集卷之一

勑　誥命

擬　諭朝覲官勑

蓋聞人君奉天子民必置之吏以保乂之朕託於億兆之上垂二十載崇德屏貪嘉與士大夫共臻斯路乃付託寡效滓不下宣吏肆民殘未見衰止朕甚憂之甚愧之夫朕望治深切而察吏者率取便文徼幸爲姦其敝至朘削以厭交游之心而小民愁嘆置之不聞故彌縫之術售綜覈之道微交

焦氏澹園集　卷之一　一

明萬曆三十四年（1606）黄吉士刻本

存四十二卷（一至三十、三十七至四十八），5册。半葉9行，行19字。白口，單黑魚尾，四周單邊。

框高20.6厘米，寬13.8厘米。

校注橘山四六二十卷 （宋）李廷忠 撰 （明）孫雲翼 注

校注橘山四六卷第一

宋 古潛 李 廷忠 居厚 著

明 曲阿 孫 雲翼 禹見 注

通王樞相（宋會要）樞密使帶相啣爲樞相自後唐始按（宋史）光宗朝王淮爲右丞相兼樞密院使措置營砦檢視沿江守備

喬木參天一國仰世臣之重（東坡詩）故國非喬木興王有世臣（又）故國依然喬木在典刑復見老成人（杜詩）喬木上參天（又）黛色參天二千尺（又）中有松柏參天長（周平園賀張尚書啓）數朝七於貞元春風屢改得世臣於故國喬木猶存（熊克賀呂侍郎啓）故國非謂喬木紹世業於韋平學者仰如泰山極師資於游夏

餘波在泮諸侯容食容之間（詩）思樂泮水（白虎通）泮宮者半於天子宮也但南面禮儀之方有水耳其餘壅之（說文）泮宮諸侯饗射之宮也西南爲水東北爲墻（五經通義）諸侯

校注橘山四六卷之一 一

明萬曆三十五年（1607）刻本

2冊。半葉10行，行21字，小字雙行同。白口，單黑魚尾，左右雙邊。框高20.7厘米，寬15厘米。

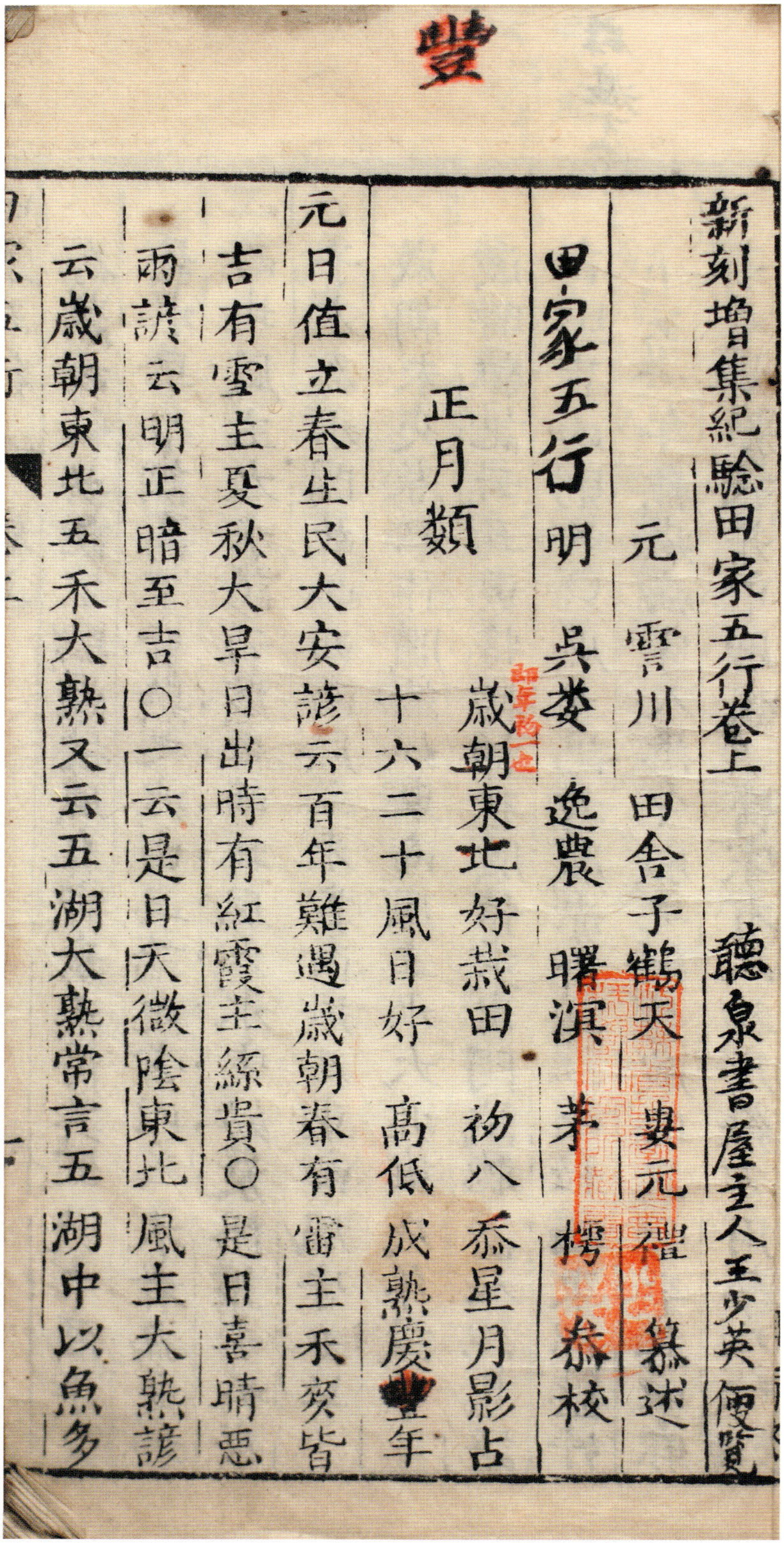

新刻增集紀驗田家五行三卷　（明）婁元禮　撰　（圖1）

新刻增集紀驗田家五行卷上　聽泉書屋主人王少英便覽
元　雲川　田舍子婁元禮　纂述
田家五行　明　吳婁　逸農　曙溟　茅　欞　纂校
正月類
歲朝東北好栽田　初八參星月影占　十六二十風日好　高低成熟慶豐年
元日值立春生民大安諺云百年難遇歲朝春有雷主禾麥皆
吉有雪主夏秋大旱日出時有紅霞主綿貴○是日喜晴惡
雨諺云明正暗至吉○一云是日天微陰東北風主大熟諺
云歲朝東北五禾大熟又云五湖大熟常言五湖中以魚多

明萬曆四十年（1612）茅欞刻本

1冊。半葉9行，行24字，小字雙行同。白口，單黑魚尾，四周單邊。框高20.2厘米，寬11.7厘米。

新刻增集紀驗田家五行三卷　（明）婁元禮 撰（圖2）

州西館驛前及南關外隔江呼尢不應今俱漲灘淺狹幾倍南之吳淞比之白茆俱成平陸中止存婁江一線大非昔比近年水災卒難退瀉有由然矣安得如宋之郟司農及元之朱萬戶濬興大舉夫工疏淘撈濬而貽三吳之永利也噫哄亦杞人之迂慮如此不識有君國之計者可矚目否淘河之法另見海虞文集○附論萬曆戊申水患比之嘉靖辛酉尤甚友人蔡恭心入吳江見長橋下碑識云嘉靖四十年水至此今戊申年水則沒過此字矣三江故道有塞無通淺患未可量也○水是逕示開導水有風日而聚至巫總當記與老輩

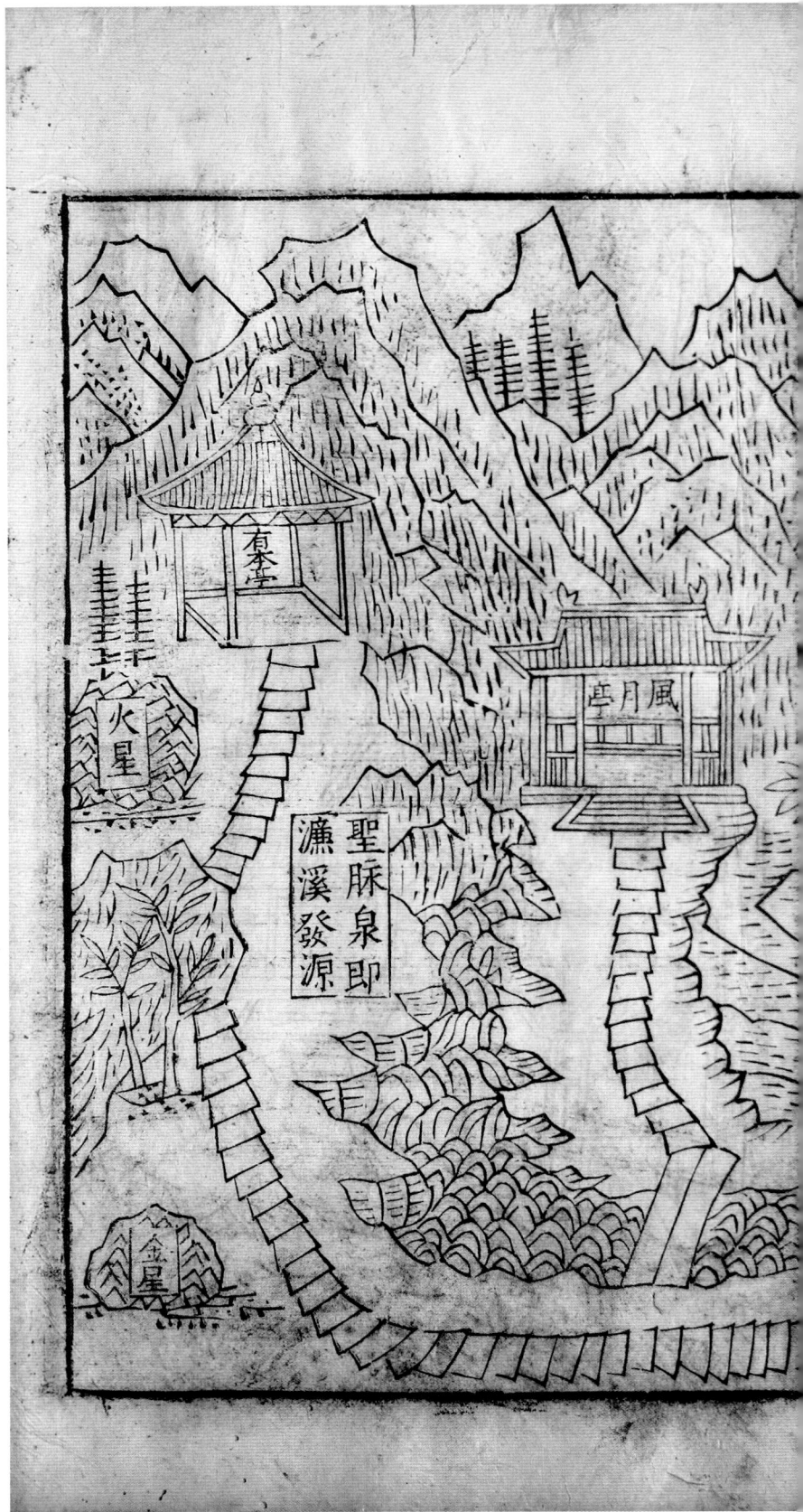

明萬曆四十二年（1614）周與爵刻本

2册。半葉10行，行20字，小字雙行同。白口，白魚尾，四周單邊。框高21.5厘米，寬13.1厘米。

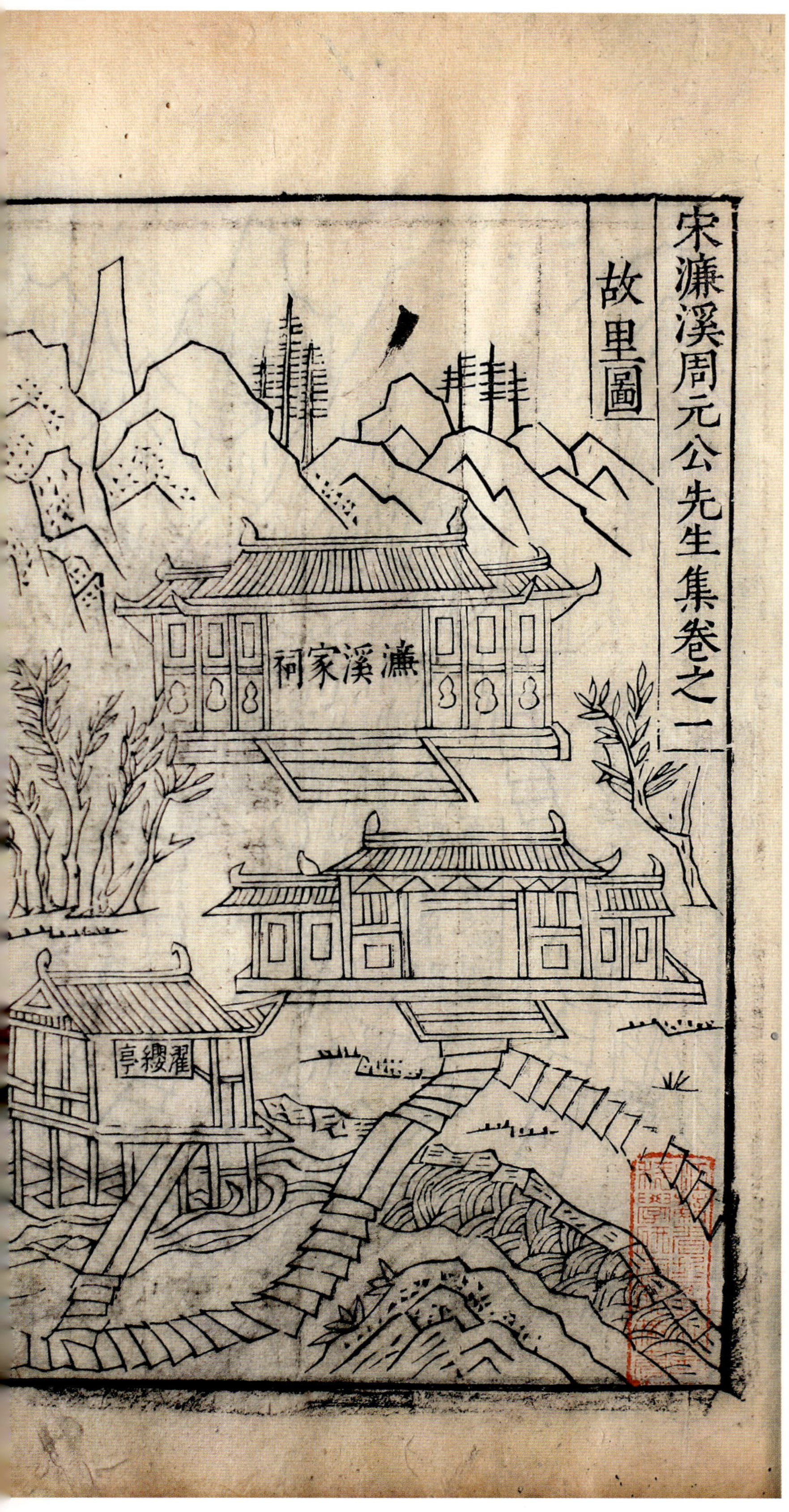

宋濂溪周元公先生集十卷　（宋）周敦頤　撰　（明）周與爵　輯　（圖一）

宋濂溪周元公先生集十卷　（宋）周敦頤　撰　（明）周與爵　輯　（圖2）

宋濂溪周元公先生集卷之五

吳郡十七世孫與爵重輯

諸儒議論

山谷黄氏曰茂叔人品甚高胷中灑落如光風霽月好讀書雅意林壑初不為人窘束短於取名而惠於求志薄於徼福而厚於得民非於奉身而燕及煢嫠婦陋於希世而尚友千古

明道程子曰自再見茂叔後吟風弄月以歸有吾與點也之意又曰茂叔窗前草不除問之云與自家意思一般

北山陳氏曰昔夫子之道其精微在易而所以語

周元公集　卷之五　一

陶靖節集卷之一

詩四言

停雲 并序

停雲思親友也罇酒新湛園列初榮願言不從歎息彌襟

靄靄停雲濛濛時雨八表同昏平路伊阻靜寄東軒春醪獨撫良朋悠邈搔首延佇

停雲靄靄時雨濛濛八表同昏平陸成江有酒有酒閒飲東窻願言懷人舟車靡從

陶集 卷一 一

明萬曆四十七年（1619）楊時偉刻合刻忠武靖節二編本

2 冊。半葉 9 行，行 18 字，小字雙行同。白口，無魚尾，四周單邊。框高 19.5 厘米，寬 12.8 厘米。

寶顔堂訂正丹鉛續録經説八卷　（明）楊慎　撰

寶顔堂訂正丹鉛續録經説卷之一

新都楊　慎　著

華亭陳繼儒

繡水沈德先　仝校

○易二十條

雲從龍風從虎

張璠從音隨從之從去聲雲出則龍必從之

風出則虎必從之猶曰龍從雲虎從風也今

丹鉛續録卷之一　一

明萬曆刻陳眉公家藏廣秘笈本

3冊。半葉8行，行18字，小字雙行同。白口，無魚尾，四周單邊。框高20.2厘米，寬12.7厘米。

春秋輯傳十三卷宗旨一卷凡例二卷　（明）王樵 撰

春秋卷之一　　　王樵輯傳

杜氏曰春秋者魯史記之名也記事者以事繫日以日繫月以月繫時以時繫年所以記遠近別同異也故史之所記必表年以首事年有四時故錯舉以爲所記之名也楊士勛曰春秋者史官編年記事年有四時之序春先於夏秋先於冬故舉春秋二字以包之賈逵云取法陰陽之中知不然者以孝經云春秋祭祀以時思之豈是取法陰陽之中故知非也玉藻云動則左史書之言則右史書之左史所書春秋是也右史所書尚書是也則春秋立名必是仲尼以往三代以來不審誰立之耳韓宣子適魯見易象與魯春秋曰周禮盡在魯矣韓子所見蓋周之舊典禮經也周衰官失其守仲尼因魯史策書成文考其眞僞而志

春秋輯傳　卷之一　一

明萬曆刻本

10冊。半葉10行，行21字，小字雙行同。白口，單黑魚尾，左右雙邊。框高21.2厘米，寬14.1厘米。

小窗自紀四卷 （明）吴從先撰 （明）張榜選 小窗別紀四卷 （明）吴從先評選 （圖1）

小窻自紀卷之一
延陵吴從先著　平湖俞思燁
福朐張榜選　武林沈明龍校
雲間陳繼儒訂　武林何偉然
雜著
客有躯枯瘠者貽語之云瘦到梅花應有骨幽同明月且留痕
雅樂所以禁淫何如溪響松聲使人清聽自遠

自紀　雜　一

明萬曆刻本

存七卷（小窗自紀卷一至卷三、小窗別紀四卷），6册。半葉8行，行18字，小字雙行同。白口，無魚尾，四周單邊。框高21.4厘米，寬13.2厘米。

小窻别紀卷一

延陵吴從先評選　華亭施沛校

調神內經

春二月此謂發陳。天地俱生。萬物以榮。夜卧蚤起。廣步于庭。被髮緩形。以使志生。生而勿殺。予而勿奪。賞而勿罰。此春氣之應。養生之道也。逆之則傷肝。夏為寒變。奉長者少。夏三月此謂蕃秀。天地氣交。萬物華實。夜卧蚤起。無厭于日。

别紀　一

小窗自紀四卷 （明）吴從先 撰 （明）張榜 選 小窗别紀四卷 （明）吴從先 評選 （圖2）

明萬曆歙縣汪氏刻清乾隆鮑氏知不足齋重修本

16 册。半葉 10 行，行 21 字。白口，單黑魚尾，四周單邊。框高 23.1 厘米，寬 15.7 厘米。

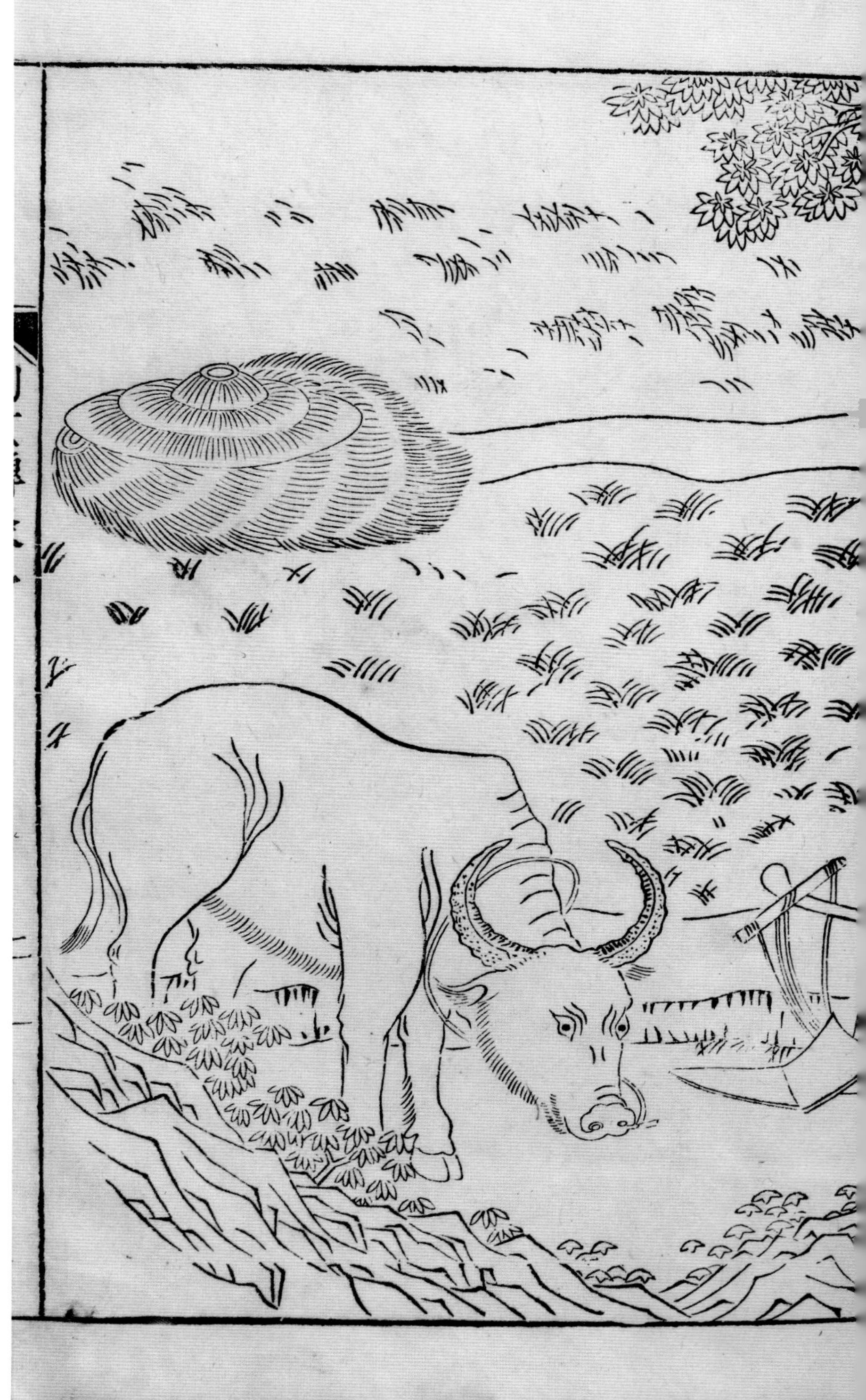

列女傳十六卷　（漢）劉向　撰　（明）汪道昆　增輯　（明）仇英　繪　（圖一）

舜瞽叟又速舜飲酒醉將殺之舜告二女二女乃與舜藥浴汪遂往舜終日飲酒不醉舜之女弟繫憐之與二嫂諧父母欲殺舜舜猶不怨怒之不已舜往于田號泣日呼旻天呼父母惟害若茲思慕不已不怨其弟篤厚不怠既納于百揆賓于四門選于林木入于大麓堯試之百方每事常謀於二女舜既嗣位升爲天子娥皇爲后女英爲妃封象于有庳事瞽叟猶若焉天下稱二妃聰明貞仁舜陟方死於蒼梧號曰重華二妃死於江湘之間俗謂之湘君君子曰二妃德純而行篤詩云不顯惟德百辟其刑之此之謂也

列女傳卷一

有虞二妃

有虞二妃者帝堯之二女也長娥皇次女英舜父頑母嚚父號瞽叟弟曰象敖遊於嫚舜能諧柔之承事瞽叟以孝母憎舜而愛象舜猶內治靡有姦意四嶽薦之於堯堯乃妻以二女以觀厥內二女承事舜於畎畝之中不以天子之女故而驕盈怠嫚猶謙謙恭儉思盡婦道瞽叟與象謀殺舜使塗廩舜歸告二女曰父母使我塗廩我其往二女曰往哉舜既治廩乃捐階瞽叟焚廩舜往飛出象復與父母謀使舜浚井舜乃告二女二女曰俞往哉舜往浚井格其出入從掩舜潛出時旣不能殺

列女傳十六卷 （漢）劉向 撰 （明）汪道昆 增輯 （明）仇英 繪 （圖2）

唐陸宣公集二十二卷　（唐）陸贄　撰

唐陸宣公集卷第一

明　繡谷肖川吳繼武校刊

制誥

奉天改元大赦制（平朱泚後改建平五年爲興元元年）

門下致理興化必在推誠忘己濟人不吝改過朕嗣守丕構君臨萬方失守宗祧越在草莽不念率德誠莫追於既往永言思咎期有復於將來明徵厥初以示天下惟我烈祖邁德庇人致俗化於和平拯生靈於塗炭重熙積慶垂二百年伊爾卿尹庶官洎億兆之衆代受亭育以迄于今功存于人澤垂于後肆予

明吳繼武光裕堂刻本

3 册。半葉 10 行，行 20 字，小字雙行同。白口，白魚尾，四周單邊。框高 21.5 厘米，寬 14.6 厘米。

素問病機氣宜保命集卷上

河間處士 劉完素 守眞 述

新安 吳勉學 師古 校

同郡 [illegible] 正卿 [illegible]校

原道論第一

經曰觀天之道執天之行盡矣蓋天一而地二北辨而南交入精神之運以行矣擬之於象則水火也畫之於卦則坎離也兩者相須彌滿六合物物得之況於人乎蓋精神生於道者也是以上古眞人把握萬象仰觀日月呼吸元氣運氣流精脫骨換形執天機

明萬曆吳勉學刻本

2 冊。半葉 10 行，行 20 字，小字雙行同。白口，單黑魚尾，左右雙邊或四周雙邊。框高 20 厘米，寬 13.8 厘米。

漢魏六朝二十一名家集（明）汪士賢 編

揚子雲集卷第一

漢　成都揚子雲著

明　新安汪士賢校

賦

蜀都賦

蜀都之地古曰梁州禹治其江渟皐彌望鬱乎青葱沃壄千里上稽乾度則井絡儲精下按地紀則巛宮奠位東有巴賨綿亘百濮銅梁金堂火井龍湫其中則有玉石嶜岑丹青玲瓏邛節桃枝石鰆水螭南則

揚子雲集　卷一　一

明萬曆、天啓間新安汪氏刻本

缺四種十三卷（董仲舒集一卷、司馬長卿集一卷、東方先生集一卷、陶靖節集十卷），14冊。半葉9行，行20字，小字雙行同。白口，單黑魚尾，左右雙邊。框高19.9厘米，寬14.4厘米。

湧幢小品卷之一

湖上朱國禎輯

太白神

太祖定鼎金陵凡十二年用小明王龍鳳年號小明王既殂改明年丁未爲吳元年正月有省局匠對省臣云見一老人語之曰　吳王卽位三年當平一天下問老人爲誰曰我太白神也言訖遂不見省臣以聞　上曰此誕妄不可信也若太白神果見當告君子豈與小人語耶今後凡事涉怪誕者

湧幢小品　卷之一　一

明天啓二年（1622）刻本

16冊。半葉9行，行20字。白口，單黑魚尾，左右雙邊。框高20.9厘米，寬15.1厘米。

道德南華二經評注合刻十二卷 （明）歸有光 輯 （明）文震孟 訂 （圖1）

道德南華二經評註合刻凡例

一老子從河上公章句而六子全書分上篇道經下爲德經此唐玄宗之廚見也今依古本上下總名道德經莊子則盡從郭子玄分註不敢稍更款式

一音字釋義遍攷各本復從玉篇内印訂而引証則羣書兼採不襲舊刻其懸綴下格不欲與註相雜取便披覽

一名公評語最多茲唯采精當不務求多稍

道德南華合刻《凡例 二 竺塢藏書

明天啓四年（1624）文氏竺塢刻本

4冊。半葉9行，行18字，小字雙行同。白口，白魚尾，四周單邊。框高22.4厘米，寬14.3厘米。

清淨經曰大道無形生育天地大道無情運行日月大道無名長養萬物吾不知其名强名曰道

道德經評註卷上

漢 河上公 章句

明 歸有光 批閱

文震孟 訂正

上經

體道第一

道可道。謂經術政教之道也。非常道。非自然長生之道也。常道當以無為養神，無事安民，含光藏暉，滅迹匿端，不可稱道。名可名。謂富貴尊榮，高世之名也。非常名。非自然常在之名也。常名當如嬰兒之未言，雞子之未分，明珠在蚌中，美玉處石間，内雖

道德南華二經評注合刻十二卷 （明）歸有光 輯 （明）文震孟 訂 （圖2）

陸德明曰逍遙遊者義取閒放不拘適自得

歸震川曰樂其大也

楊用修曰莊子乃以至小爲至

南華眞經評註卷之一

晉　郭　象子玄　輯註

歸有光熙甫　批閱

明　文震孟文起　訂正

莊子內篇內者對外立名

逍遙遊第一夫小大雖殊而放於自得之場則物任其性事稱其能各當其分逍遙一也豈容勝負於其間哉

篇法

北冥有魚其名爲鯤鯤之大不知其幾千里也化而爲鳥其名爲鵬鵬鯤之實吾所未詳也夫莊子之大意在乎逍遙遊

嵇康云北冥取其冥冥無涯也梁簡文帝云窅冥無極故謂之

南華眞經評註　卷一　逍遙遊　一　竺塢藏書

路史前紀九卷後紀十三卷國名記七卷發揮六卷餘論十卷　（宋）羅泌 撰　（宋）羅苹 注

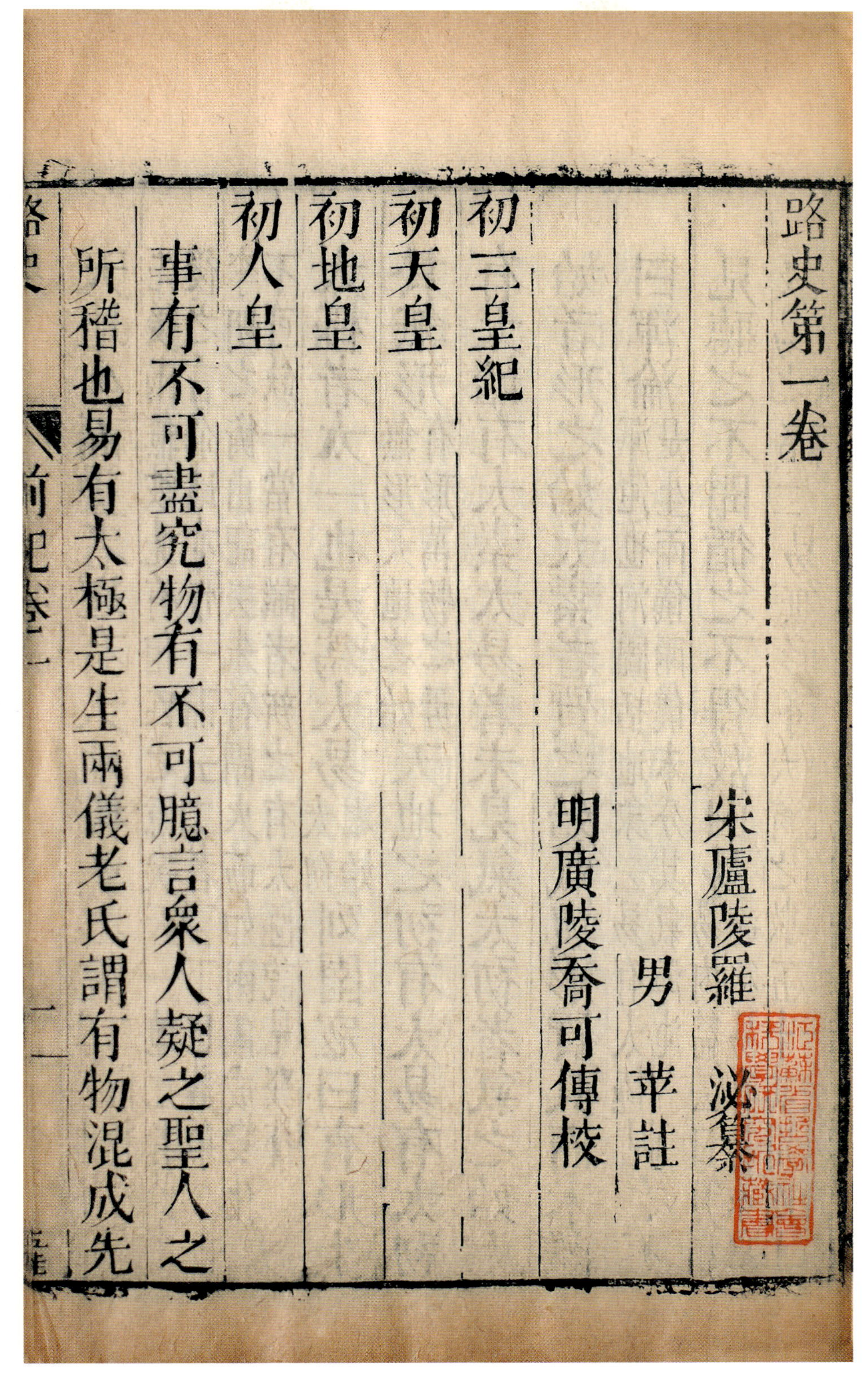

明天啓六年（1626）五桂堂刻本

16冊。半葉10行，行20字，小字雙行同。白口，單黑魚尾，四周單邊。框高20.4厘米，寬14.5厘米。

觀心論一卷（隋）釋智顗 述（隋）釋灌頂 記　釋籤緣起序略解一卷（隋）釋靈江 解（隋）黃曜 記（圖1）

觀心論

天台智者大師口授　門人灌頂記

問曰：佛經無量，論亦甚多。弘法之人，說蓋世；聽法之人，無處不有。是則法雨普潤，利益無量，何所見聞，更何利益而欲造論者耶？

答曰：佛經無量，論亦甚多，是事共知也。弘法之人，說蓋世；聽法之人，無處不有；法雨普潤，利益無量。此說不然。（弘法下說不然凡二十八字乃準疏釋竟何及問辭姑答如此若得全論更須改正也）

者一正爲弘法者多加水乳，故爲失；二由弘法者有過，故所以聽者失眞道味，故復爲失；三明由說者聽

明天啓六年（1626）刻本

1冊。《觀心論》半葉10行，行20字，小字雙行同。白口，單黑魚尾，左右雙邊，框高22厘米，寬15.2厘米。《釋籤緣起序略解》上下黑口，四周雙邊。框高21.9厘米，寬15厘米。

釋籤緣起序畧解時因天溪景翁登法師講番詳問十子之義未答後於戊春本山開講句記登法師復以書請決遂述畧解以答之也

幽溪講堂沙門　靈江　解

門人　黄曜　記

大科分三初釋序題次釋人題三正解序文

◎初釋序題

釋籤緣起序

籤即竹籤以能釋之文書於籤上名曰釋籤此乃荊溪大師因海山不寧隱居天台赤城山邊一石洞内蒐恐怱擾而復暴露以行其學者雲從請決

觀心論一卷（隋）釋智顗　述（隋）釋灌頂　記　釋籤緣起序略解一卷（隋）釋靈江　解（隋）黄曜　記（圖2）

麗句集六卷　（明）許之吉 輯

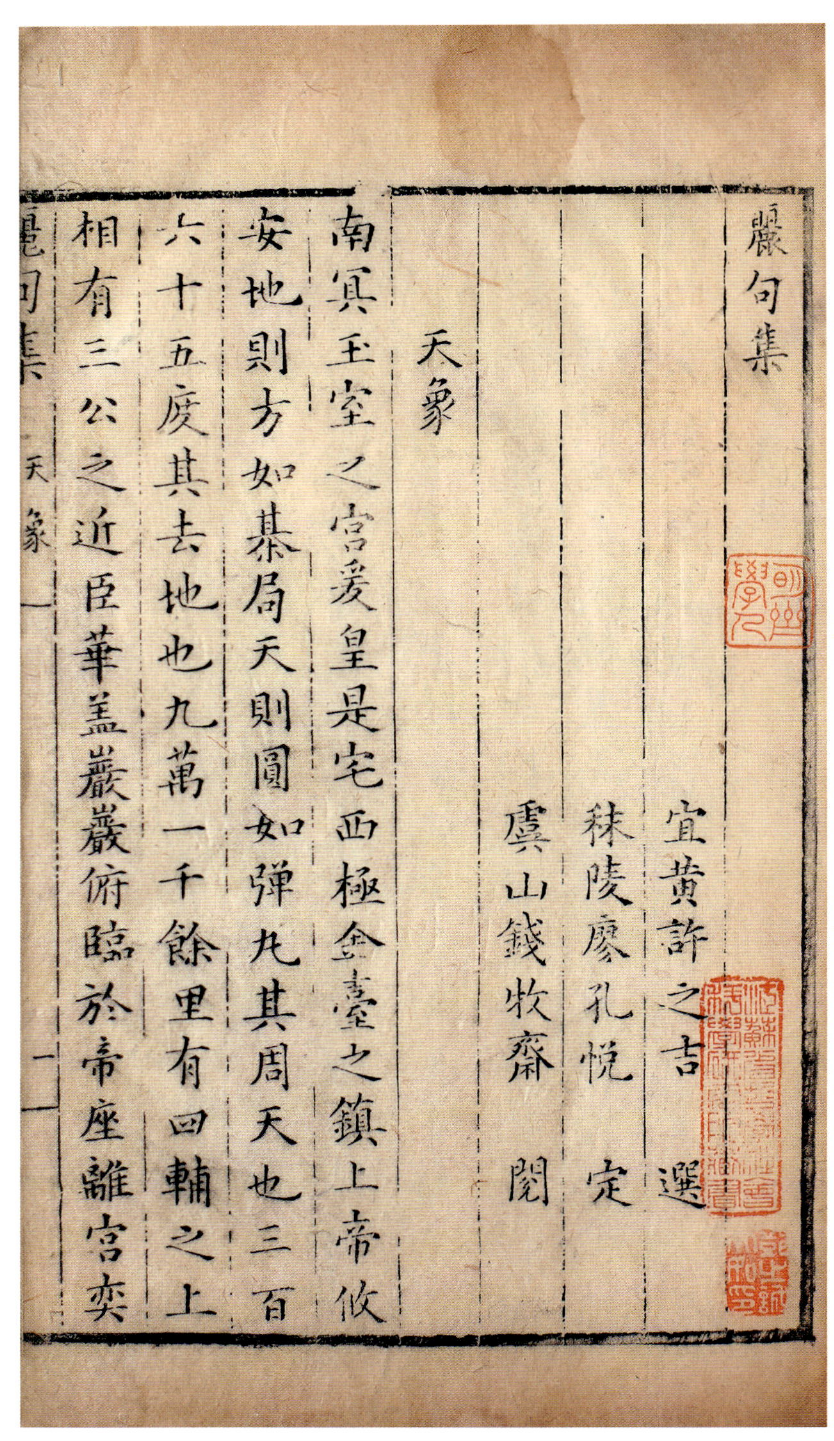

麗句集

宜黄許之吉 選

秣陵廖孔悦 定

虞山錢牧齋 閲

天象

南冥玉室之宫爰皇是宅西極金臺之鎮上帝攸安地則方如棊局天則圓如彈丸其周天也三百六十五度其去地也九萬一千餘里有回輔之上相有三公之近臣華蓋巖巖俯臨於帝座離宫奕

麗句集　天象　一

明天啓刻本

存四卷（卷一至卷二仕進、卷四叙自至卷五聲罪），5册。半葉9行，行19字，小字雙行同。白口，無魚尾，四周單邊。框高20.6厘米，寬14厘米。

七十二家集三百四十六卷附録七十二卷 （明）張燮 編

宋大夫集卷之一

楚郢中宋玉著

明閩漳張燮纂

賦

風賦

楚襄王遊於蘭臺之宮宋玉景差侍有風颯然而至者王乃披襟而當之曰快哉此風寡人所與庶人共者邪宋玉對曰此獨大王之風耳庶人安得而共之王曰夫風者天地之氣溥暢而

明天啓、崇禎間刻本

缺七種三十四卷（賈長沙集三卷、附録一卷，司馬文園集二卷、附録一卷，諸葛丞相二卷、附録一卷，陳思王集十卷、附録一卷，梁簡文帝集十六卷、附録一卷，江醴陵集卷八至卷十四、附録一卷，陶隱居集四卷、附録一卷），60冊。半葉9行，行18字，小字雙行同。白口，單黑魚尾，左右雙邊。

陳思王集二卷（三國魏）曹植 撰 南齊孔詹事集一卷（南朝齊）孔稚珪 撰（圖1）

明婁東張氏刻漢魏六朝百三名家集本

缺一卷（陳思王集卷二），與《七十二家集》合60册。半葉9行，行18字，小字雙行同。白口，白魚尾，左右雙邊。框高20.6厘米，寬14.7厘米。

陳思王集卷之一

明　太倉張溥評閱

賦

登臺賦

從明后而嬉遊兮，登層臺以娛情，見太府之廣開兮，觀聖德之所營，建高門之嵯峨兮，浮雙闕乎太清，立中天之華觀兮，連飛閣乎西城，臨漳水之長流兮，望園果之滋榮，仰春風之和穆兮

陳思王集　卷之一　賦　一

南齊孔詹事集卷全

齊　孔稚珪德璋　著

明　張溥西銘　閱

表

上新定法律表

臣聞匠萬物者以繩墨爲正、馭大國者以法理爲本、是以古之聖王、臨朝思理、遠防邪萌、深杜姦漸、莫不資法理以成化、明刑賞以樹工者也、伏惟陛下躡曆登皇、乘圖踐帝、天地更築、日月

剪綃集二卷 （宋）李龏 撰

明天啓、崇禎間毛氏汲古閣刻詩詞雜俎本

1冊。半葉8行，行19字。白口，無魚尾，左右雙邊。框高19.3厘米，寬13.9厘米。

剪綃集卷上

荷澤李龏和父集唐人句

謫仙吟

空白凝雲頹不流牧龍丈人病歌秋尋詩北嶺截珠樹老夫饑寒龍爲愁呼龍耕烟種瑤草若爲失意居蓬島泓泓水遶青苔洲鯉魚風起芙蓉老

李賀 陳陶 陳陶 陳陶 李賀

李賀 陳陶 陳陶 李賀

公無渡河

剪綃集 卷上 汲古閣

衆妙集一卷 （宋）趙師秀 輯

衆妙集

汴人趙師秀紫芝編

沈佺期

塞北

胡騎犯邊埃風從丑上來五原烽火急六郡羽書

催冰壯飛狐冷霜濃候鴈哀將軍朝授鉞戰士夜

銜枚紫塞金河裏葱山鐵勒隈蓮花秋劒發桂葉

曉旗開祕略三軍動妖氛百戰摧何言投筆去終

衆妙集　汲古閣

明崇禎九年（1636）毛氏汲古閣刻詩詞雜俎本

與《剪綃集》合1册。半葉8行，行19字。白口，無魚尾，左右雙邊。框高19.3厘米，寬13.9厘米。

河汾諸老詩集八卷 （元）房祺 輯 （圖一）

河汾諸老詩集卷一

横汾隱者房祺編

貽溪麻先生革信之

上雲内帥賈君

北極長虹掣西垣太白高千年知運圮四海共兵

鏖霧黑龍蛇鬭山昏虎豹嗥石傷填海羽波動負

山鰲遺介潛寒渚驚鼉走夜牢江山留慘黯天地

入焄蒿衆折恩枝柱初寒侯璽綵明良逢慶會鄉

河汾詩 卷一

明末毛氏汲古閣刻詩詞雜俎本 翁斌孫跋

1 冊。半葉 8 行，行 19 字。白口，無魚尾，左右雙邊。框高 19.5 厘米，寬 13.7 厘米。

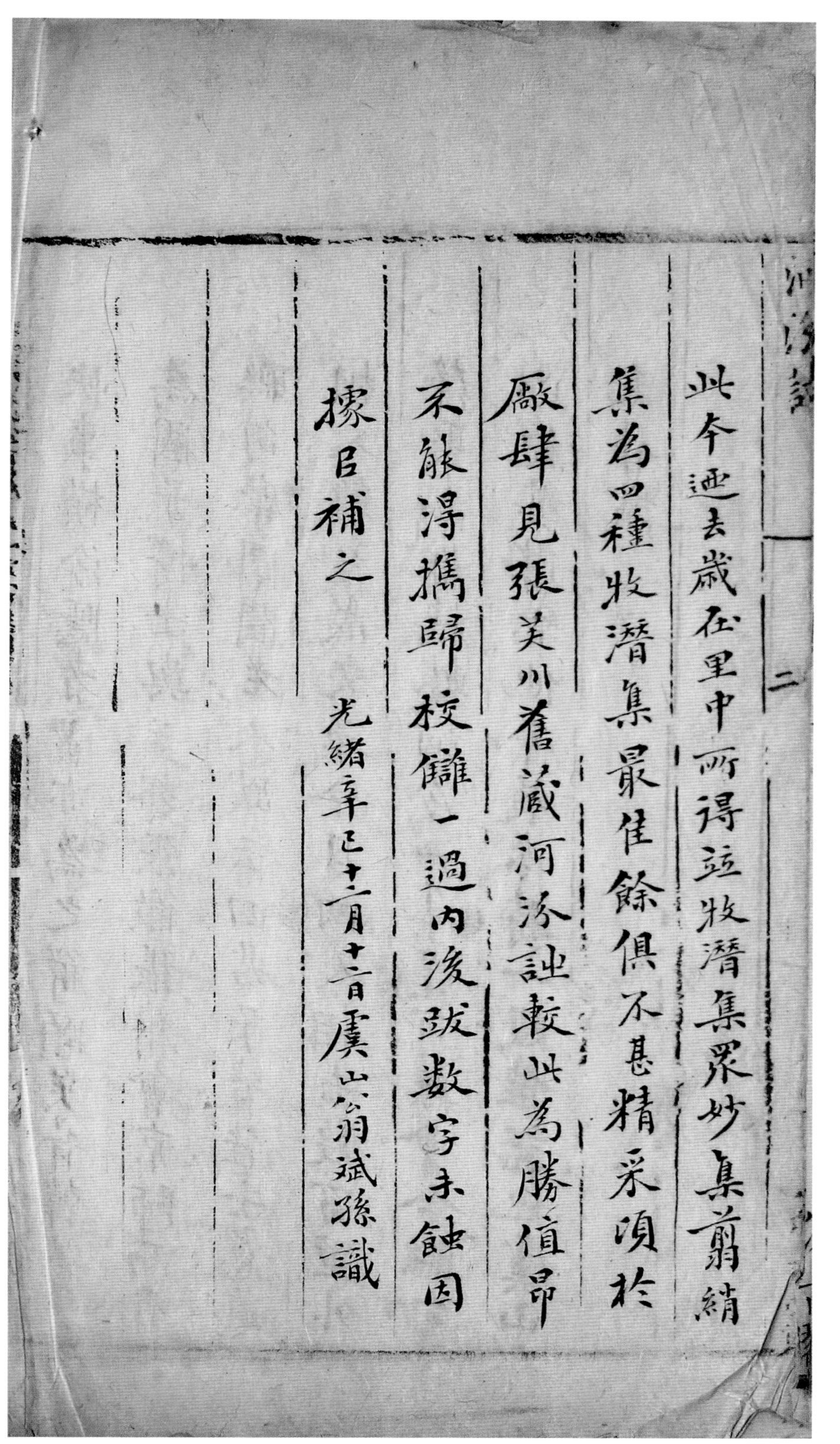

此本迺去歲在里中所得竝牧潛集衆妙集翦綃集為四種牧潛集最佳餘俱不甚精采須於廠肆見張芙川舊藏河汾詩較此為勝值昂不能得攜歸校讎一過内後跋數字未蝕因據以補之

光緒辛巳十二月十二日虞山翁斌孫識

河汾諸老詩集八卷　（元）房祺　輯　（圖2）

月泉吟社一卷 （宋）吴渭 輯

明末海虞毛氏汲古閣刻詩詞雜俎本　清王鳴盛校

1册。半葉8行，行19字，小字單行同。白口，無魚尾，左右雙邊。框高19厘米，寬13.5厘米。

月泉吟社

浦陽盟詩潛齋吴渭清翁

本社預於小春月望命題至正月望日收卷月終結局請諸處吟社用好紙楷書以便謄副而免於差舛明書州里姓號以便供賞而不致浮湛切望如期差人来問浦江縣西地名前吴吴知縣渭對面交卷守回標照應俟評校畢三月三日揭曉賞隨詩册分送此固非足浼我同志

篋中集

元結 次山編

沈千運 四首

感懷弟妹

今日春氣暖東風杏花拆筋力又不如却羨澗中石神仙杳難準中壽稀滿百近世多夭傷喜見鬢髮白杖藜竹樹間宛宛行舊跡豈知林園主却是林園客兄弟可存半空為亡者惜冥冥無再期哀

篋中集　汲古閣

明崇禎元年（1628）毛氏汲古閣刻本

存三種七卷（篋中集一卷，國秀集三卷，中興間氣集二卷，補遺一卷），6冊。半葉8行，行19字，小字雙行同。白口，無魚尾，左右雙邊。

搜玉小集一卷（唐）□□ 輯

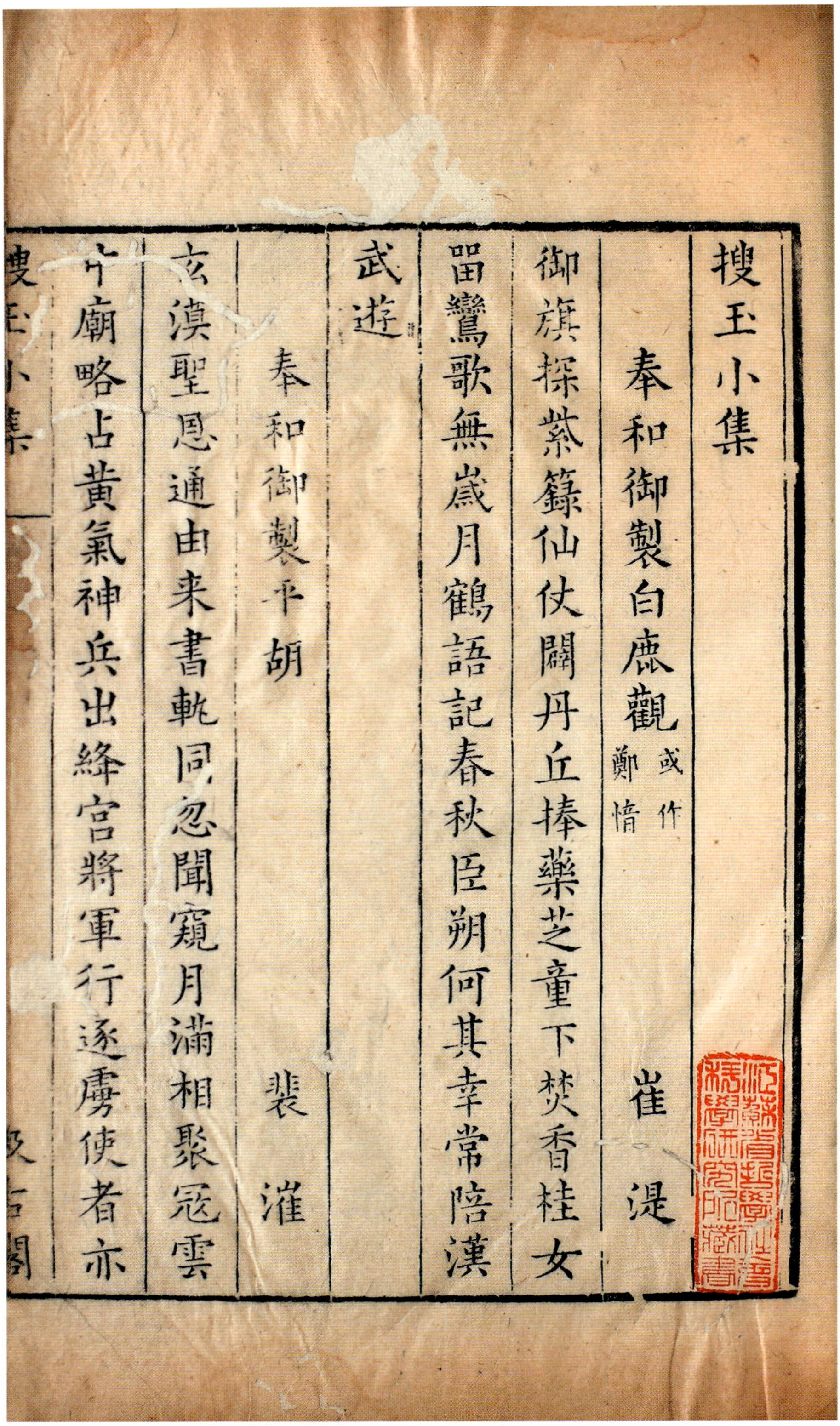
搜玉小集
奉和御製白鹿觀（或作鄭愔）　崔湜
御旗探紫籙仙仗闢丹丘捧藥芝童下焚香桂女
留鸞歌無歲月鶴語記春秋臣朔何其幸常陪漢
武遊
奉和御製平胡　裴漼
玄漠聖恩通由来書軌同忽聞窺月滿相聚寇雲
中廟略占黃氣神兵出絳宮將軍行逐虜使者亦
搜玉小集　汲古閣

明崇禎元年（1628）毛氏汲古閣刻唐人選唐詩本

1册。半葉8行，行19字，小字雙行同。白口，無魚尾，左右雙邊。框高19.1厘米，寬13.9厘米。

極玄集卷之上

唐諫議大夫姚合選

王維 字摩詰河東人開元九年進士歷拾遺御史天寶末給事中肅宗時尚書右丞

送晁監歸日本

積水不可極安知滄海東九州何處所萬里若乘空向國唯看日歸帆但信風鼇身映天黑魚眼射波紅鄉樹扶桑外主人孤島中別離方異域音信若為通

極玄集　卷之上　汲古閣

明崇禎元年（1628）毛氏汲古閣刻本

1冊。半葉8行，行19字，小字雙行同。白口，無魚尾，左右雙邊。框高19厘米，寬13.7厘米。

毛詩注疏二十卷 （漢）鄭玄 箋 （唐）孔穎達 疏 （唐）陸德明 音釋

毛詩註疏卷第一 一之一

漢鄭　氏箋

唐孔穎達疏

毛詩國風

周南關雎詁訓傳第一　陸德明音義曰周南周者代名其地在禹貢雍州之域岐山之陽於漢屬扶風美陽縣南者言周之德化自岐陽而先被南方故序云化自北而南也漢廣序又云文王之道被於南國是也○關雎七胥反依字且邊隹且音子餘反旁或作鳥故訓舊本多作故今或作詁音古又音故傳音直戀反案詁故皆是古義所以兩行然前儒多作詁解而章句有故言郭景純注爾雅則作釋詁樊孫等爾雅本皆爲釋故今宜隨本不煩改字　疏　正義曰關雎者詩篇之名既以關雎

明崇禎三年（1630）毛氏汲古閣刻十三經注疏本

14冊。半葉9行，行21字，小字雙行同。白口，無魚尾，左右雙邊。框高18厘米，寬12.5厘米。

鍾評杜氏春秋左傳合注三十卷　（晉）杜預　撰　（唐）陸德明　音義　（明）鍾惺　評

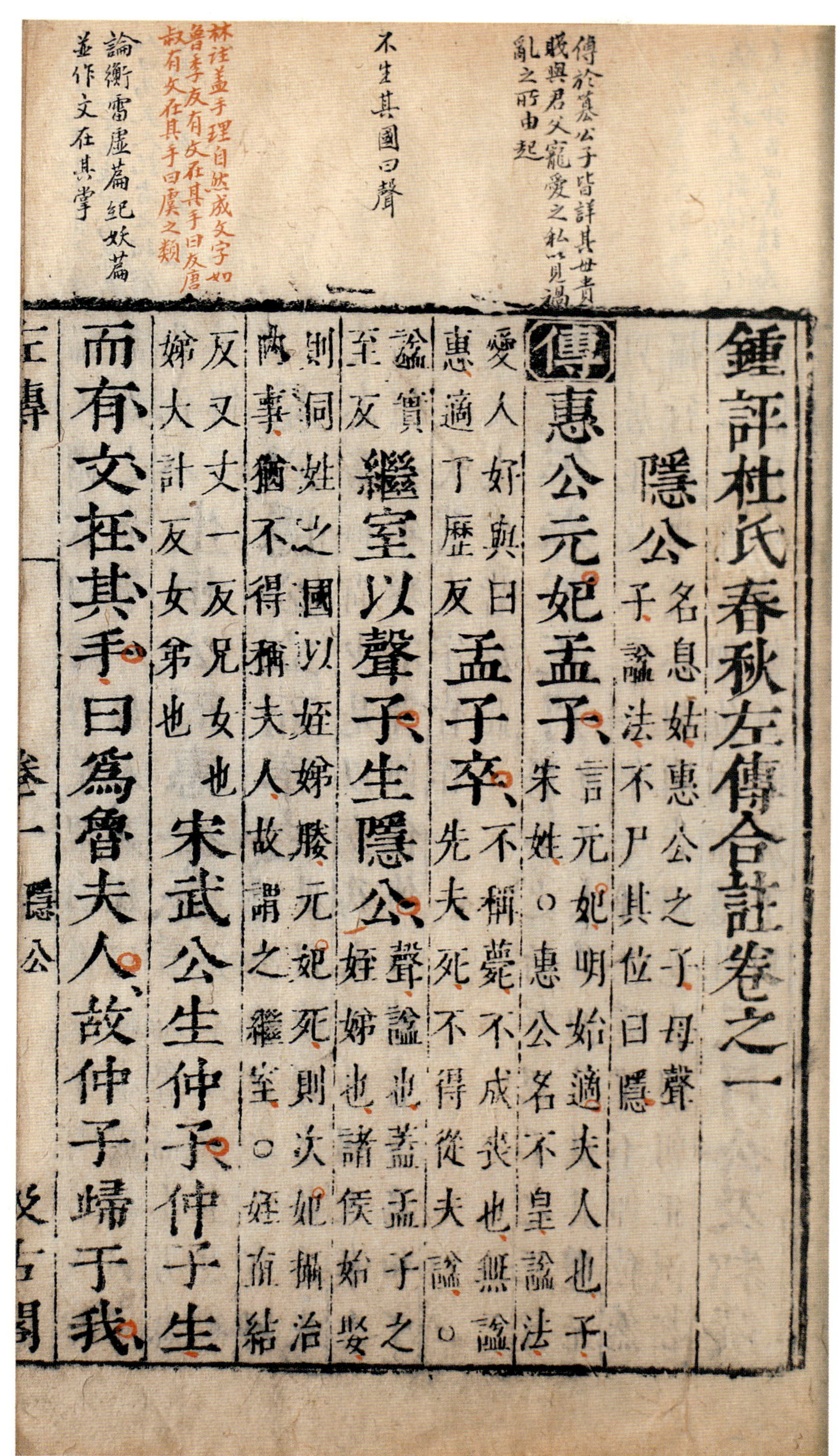
傳於惠公子皆詳其世貴賤與君父寵愛之私以見禍亂之所由起

不生其國曰聲

林注蓋手理自然成文字如魯季友有文在其手曰友唐叔有文在其手曰虞之類

論衡雷虛篇紀妖篇並作文在其掌

鍾評杜氏春秋左傳合註卷之一

隱公 名息姑惠公之子母聲子諡法不尸其位曰隱

傳 惠公元妃孟子 言元妃明始適夫人也子宋姓○惠公名不皇諡法愛人好與曰惠適丁歷反 孟子卒 不稱薨不成喪也無諡先夫死不得從夫諡○諡實至反 繼室以聲子生隱公 聲諡也蓋孟子之姪娣也諸侯始娶則同姓之國以姪娣媵元妃死則次妃攝治內事猶不得稱夫人故謂之繼室○姪直結反又丈一反兄女也娣大計反女弟也 宋武公生仲子仲子生而有文在其手曰為魯夫人故仲子歸于我

左傳　卷一　隱公　汲古閣

明崇禎四年（1631）毛氏汲古閣刻本　佚名批校

8冊。半葉8行，行17字，小字雙行同。白口，無魚尾，左右雙邊。框高18.8厘米，寬13.6厘米。

尚書注疏二十卷　題（漢）孔安國 傳　（唐）孔穎達 疏　（唐）陸德明 音釋　（圖1）

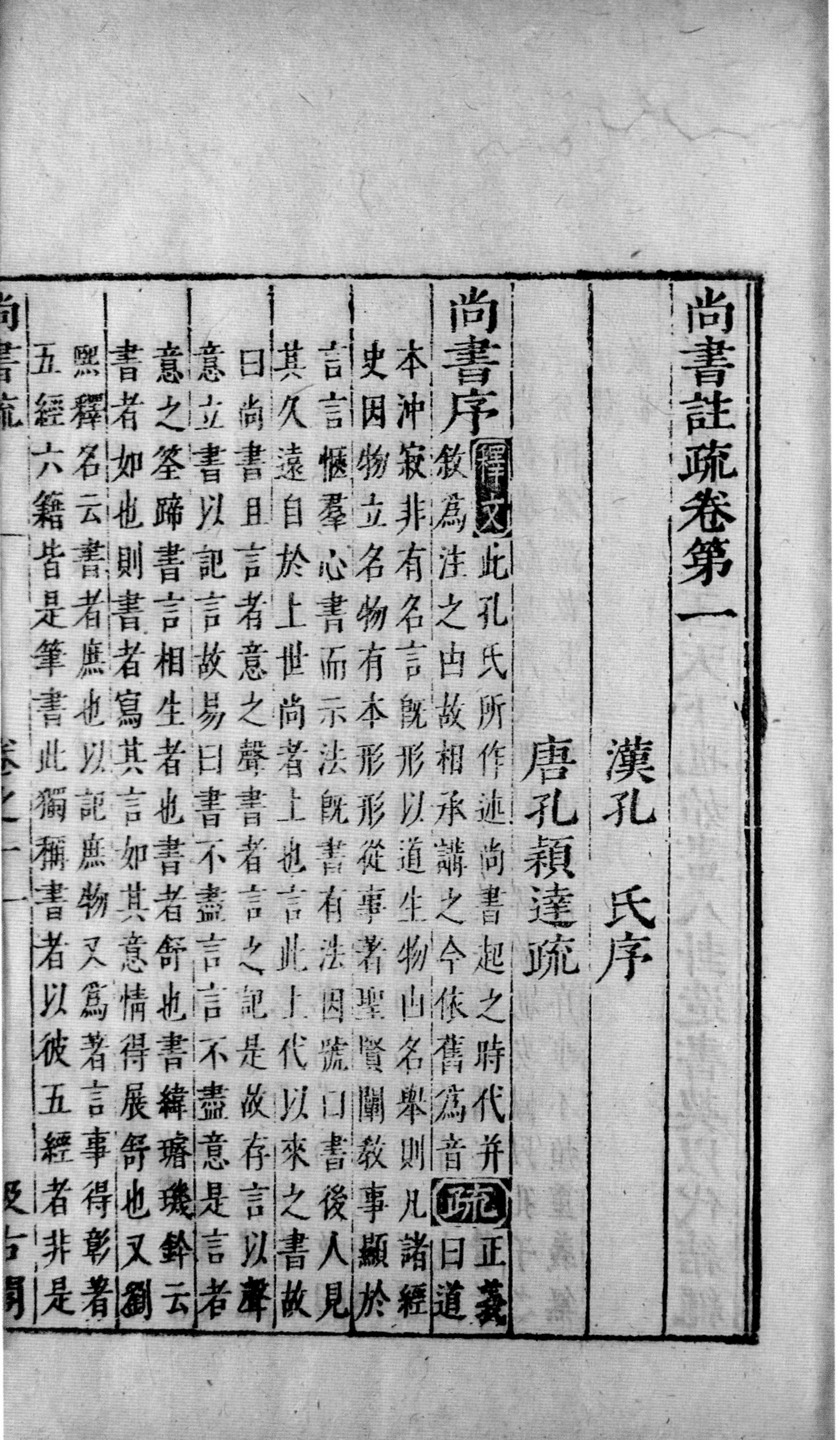
尚書註疏卷第一

漢孔　氏序

唐孔穎達疏

尚書序【釋文】此孔氏所作述尚書起之時代并敘爲注之由故相承講之今依舊爲音【疏】正義曰道本沖寂非有名言既形以道生物由名舉則凡諸經史因物立名物有本形形從事著聖賢闡教事顯於言言愜羣心書而示法既書有法因號曰書後人見其久遠自於上世尚者上也言此上代以來之書故曰尚書且言者意之聲書者言之記是故存言以聲意立書以記言故易曰書不盡言言不盡意是言者意之筌蹄書言相生者也書者舒也書緯璿璣鈐云書者如也則書者寫其言如其意情得展舒也又劉熙釋名云書者庶也以記庶物又爲著言事得彰著五經六籍皆是筆書此獨稱書者以彼五經者非是

尚書疏　卷之一　汲古閣

明崇禎五年（1632）毛氏汲古閣刻十三經注疏本

6冊。半葉9行，行21字，小字雙行同。白口，無魚尾，左右雙邊。框高17.9厘米，寬12.7厘米。

尚書疏　卷二十

曰由一人【傳】杌隉不安言危也一人所任用國之傾
危曰由所任不容賢○杌五骨反隉五結反徐語折反邦之榮懷亦
尚一人之慶【傳】國之光榮爲民所歸亦庶幾其所任
用賢之善也穆公陳戒背賢則危用賢則榮自誓欲
前過之意【疏】邦之至之慶○正義曰既言賢佞行異
又言用之安否邦之杌隉危而不安曰
由所任一人之不賢也邦之光榮爲民所歸亦庶幾
所任一人之有慶也言國家用賢則榮背賢則危穆
公自誓悔前
過用賢人者也

尚書註疏卷第二十

尚書注疏二十卷　題(漢)孔安國 傳　(唐)孔穎達 疏　(唐)陸德明 音釋　(圖2)

禮記注疏六十三卷 （漢）鄭玄 注 （唐）孔穎達 疏 （唐）陸德明 音釋 （圖1）

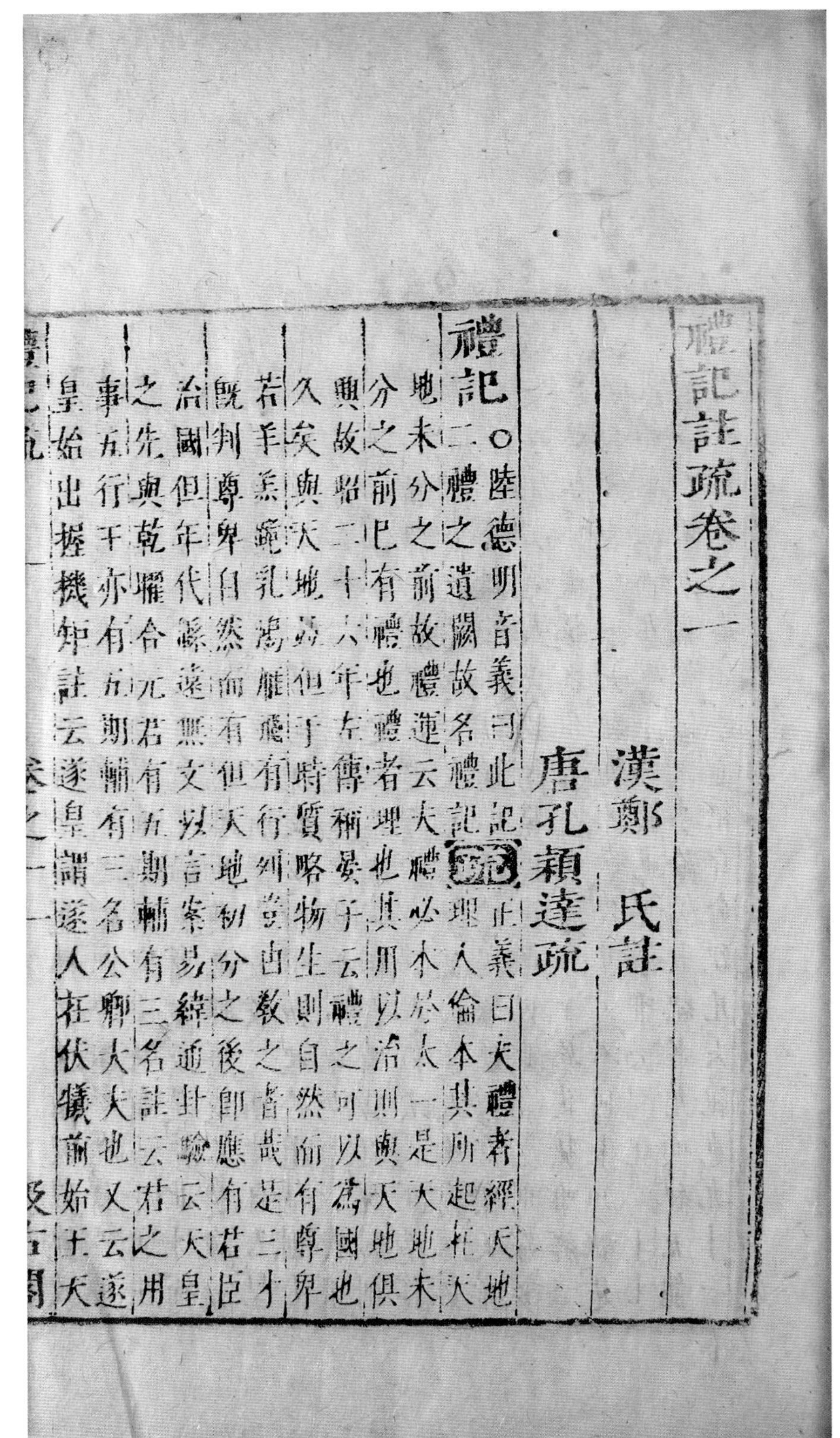

明崇禎十二年（1639）毛氏汲古閣刻十三經注疏本

缺二卷（五十五至五十六），29 册。半葉 9 行，行 21 字，小字雙行同。白口，無魚尾，左右雙邊。框高 17.9 厘米，寬 12.6 厘米。

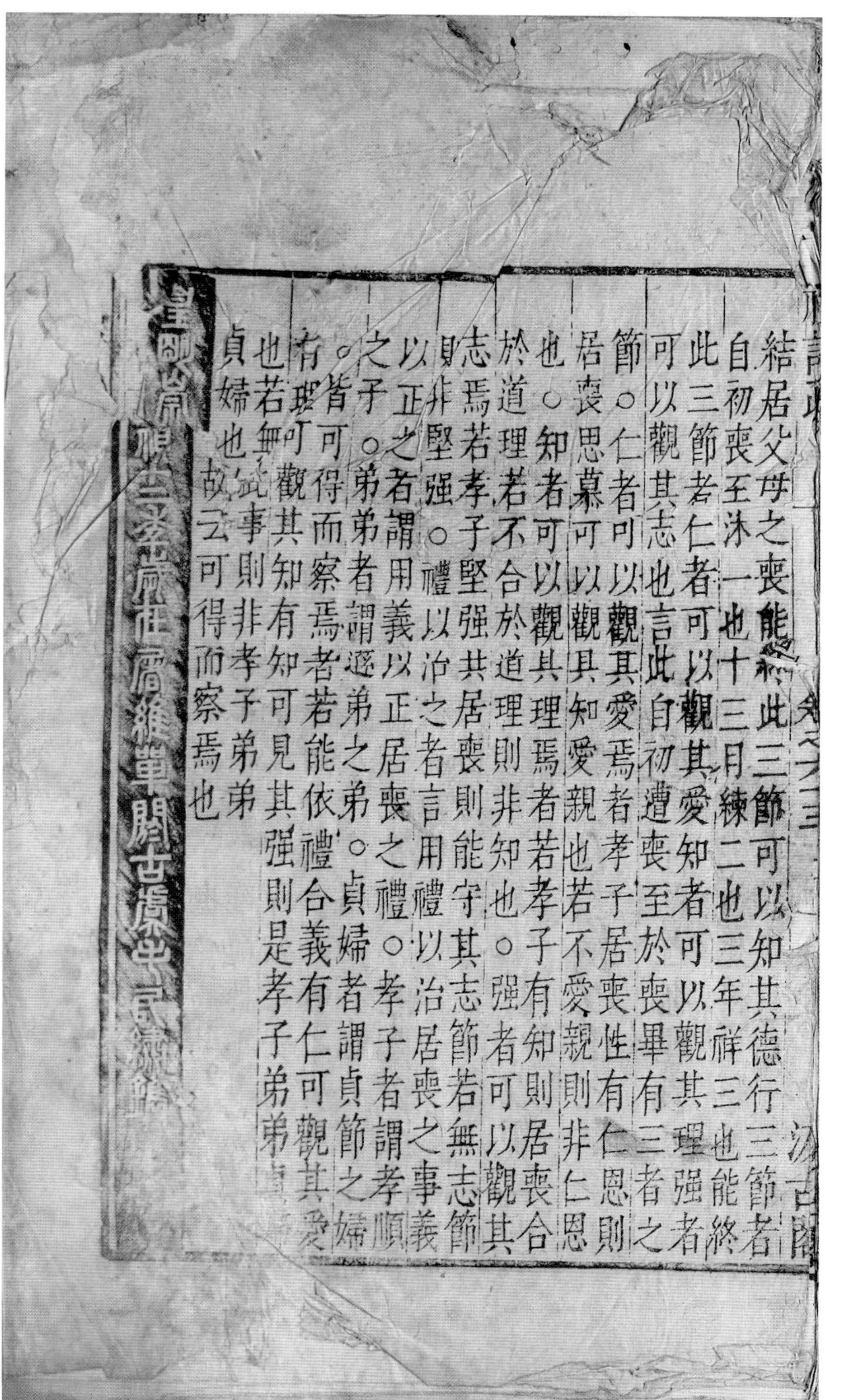
禮記註疏卷之六十三　汲古閣

結居父母之喪能終此三節可以知其德行三節者自初喪至沐一也十三月練二也三年祥三也能終此三節者仁者可以觀其愛知者可以觀其理强者可以觀其志也言此自初遭喪至於喪畢有三者之節○仁者可以觀其愛焉者若孝子居喪性有仁恩則居喪思慕可以觀其愛親也若不愛親則非仁恩也○知者可以觀其理焉者若孝子有知則居喪合於道理若不合於道理則非知也○强者可以觀其志焉若孝子堅强其居喪則能守其志節若無志節則非堅强○禮以治之者言用禮以治居喪之事義以正之者謂用義以正居喪之禮○孝子者謂孝順之子○弟弟者謂遜弟之弟○貞婦者謂貞節之婦○皆可得而察焉者若能依禮合義有仁可觀其愛有理可觀其知有知可見其强則是孝子弟弟貞婦也若無此事則非孝子弟弟貞婦也故云可得而察焉也

皇明崇禎十三年歲在庚辰古虞毛氏繡鐫

禮記注疏六十三卷　（漢）鄭玄　注　（唐）孔穎達　疏　（唐）陸德明　音釋　（圖2）

魏書一百一十四卷　（北齊）魏收　撰

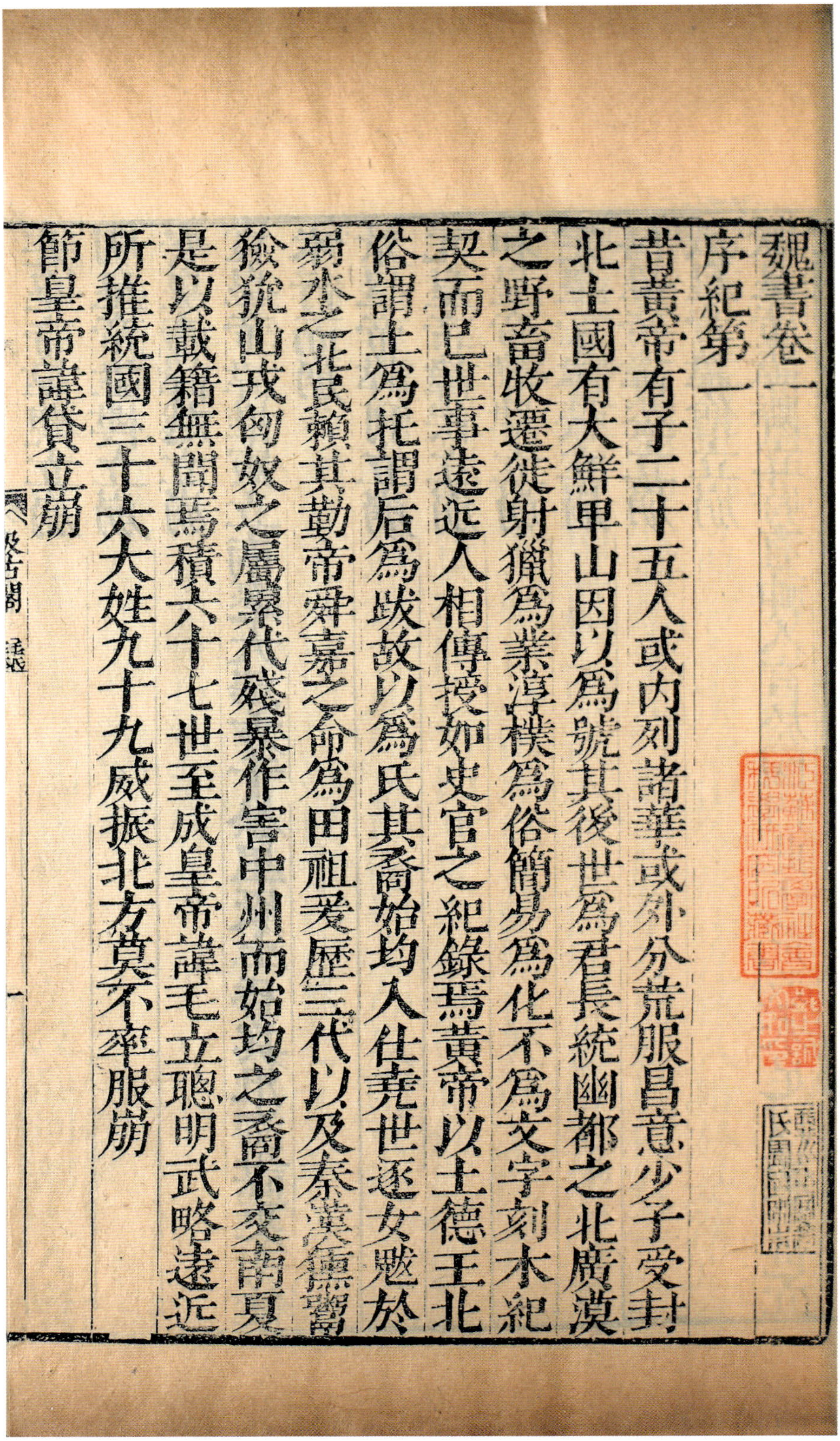
魏書卷一
序紀第一
昔黃帝有子二十五人或內列諸華或外分荒服昌意少子受封北土國有大鮮卑山因以爲號其後世爲君長統幽都之北廣漠之野畜牧遷徙射獵爲業淳樸爲俗簡易爲化不爲文字刻木紀契而已世事遠近人相傳授如史官之紀錄焉黃帝以土德王北俗謂土爲托謂后爲跋故以爲氏其裔始均入仕堯世逐女魃於弱水之北民賴其勤帝舜嘉之命爲田祖爰歷三代以及秦漢獯鬻獫狁山戎匈奴之屬累代殘暴作害中州而始均之裔不交南夏是以載籍無聞焉積六十七世至成皇帝諱毛立聰明武略遠近所推統國三十六大姓九十九威振北方莫不率服崩
節皇帝諱貸立崩

明崇禎九年（1636）琴川毛氏汲古閣刻十七史本

28 冊。半葉 12 行，行 25 字，小字雙行。白口，單黑魚尾，左右雙邊。框高 21.3 厘米，寬 15.3 厘米。

薩天錫詩集三卷　（元）薩都剌　撰

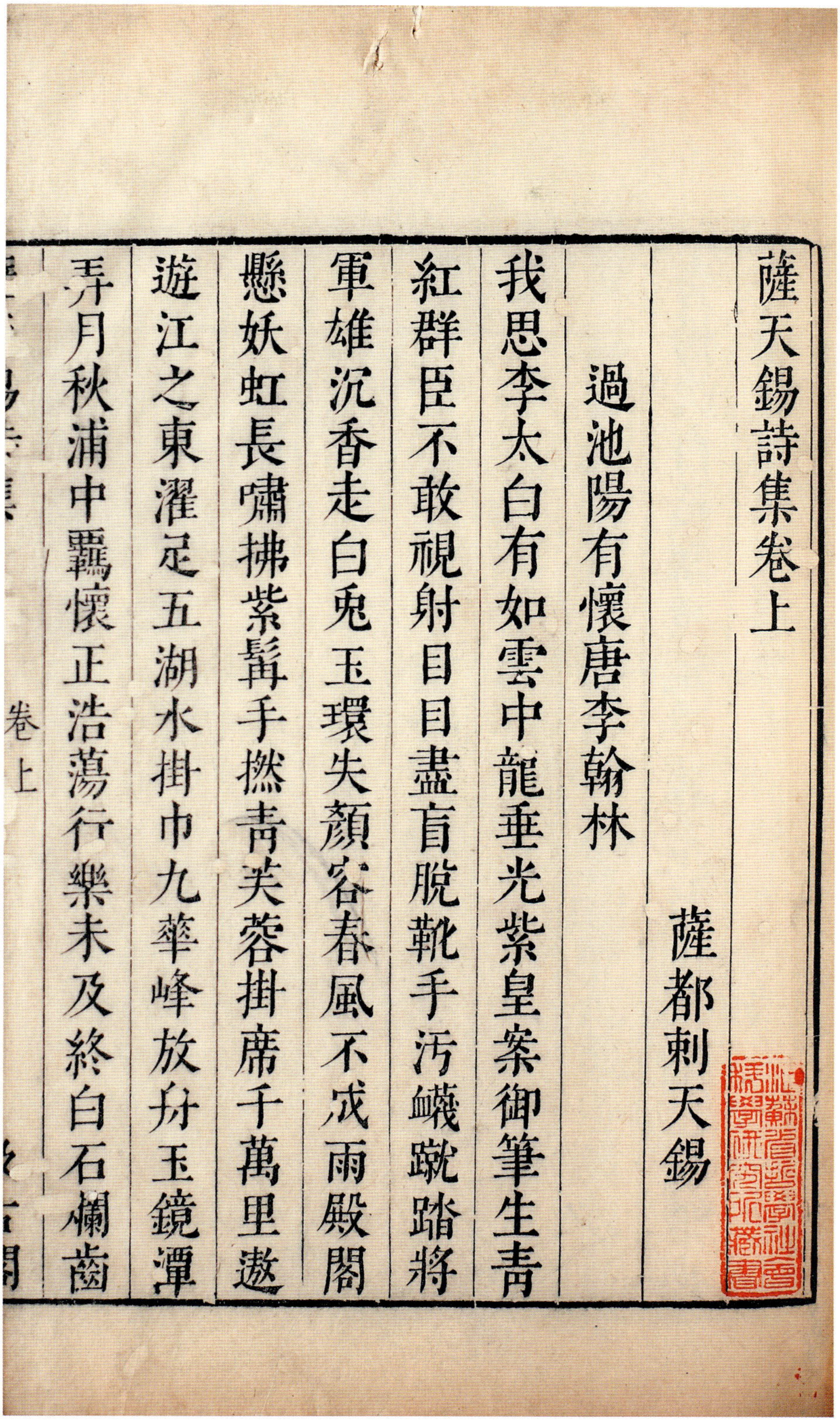

薩天錫詩集卷上

薩都剌天錫

過池陽有懷唐李翰林

我思李太白有如雲中龍垂光紫皇案御筆生青
紅群臣不敢視射目目盡盲脫靴手汚蠛蹴踏將
軍雄沉香走白兎玉環失顏容春風不成雨殿閣
懸妖虹長嘯拂紫髯手撚青芙蓉掛席千萬里遨
遊江之東濯足五湖水掛巾九華峰放舟玉鏡潭
弄月秋浦中羈懷正浩蕩行樂未及終白石爛齒

卷上

明崇禎十一年（1638）海虞毛氏汲古閣刻元人十種詩本
3冊。半葉9行，行19字。白口，無魚尾，左右雙邊。框高18.7厘米，寬14.1厘米。

南邨詩集四卷 （明）陶宗儀 撰

南邨詩集卷之一

天台陶宗儀九成著

永思堂詩爲董仲資作

子之於親思無不至生育恩深與天地媲一别千古終養莫遂永言孝思思曷有旣爰陟我屺爰陟我岵瞻望莫及心焉如燬露雨降濡秋春收履悽愴怵惕感時撫已居處笑語志意樂耆書册桮圈手口澤氣食而羹只居而墻只如將見之愛慤並致我身之存親爲不死豈敢一日忘迺所自思繼

南邨詩集　卷一　汲古閣

明崇禎十一年（1638）海虞毛氏汲古閣刻元人十種詩本

缺一卷（四），3冊。半葉9行，行19字，小字雙行同。白口，無魚尾，左右雙邊。框高18.6厘米，寬14.3厘米。

孔氏家語十卷　題（三國魏）王肅　注　（圖1）

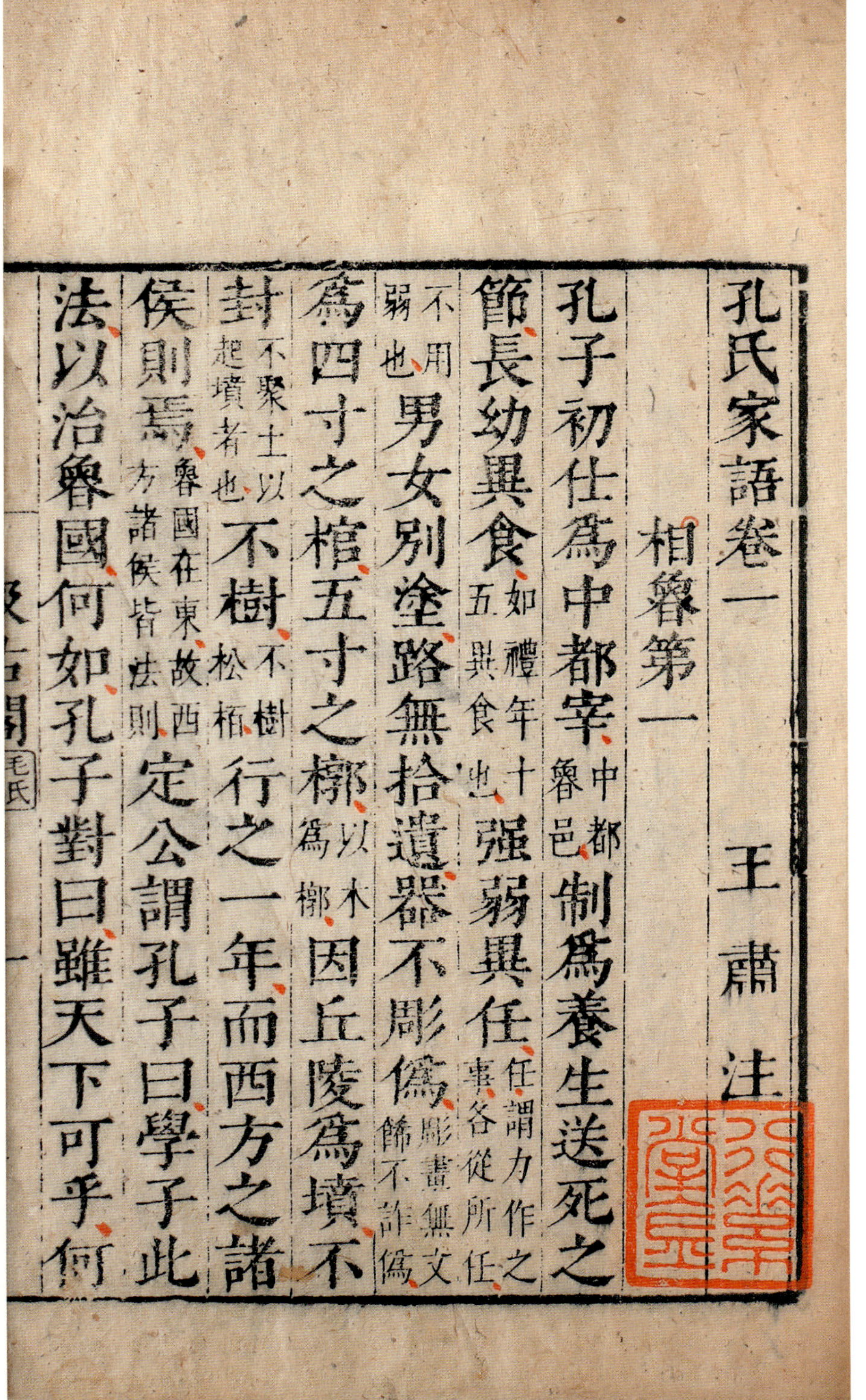
孔氏家語卷一

相魯第一　　王肅　注

孔子初仕爲中都宰（中都魯邑）制爲養生送死之節長幼異食（如禮年十五異食也）强弱異任（任謂力作之事各從所任不用弱也）男女別塗路無拾遺器不彫僞（彫畫無文飾不詐僞）爲四寸之棺五寸之槨（以木爲槨）因丘陵爲墳不封（不聚土以起墳者也）不樹（不樹松柏）行之一年而西方之諸侯則焉（魯國在東故西方諸侯皆法則）定公謂孔子曰學子此法以治魯國何如孔子對曰雖天下可乎何

明崇禎十二年（1639）毛氏汲古閣刻本

6冊。半葉9行，行17字，小字雙行同。白口，無魚尾，左右雙邊。框高17.8厘米，寬13.5厘米。

笏於夫子廟堂之上矣是書幸矣余幸
矣亟公之同好凡架上王氏陸氏本俱
可覆諸醬瓿矣即何氏所注亦是暗中
摸索疵病甚多未必賢于王陸二家也
但其一序亦可參考因綴旒于跋之下
虞山毛晉識

何孟春曰孔子家語如孔衍言則辟藏
之餘實孔安國為之而王肅代安國序
未始及焉不知何謂此書源委流傳肅

北宋板王肅注本子大書深刻與今本迥異惜二卷十六葉已前皆已蠹蝕因復向先聖焚香叩首願窺全豹幸巳卯春從錫山酒家復覯一函冠冕巋然亦宋刻王氏注也所逸者僅末二卷余不覺合掌頓足急倩能書者一補其首一補其尾二册儼然雙璧矣縱未必夫子舊堂壁中故物巳不失王肅本注矣三百年割裂顛倒之紛紛一旦而垂紳正

明崇禎虞山毛氏汲古閣刻本

存四十一種一百九十一卷（詩序辨説一卷，詩傳孔氏傳一卷，詩説一卷，詩外傳十卷，毛詩草木鳥獸蟲魚疏廣要四卷，詩考一卷，詩地理考六卷，爾雅三卷，京氏易傳三卷，關氏易傳一卷，焦氏易林四卷，元包數總義二卷，通鑑問疑一卷，漢制考四卷，古文參同契集解三卷、箋注集解三卷、三相類集解二卷，五木經一卷，女孝經一卷，黄帝宅經二卷，墨經一卷，黄帝授三子玄女經一卷，法書要録十卷，廣川書跋十卷，芥隱筆記一卷，西溪叢語二卷，益部方物略記一卷，桯史十五卷，酉陽雜俎二十卷、續集十卷，洛陽名園記一卷，靈寶真靈位業圖一卷，唐國史補三卷，樂府古題要解二卷，癸辛雜識前集一卷、後集一卷、續集二卷、别集二卷，揮麈前録四卷、後録十一卷、三録三卷，避暑録話二卷，錦帶書一卷）81冊。半葉8行，行19字。白口，無魚尾，左右雙邊。

津逮秘書十五集總目

第一集

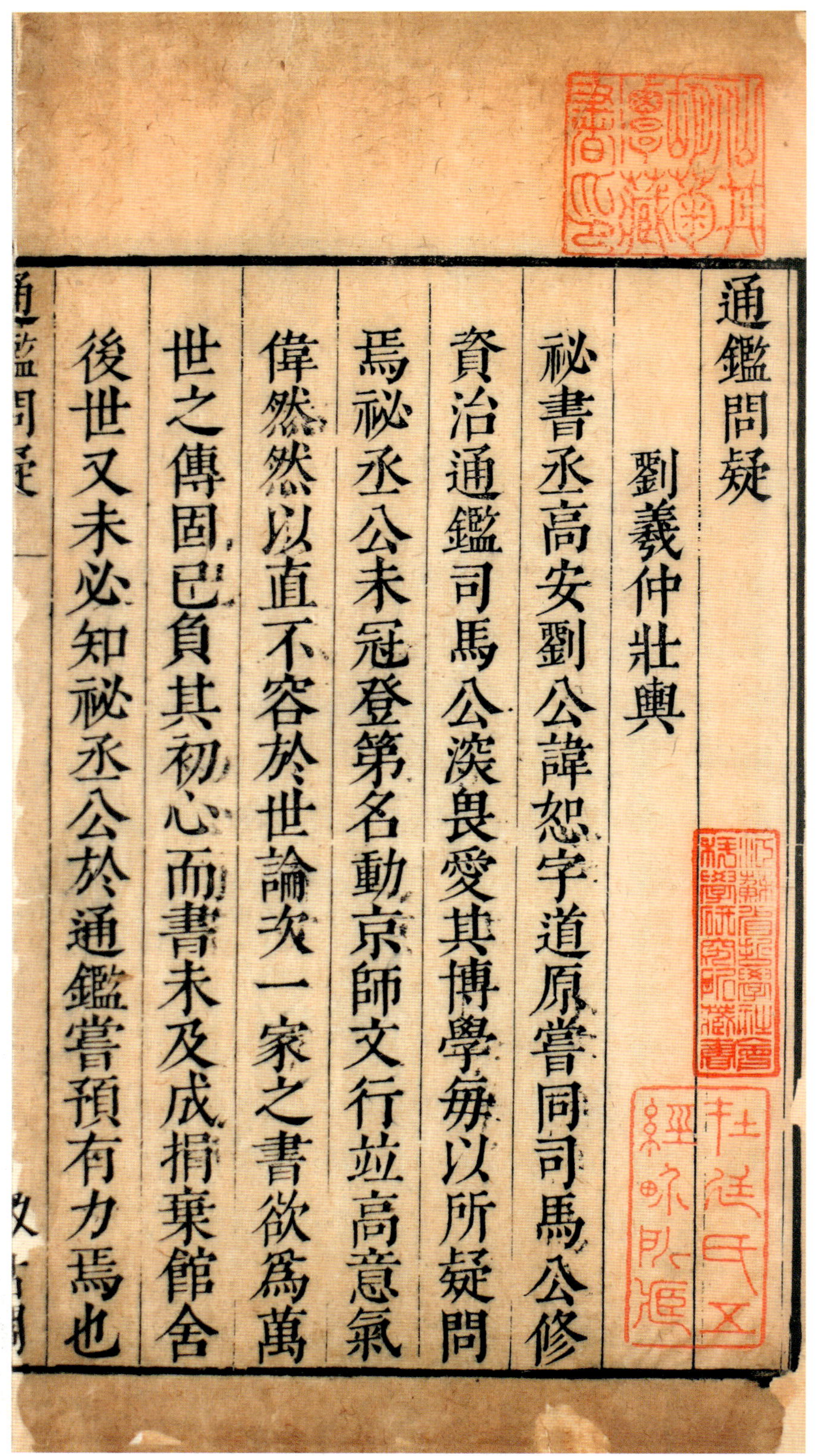
通鑑問疑

劉羲仲壯輿

祕書丞高安劉公諱恕字道原嘗同司馬公修資治通鑑司馬公深畏愛其博學每以所疑問焉祕丞公未冠登第名動京師文行竝高意氣偉然然以直不容於世論次一家之書欲爲萬世之傳固已負其初心而書未及成捐棄館舍後世又未必知祕丞公於通鑑嘗預有力焉也

通鑑問疑一卷 （宋）劉羲仲 撰

却掃編卷上

宋睢陽徐度敦立撰

明古虞毛晉子晉訂

漢初因秦官置丞相太尉武帝罷太尉不置久之置大司馬而以爲大將軍之冠成帝復罷丞相御史大夫而取周官六卿司徒司空之名配大司馬以備三公而咸加大稱後漢建武二十七年復改大司馬爲太尉而司徒司空並去大字

毛詩草木鳥獸蟲魚疏廣要四卷　（唐）陸璣　撰

毛詩草木鳥獸蟲魚疏廣要卷上之上

唐　吳郡陸璣元恪　撰

明　海隅毛晋子晋　參

方秉蕑兮

蕑即蘭香草也春秋傳曰刈蘭而卒楚辭云紉秋蘭以爲佩孔子曰蘭當爲王者香草皆是也其莖葉似藥草澤蘭但廣而長節節中赤高四五尺漢諸池苑及許昌宮中皆種之可著粉中故天子賜諸侯茝蘭藏衣著書中辟白魚

毛詩陸疏廣要　卷上之上　汲古閣

冷齋夜話卷之一

宋筠州惠洪輯
明海虞毛晉訂

江神嗜黃魯直書韋詩

王榮老嘗官于觀州欲渡觀江七日風作不得濟父老曰公篋中必蓄寶物此江神極靈當獻之得濟榮老顧無所有惟玉麈尾卽以獻之風如故又以端硯獻之風愈作又以宣包虎帳獻之皆不驗

通鑑地理通釋十四卷 （宋）王應麟 撰

通鑑地理通釋卷之一

浚儀王應麟伯厚甫著

海虞毛 晉子晉甫閲

歷代州域總敘上

神農九州

春秋命曆序云人皇氏分九州神農始立地形甄度四海東西九十萬里南北八十一萬里周禮疏云自神農已上有大九州桂州迎州神州之等至

地理通釋　卷之一　汲古閣

大唐創業起居注卷之一

唐陝東道大行臺工部尚書上柱國樂平郡開國公臣温大雅撰

明 毛晉 胡震亨同校

起義旗至發引凡四十八日

初帝自衛尉卿轉右驍衛將軍奉詔爲太原道安撫大使郡文武官治能不稱職者並委帝黜陟選補焉河東已來兵馬仍令帝徵發討捕所部盜賊隋大業十二年煬帝之幸樓煩時也帝以太原黎庶陶唐舊民奉使安撫不踰本封因

佛國記一卷　（晉）釋法顯　撰

佛國記

宋釋法顯撰　明胡震亨毛晋同訂

法顯昔在長安慨律藏殘缺於是遂以弘始二年歲在已亥與慧景道整慧應慧嵬等同契至天竺尋求戒律初發跡長安度隴至乾歸國夏坐夏坐訖前行至耨檀國度養樓山至張掖鎮張掖大亂道路不通張掖王慇懃遂留爲作檀越於是與智嚴慧簡僧紹寶雲僧景等相遇欣於同志便共夏坐夏坐訖復進到燉煌有塞東

詩地理考六卷（宋）王應麟 撰（圖1）

古本

詩地理攷敘
詩可以觀廣谷大川異制民生其間者異俗剛柔
輕重遲速異齊聲音之道與政通矣延陵季子以
是觀之太史公講業齊魯之都其作世家於齊曰
洋洋乎固大國之風也於魯曰洙泗之間齗齗如
也葢深識夫子一變之意班孟堅志地理敘變風
十三國而不及二南豈知詩之本原者哉夫詩由
人心生也風土之音曰風朝廷之音曰雅郊廟之
音曰頌其生於心一也人之心與天地山川流通

詩地理攷 序

咸豐辛酉得於山子先生之孫壽年 天放樓記

明崇禎虞山毛氏汲古閣刻津逮秘書本 清趙烈文題識

2冊。半葉9行，行19字，小字雙行同。白口，無魚尾，左右雙邊。框高19.6厘米，寬14.3厘米。

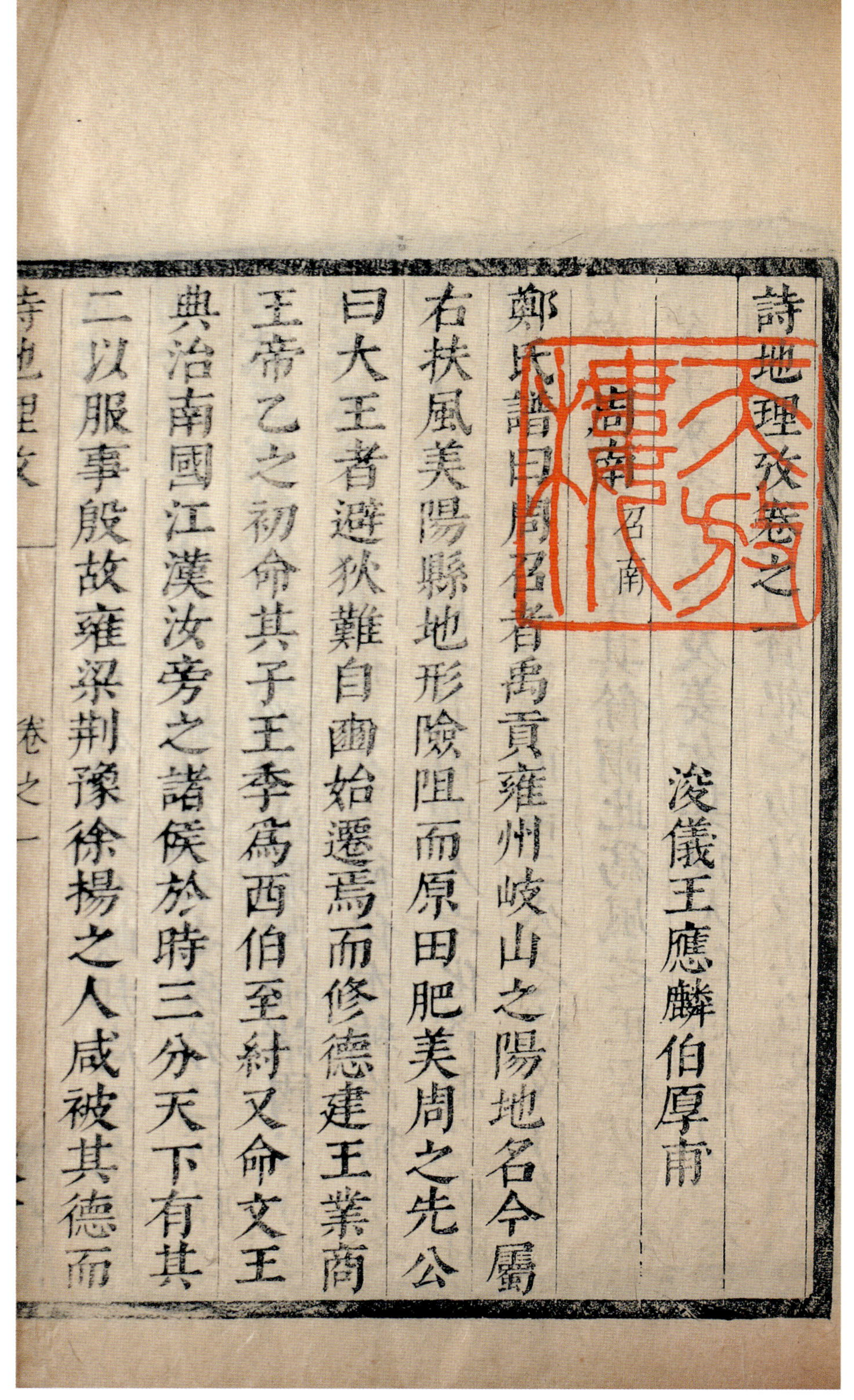
詩地理攷卷之一

浚儀王應麟伯厚甫

周南　召南

鄭氏譜曰周召者禹貢雍州岐山之陽地名今屬右扶風美陽縣地形險阻而原田肥美周之先公曰大王者避狄難自豳始遷焉而修德建王業商王帝乙之初命其子王季爲西伯至紂又命文王典治南國江漢汝旁之諸侯於時三分天下有其二以服事殷故雍梁荆豫徐揚之人咸被其德而

詩地理攷　卷之一

詩地理考六卷　（宋）王應麟　撰　（圖2）

孟東野集卷第一

樂府

列女操

梧桐相待老鴛鴦會雙死貞婦貴狥夫捨生亦如此波瀾元刻濤誓不起妾心井中時刻古井水

灞上輕薄行

長安無緩步況值天景暮相逢灞滻間親戚不相顧自歎方拙身忽隨輕薄倫常恐失所避化爲車轍塵此中生白髮疾走亦未時刻不得歇

卷之一

明末毛氏汲古閣刻五唐人集本

4 册。半葉 9 行，行 19 字，小字雙行同。白口，無魚尾，左右雙邊。框高 18.8 厘米，寬 14.1 厘米。

宋名家詞 （明）毛晉 編

樂章集
宋 柳永
正宮
黃鶯兒 詠鶯
園林晴晝誰爲主暖律潛催幽谷暄和黃鸝
翩乍遷芳樹觀露溼縷金衣葉映如簧語曉來
枝上綿蠻似把芳心深意低訴 無據乍出暖
煙來又趂遊蜂去恐狂蹤跡兩兩相呼終朝霧
樂章集 汲古閣

明崇禎毛氏汲古閣刻本

存十八種二十五卷（樂章集一卷、淮海詞一卷、小山詞一卷、放翁詞一卷、溪堂詞一卷、樵隱詞一卷、坦庵詞一卷、蘆川詞一卷、于湖詞三卷、洺水詞一卷、壽域詞一卷、審齋詞一卷、東浦詞一卷、知稼翁詞一卷、無住詞一卷、後山詞一卷、蒲江詞一卷、琴趣外篇六卷）9册。半葉8行，行18字，小字雙行同。白口，無魚尾，左右雙邊。

南唐書十八卷 （宋）陸游 撰 音釋一卷 （元）戚光 撰

南唐書卷第一

宋 陸游 務觀

烈祖本紀第一

烈祖光文肅武孝高皇帝名昪字正倫小字彭奴徐州人姓李氏唐憲宗第八子建王恪之玄孫恪生超早卒超生志仕爲徐州判司卒官因家焉志生榮榮性謹厚喜從浮屠遊多晦跡精舍時號李道者帝以光啓四年十二月二日生

南唐書 卷之一 汲古閣

明崇禎毛氏汲古閣刻陸放翁全集本

4册。半葉8行，行18字，小字雙行同。白口，無魚尾，左右雙邊。框高18.6厘米，寬14.4厘米。

老學庵筆記十卷 （宋）陸游 撰

老學庵筆記卷第一

宋 陸游 務觀

徽宗南幸至潤郡官迎駕於西津及御舟抵岸上御椶頂轎子一宦者立轎旁呼曰道君傳語衆官不須遠來衛士臚傳以告遂退

徽宗南幸還京服栗玉並桃冠白玉簪赭紅羽衣乘七寶輦蓋奚斂定儀注云

高宗在徽宗服中用白木御椅子錢大主入覲

明崇禎虞山毛氏汲古閣刻本

2册。半葉8行，行18字。白口，無魚尾，左右雙邊。框高18.6厘米，寬14.1厘米。

宋大家王文公文抄卷之九

歸安鹿門茅坤批評　孫男闇叔　著重訂

論

周公論

論確而辨亦儘圓轉

甚哉荀卿之好妄也載周公之言曰吾所執贄而見者十人還贄而相見者三十人貌執者百有餘人欲言而請畢事者千有餘人是誠周公之所爲則何周公之小也夫聖人爲政於天下也初若無爲於天下而

宋大家王文公文抄十六卷　（宋）王安石　撰　（明）茅坤　批評

明崇禎四年（1631）茅著刻唐宋八大家文抄本

存四卷（九至十二），1册。半葉9行，行20字。白口，白魚尾，四周單邊。框高20.4厘米，寬14.4厘米。

宛丘先生文粹二十二卷 （宋）張耒 撰

宛丘先生文粹卷一

宋 張 耒文潛著

明 雲間陳繼儒校閲

論

論法上

古之善爲天下者不患法不立而患不能爲法不患法不足而患法密而不勝舉然則天下之治亂不繫法之存亡歟夫亦有推本而後知其至也夫法之所生不生於無事事起而不可理則法從而

宛丘文粹 卷一 一

明崇禎六年（1633）胡潛刻蘇門六君子文粹本

3冊。半葉9行，行19字。白口，單白魚尾，左右雙邊。框高19.1厘米，寬14厘米。

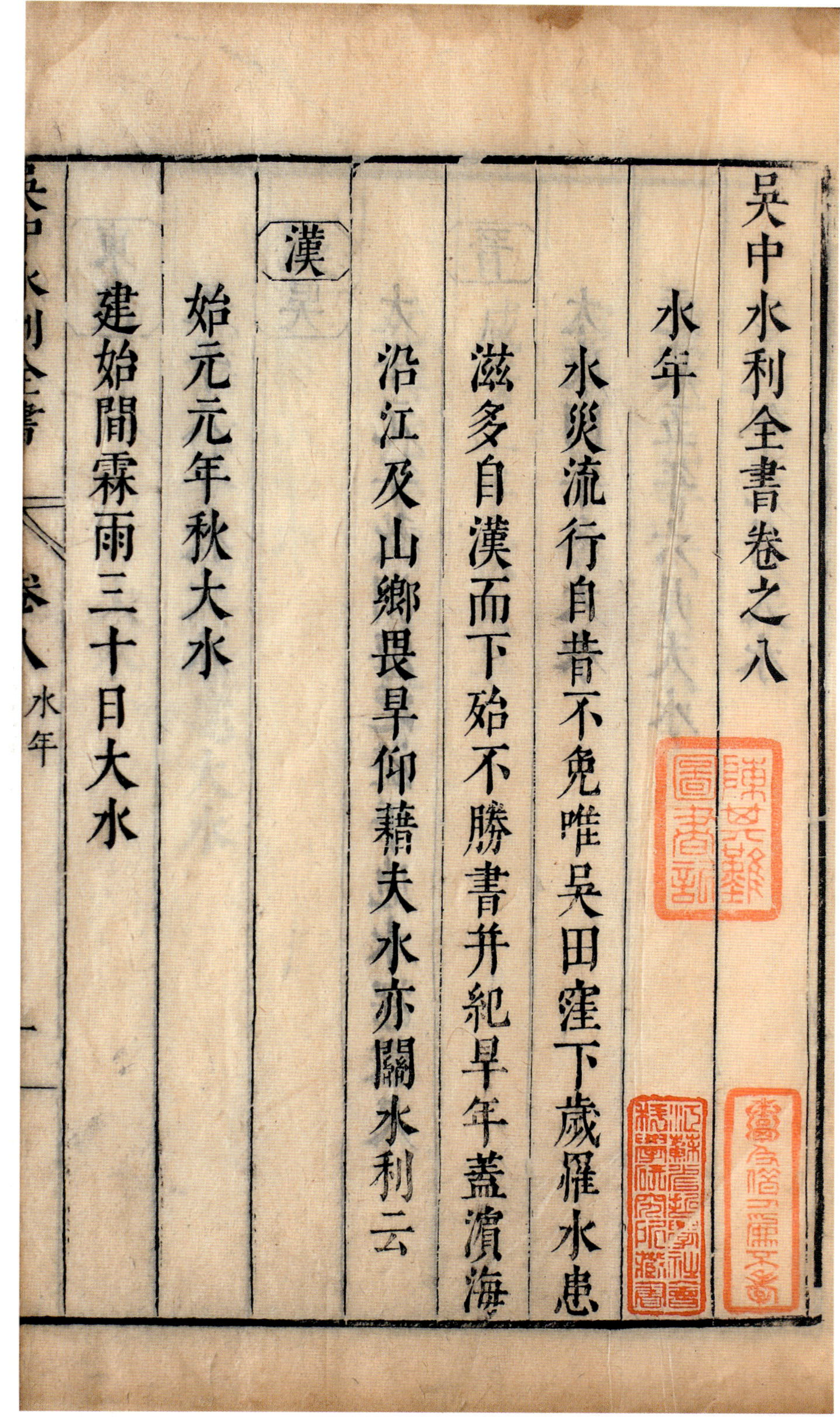

明崇禎九年（1636）刻本

存九卷（六、八至十三、二十三至二十四），4冊。半葉8行，行20字，小字雙行同。白口，白魚尾，左右雙邊。框高22.8厘米，寬15.5厘米。

皇明通紀輯要二十四卷　（明）陳建 撰　（清）馬晉允 增訂

皇明通紀輯要卷一

東莞　陳　建輯著

舜水　孫　鑛原訂

舜水　馬晉允　增定

太祖高皇帝紀　帝即位三十一年壽七十一葬孝陵

辛卯元順帝至正十一年夏潁州人劉福通徐州蕭縣人李二蘄州羅田人徐壽輝等兵攻陷郡縣是時順帝失德災異屢見盜賊蠭起有司不能制又聽邪臣賈魯之言發河南北丁夫十七萬開濬黃河故道民心益愁怨思亂先是童謠云石人一隻眼挑動黃河天下反及開河果於黃陵岡得石人一眼而徐潁蘄黃之兵起

明崇禎寶日堂刻本

10冊。半葉9行，行25字，小字雙行同。白口，無魚尾，四周單邊。框高21.1厘米，寬12.1厘米。

增訂二三場群書備考四卷　（明）袁黄 輯　（明）袁儼 注　（明）沈昌世 增訂

增訂二三塲羣書備考卷之一

古吳袁　黄坤儀甫著　袁　儼若思甫註

洪吉臣載之甫　沈昌世伯文甫增

西湖　龔五箴華茂甫　閱　徐行敏幼魯甫訂

聖製

易曰大人虎變其文炳也詩云追琢其章金玉其相楊子曰聖人之言炳若丹青又曰聖人矢口而成言肆筆而成書呂東萊曰聖人之文與天地並綜以元氣之機軸斲以陰陽之斧斤濯以江漢之波瀾揉以雲漢之黼

明崇禎刻本

存三卷（一至三），3冊。半葉9行，行21字，小字雙行同。白口，單黑魚尾，四周單邊。框高21.2厘米，寬14.1厘米。

皇明開國臣傳十三卷　（明）朱國禎　輯

皇明開國臣傳卷之一

臣朱國禎輯

中山徐武寧王

王名達字天德濠州人世農業長身偉貌剛毅英武居平沉靜不自炫露凡歷履與兵法傳授之槩莫得而名至正癸巳　高皇自濠還鄉募兵得七百餘人王來謁上與語奇之曰此大器也留置麾下巳歸盡獻七百人于郭子與獨與王等二十四人南略定遠王時年二十二出入必從謀議無不合　命爲鎮撫位諸將上從入滁州破元兵　上以元政不綱羣雄並起大命應有所

明崇禎刻皇明史概本

缺五卷（九至十三），4 册。半葉 10 行，行 21 字，小字雙行同。白口，單黑魚尾，左右雙邊。框高 21.1 厘米，寬 14.9 厘米。

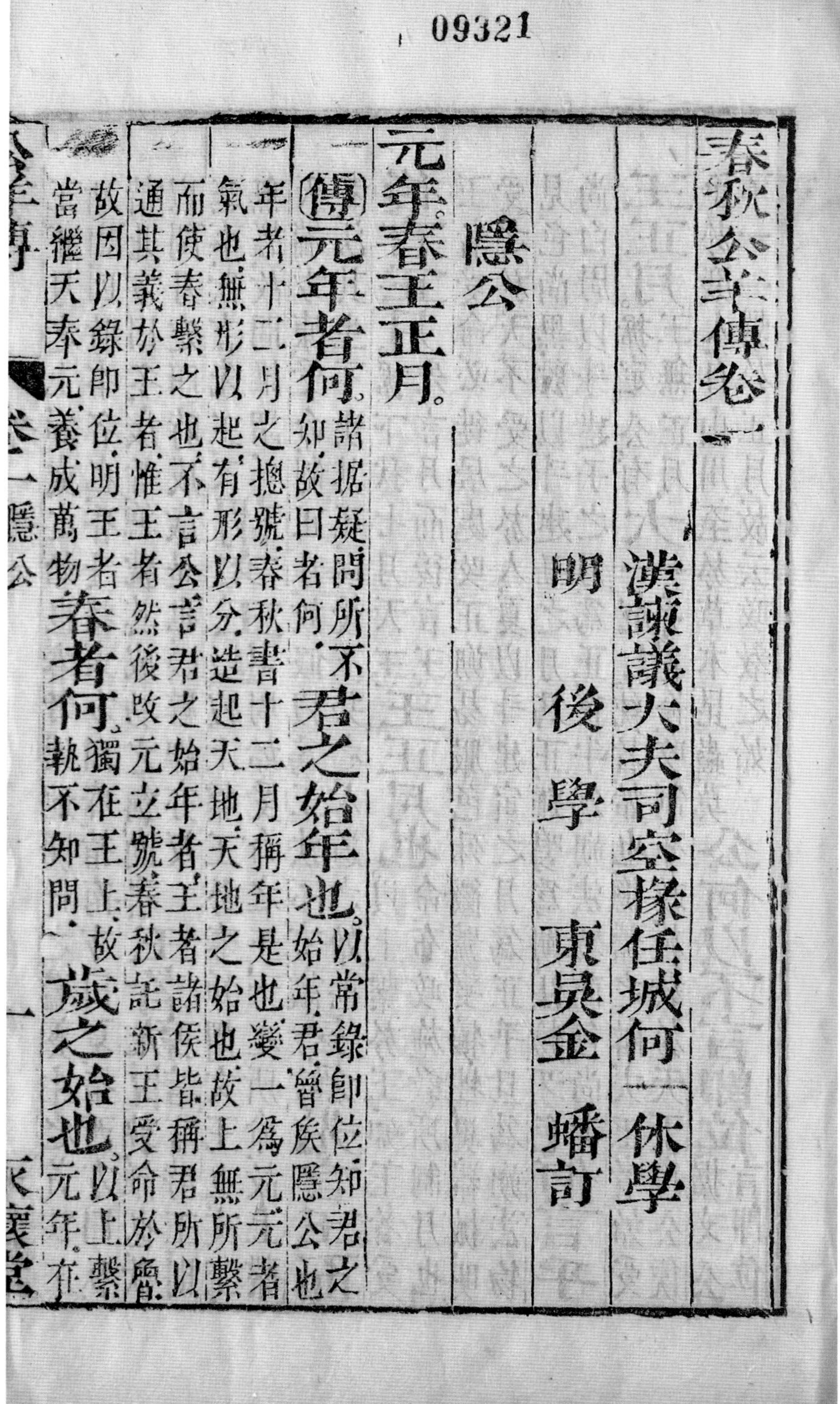

明崇禎永懷堂刻同治八年（1869）浙江書局重修十三經古注本

3 册。半葉 9 行，行 25 字，小字雙行同。白口，單黑魚尾，左右雙邊。框高 16.9 厘米，寬 12.7 厘米。

大學衍義四十三卷 （宋）真德秀 撰 （明）陳仁錫 評

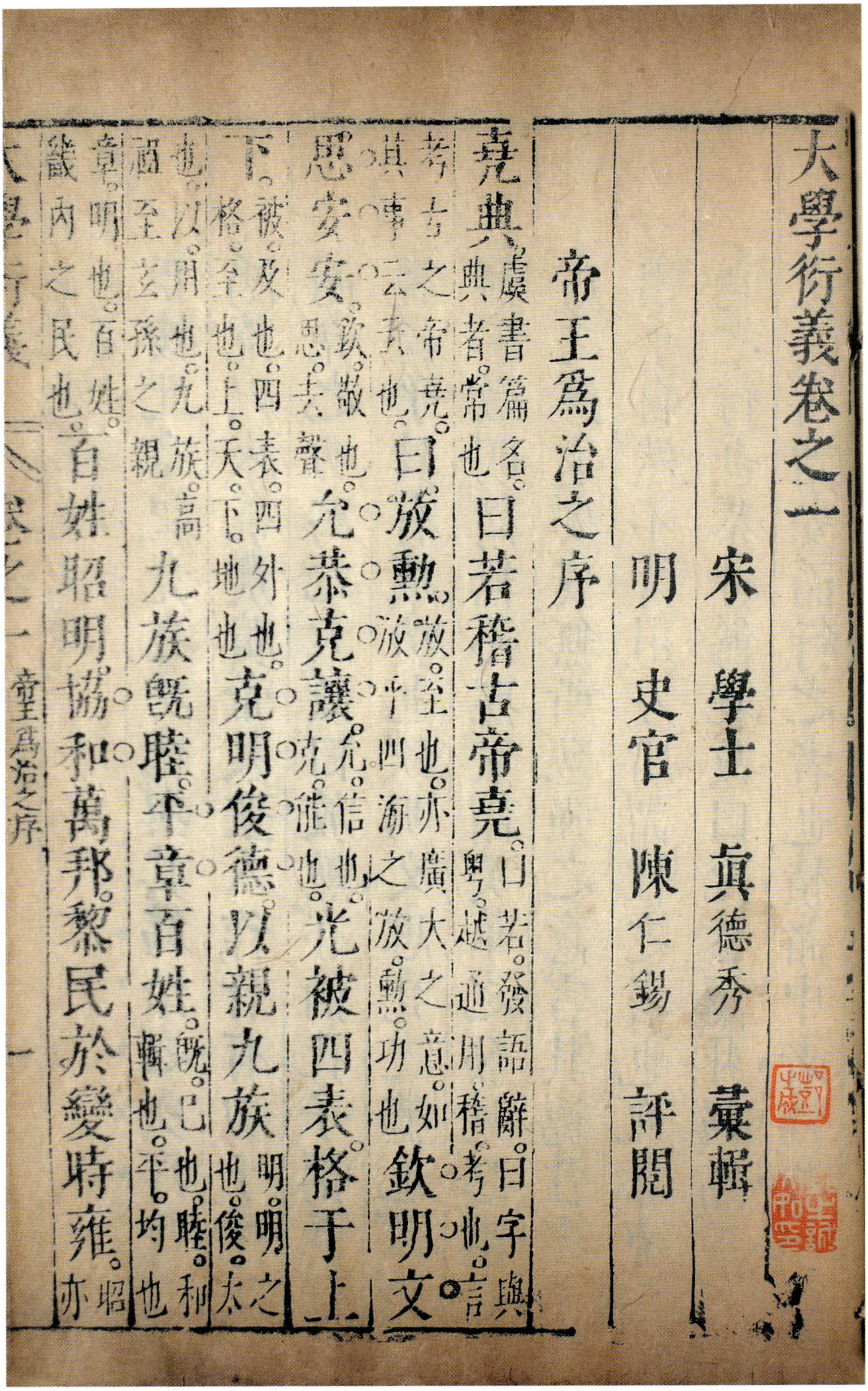
大學衍義卷之一
宋 學士 眞德秀 彙輯
明 史官 陳仁錫 評閱
帝王爲治之序
堯典虞書篇名。典者。常也。曰若稽古帝堯。曰若。發語辭。曰字與粵。越通用。稽。考也。言
考古之帝堯。其事云爾也。曰放勳。放。至也。亦廣大之意。如放乎四海之放。勳。功也。欽明文
思安安。欽。敬也。思。去聲。允恭克讓。允。信也。克。能也。光被四表格于上
下。被。及也。四表。四外也。格。至也。上。天。下。地也。克明俊德以親九族明。明之也。俊。太
也。以。用也。九族。高祖至玄孫之親九族既睦。平章百姓。既。已也。睦。和也。平。均也
章。明也。百姓。畿內之民也。百姓昭明。協和萬邦。黎民於變時雍。昭亦
大學衍義 卷之一 帝王爲治之序 一

明崇禎陳仁錫刻清京都文錦堂印本

10册。半葉10行，行20字。白口，白魚尾，四周單邊。框高21.5厘米，寬14.8厘米。

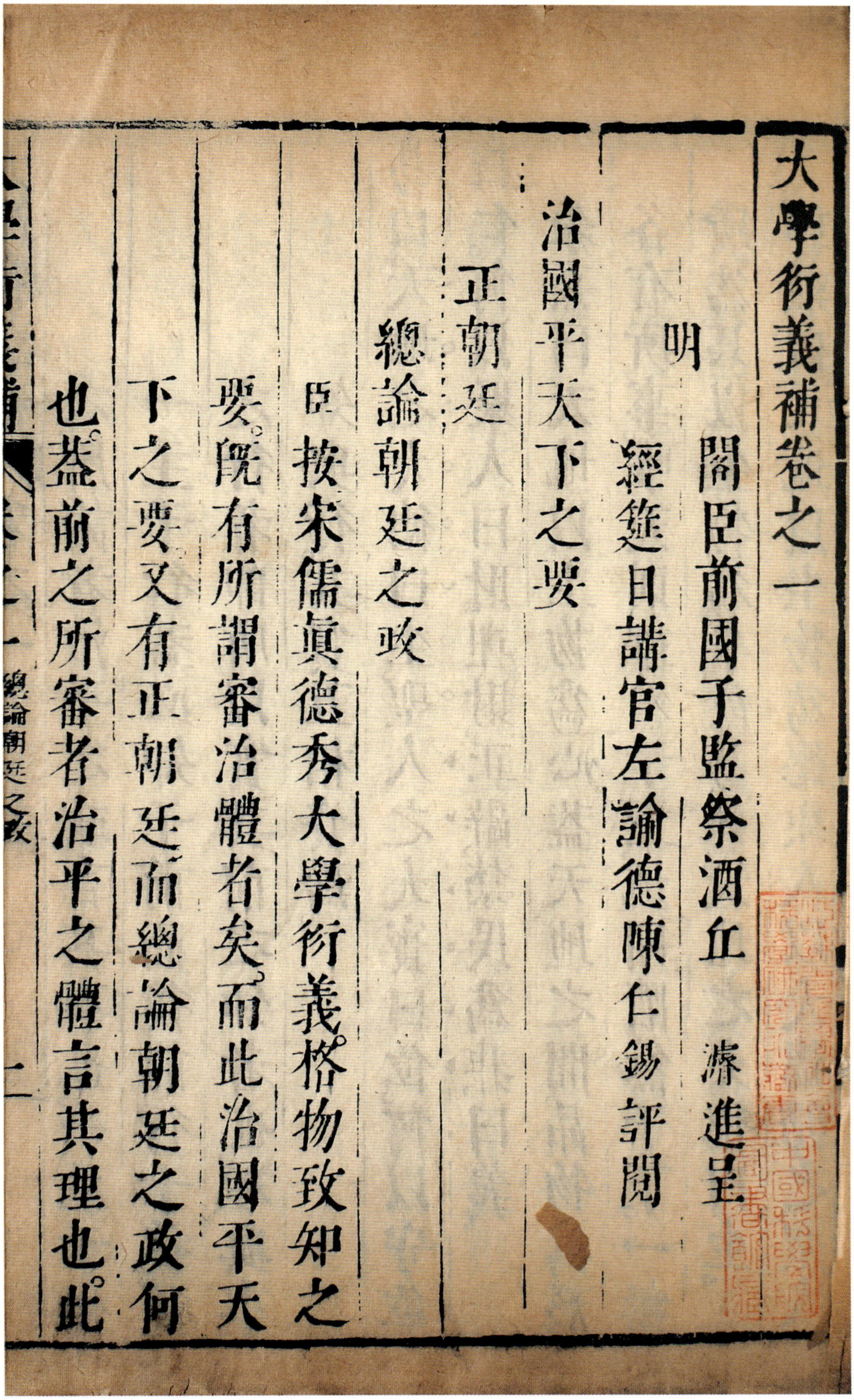

大學衍義補一百六十卷首一卷　（明）丘濬 撰　（明）陳仁錫 評

大學衍義補卷之一

閣臣前國子監祭酒丘　濬進呈

明　經筵日講官左諭德陳仁錫評閱

治國平天下之要

正朝廷

總論朝廷之政

臣按宋儒真德秀大學衍義格物致知之要旣有所謂審治體者矣而此治國平天下之要又有正朝廷而總論朝廷之政何也蓋前之所審者治平之體言其理也此

大學衍義補卷之一　總論朝廷之政　一

明崇禎陳仁錫刻清京都文錦堂印本

40冊。半葉10行，行20字。白口，單黑魚尾，四周單邊。框高21.7厘米，寬14.6厘米。

新序十卷說苑二十卷（漢）劉向 撰

新序卷一

漢　沛郡劉向著

雜事第一

昔者舜自耕稼陶漁而躬孝友父瞽瞍頑母嚚及弟象傲皆下愚不移舜盡孝道以供養瞽瞍瞽瞍與象爲浚井塗廩之謀欲以殺舜舜孝益篤出田則號泣年五十猶嬰兒慕可謂至孝矣故耕於歷山歷山之耕者讓畔陶於河濱河濱之陶者器不苦窳漁於雷澤雷澤之漁者分均及立爲天子天下化之蠻夷率

新序　卷一　一

明刻清重修本

6冊。半葉9行，行20字。白口，白魚尾，左右雙邊或四周單邊。框高19.9厘米，寬14.4厘米。

重刻莀元奇門遁甲句解煙波釣叟歌不分卷　題（宋）趙普 撰　（明）羅通 遁法　（明）池紀 解

明刻本

3冊。半葉10行，行20字，小字雙行同。白口，單黑魚尾，四周單邊。框高20.2厘米，寬14.8厘米。

重刻莀元奇門遁甲句解煙波釣叟歌

大宋侍郎同中書門下平章事趙普　譔歌

協贊軍務兼都察院右都御史羅通　遁法

聽軍門取用陰陽官章貢後學池紀　解編

陰陽逆順妙難窮

夫陰陽者太極靜而生陰動而生陽易曰無極之前陰含陽也有象之後陽含陰也所以孟子曰天時不如地利地利不如人和天時謂時日支干孤虛旺相之屬也甲子旬戌亥爲孤辰巳爲虛是以空亡爲孤也對宫爲虛也王相如東方木旺於卯

煙波釣叟歌

司馬温公稽古録二十卷 (宋)司馬光 撰

司馬温公稽古録卷之二

陶唐氏

帝堯祁姓曰放勳帝嚳之子初封於陶後改封唐故曰陶唐氏年十六以唐侯升爲天子都平陽今晉州堯欽明文思威儀表備謂之欽照臨四方謂之明經緯天地謂之文道德純備謂之思允恭克讓光被四表格于上下允信克能光充格至也既有四德又信恭能讓故其名聞充溢四外至于天地也克明駿德以親九族駿大也言堯能脩明其大德以睦上自高祖下至玄孫等列旁支之親大學所謂身脩然後家齊也九族既睦平章百姓百姓國人也言九族之外臣民

明刻本

4册。半葉9行,行19字,小字雙行同。白口,單黑魚尾,四周單邊。框高19.8厘米,寬14.6厘米。

東坡集十六卷 （宋）蘇軾 撰

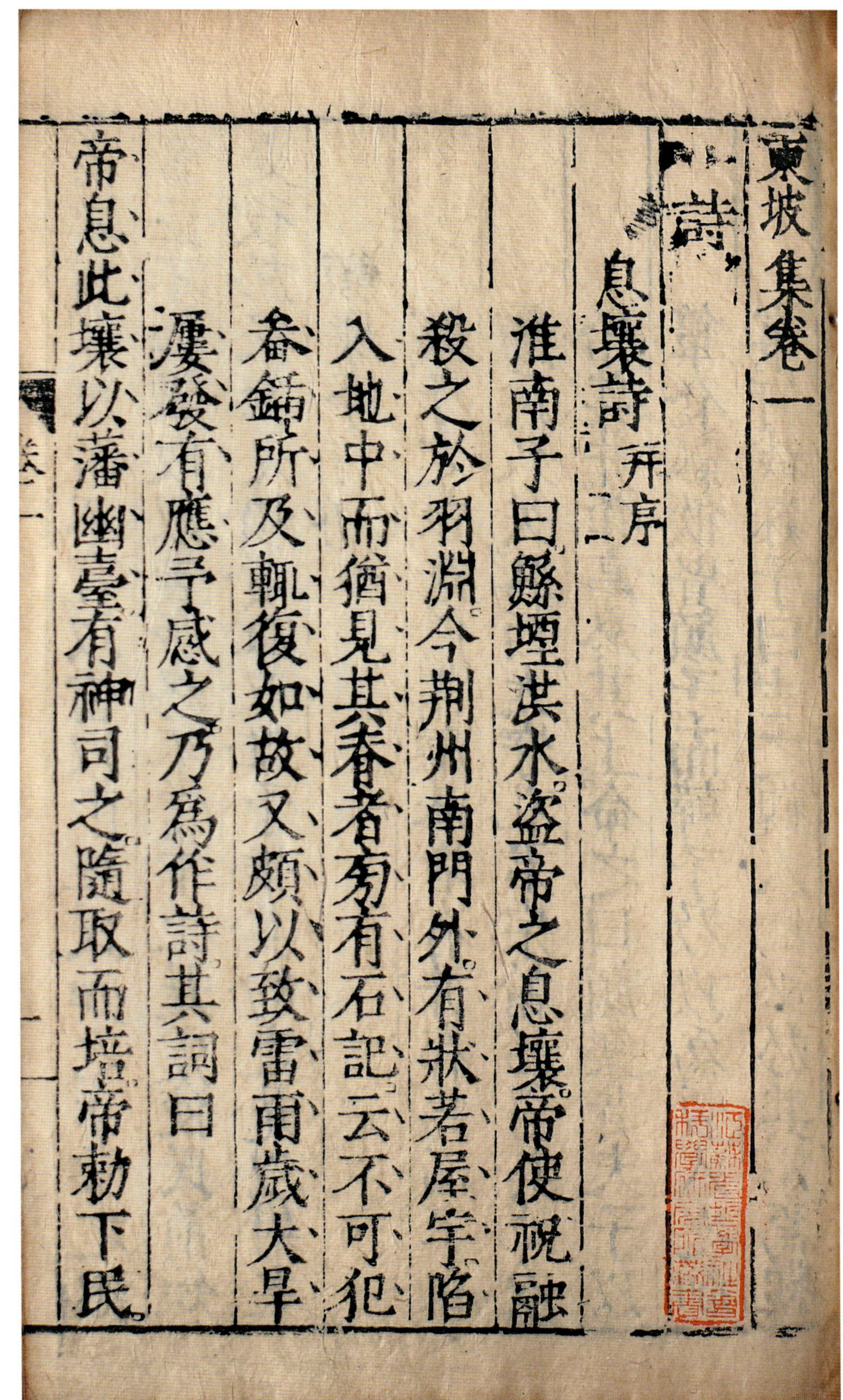
東坡集卷一

詩

息壤詩 并序

淮南子曰鯀堙洪水盜帝之息壤帝使祝融殺之於羽淵今荆州南門外有狀若屋宇陷入地中而猶見其脊者旁有石記云不可犯畚鍤所及輒復如故又頗以致雷雨歲大旱屢發有應予感之乃爲作詩其詞曰

帝息此壤以藩幽臺有神司之隨取而培帝勅下民

卷一

明刻本

存十四卷（一至十四），6冊。半葉9行，行20字。白口，單黑魚尾，四周單邊。框高23.2厘米，寬15.2厘米。

明刻本

存二十七幅（七國壤地圖、秦郡縣天下圖、劉項中分圖、西漢郡國圖、漢异姓八王圖、漢吴楚七國圖、東漢郡國之圖、三國鼎峙圖、西晋郡國圖、東晋中興江左圖、劉宋南國圖、蕭齊南國之圖、蕭梁南國之圖、南陳南國圖、元魏北國圖、高齊北國圖、後周北國圖、隋氏有國圖、唐十道圖、唐郡名圖、唐十五採訪使圖、李唐藩鎮疆界圖、朱梁及十國圖、後唐及五國圖、石晋及七國圖、劉漢及六國圖、郭周及七國圖），2冊。半葉10行，行21字，小字雙行同。白口，無魚尾，左右雙邊。框高20.8厘米，寬15厘米。

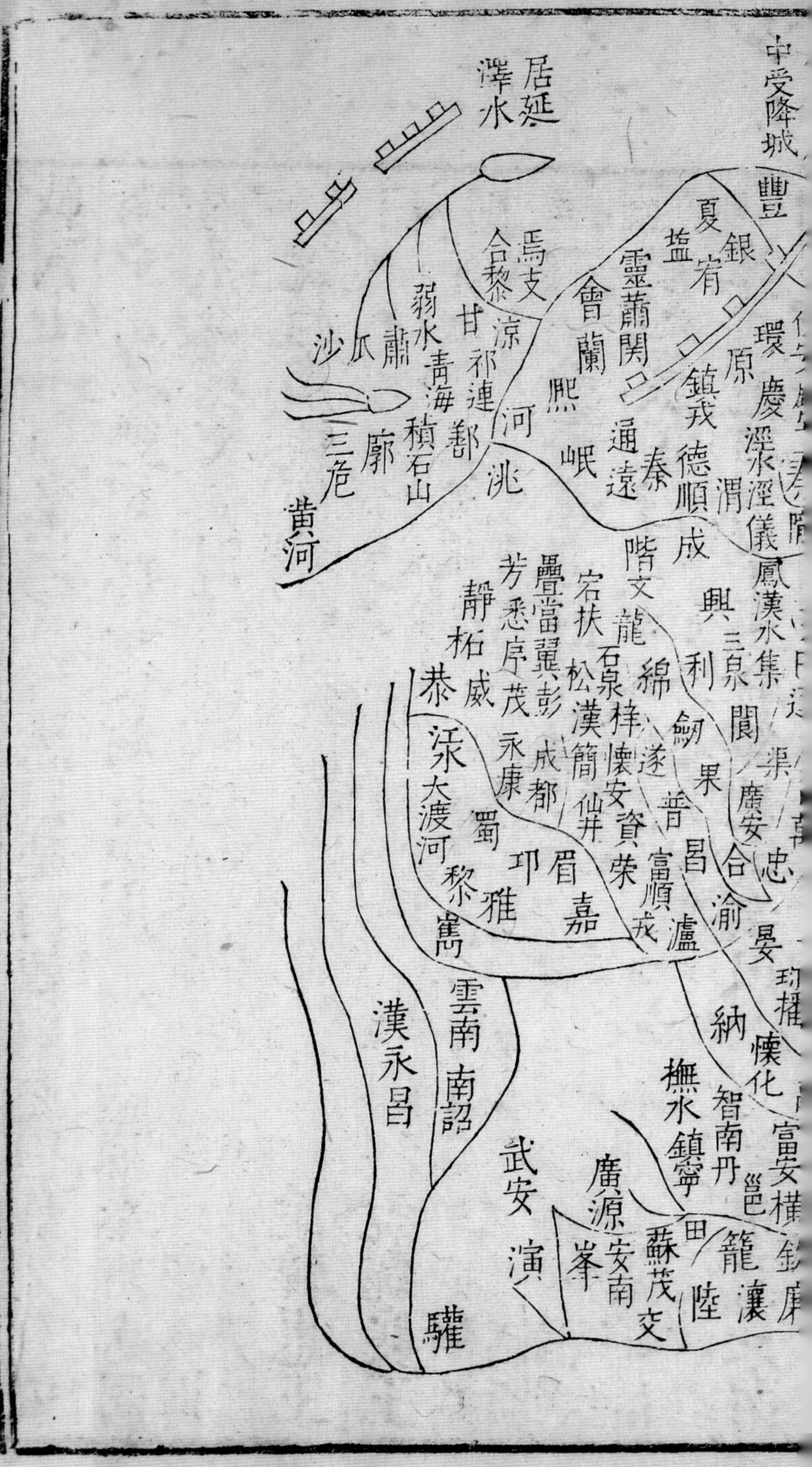

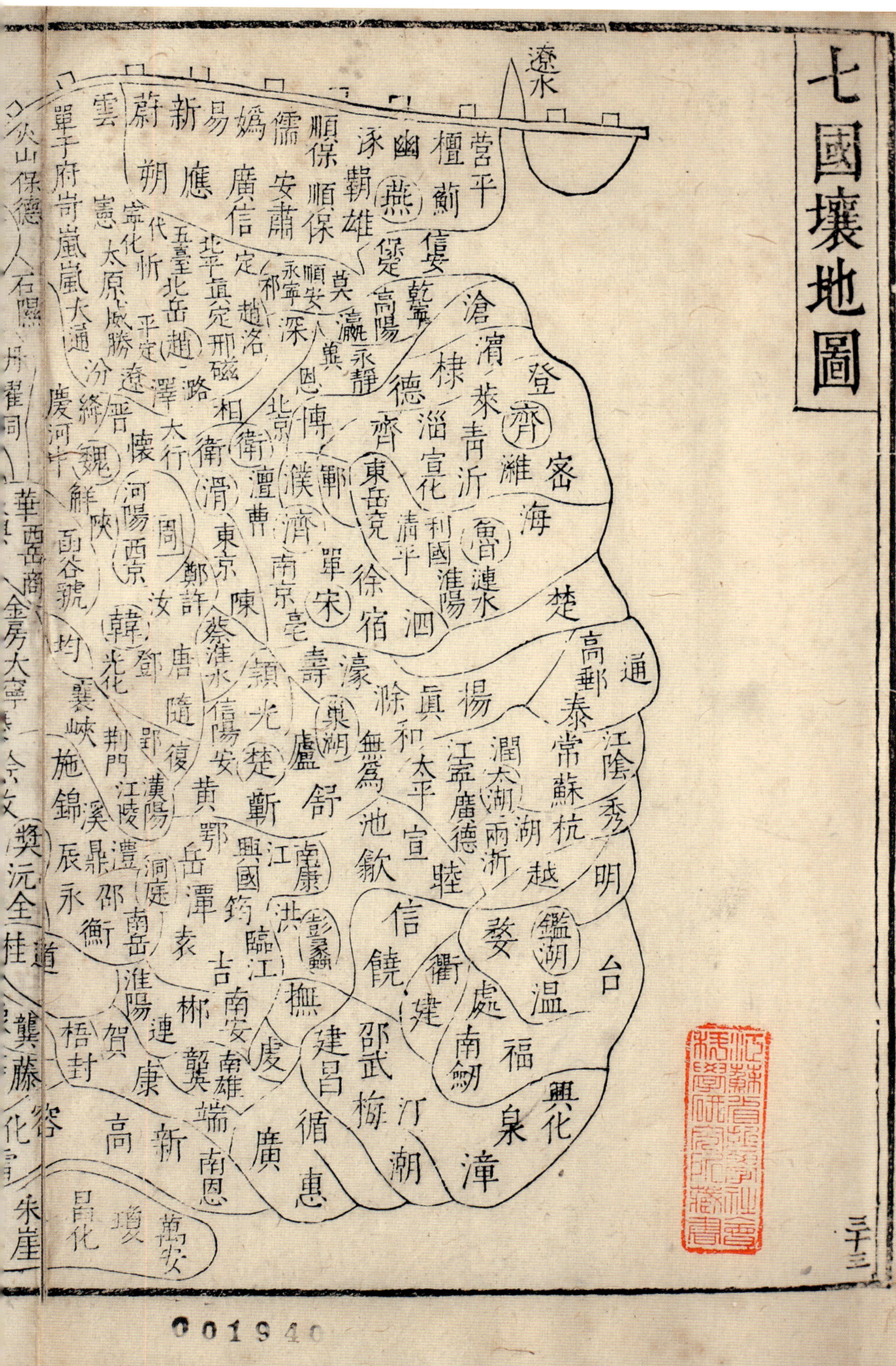

歷代地理指掌圖不分卷　題（宋）蘇軾 撰　（圖一）

而已即河南洛陽新城平陰偃師鞏緱氏是也按七邑之境西自今河南洛陽南自伊闕緱氏東得鞏縣北至于河

謹按周之封域其西得今西京洛陽偃師東至緱氏鞏縣南得伊闕北至于河其界最狹東西南北纔千餘里也

戰國七王曰秦曰齊曰燕曰楚曰韓曰趙曰魏又有宋衛中山不絶如綫其後趙幷中山云○論蘇秦辨六國疆界說燕文侯曰燕東有朝鮮遼東北有林胡樓煩西有雲中九原南有滹沱易水地方二千里說趙肅侯曰趙西有常山南有河漳東有清河北有燕國地方二千里說韓惠王曰韓北有鞏成臯之固西有宜陽商阪之塞東有宛穰洧水南有陘山地方九百餘里說魏襄王曰魏南有鴻溝陳汝南有許鄢昆陽召陵舞陽新都新郪東有淮頴煑棗無胥西有長城之界北有河外卷衍酸棗地方千里說齊宣王曰齊南有泰山東有琅琊西有清河北有渤海此四塞之國也地方二千餘里說楚威王曰楚南有黔中巫郡東有夏州海陽南有洞庭蒼梧北有陘塞郇陽地方五千餘里謹按通典初平王時雒邑與宗周鎬京也通東西長南北短長短相覆爲千里後爲諸侯所侵比周之亡七城

道鄉先生鄒忠公文集四十卷 （宋）鄒浩 撰

道鄉先生鄒忠公文集卷之一

古賦

憤古賦并序

余讀離騷見屈平以忠不容而卒葬於魚龍之腹也憤然傷之故爲此賦

嗚呼屈平之忠曷不足以悟懷襄兮荐困乎讒口之嗷嗷流落江湖不堪其憔悴兮曾舊履不貶損乎一毫憤懣中溢不可過以復爲無物兮操觚進牘遂大肆乎離騷慱萬殊之動植而擇以比與兮匪故角勝負而爲此忉忉或超然曠蕩乎四方上下之表若無

道鄉集 卷之一

明刻本

缺二卷（三十九至四十），6册。半葉10行，行20字，小字雙行同。白口，單黑魚尾，四周單邊。框高20.6厘米，寬14.5厘米。

家禮五卷　題（宋）朱熹　撰　附録一卷　（宋）楊復　撰

家禮第一　朱氏

通禮　此篇所著皆所謂有家日用之常體不可一日而不脩者

祠堂　此章本合在祭禮篇今以報本反始之心尊祖敬宗之意實有家名分之守所以開業傳世之本也故特著此冠于篇端使覽者知所以先立乎其大者而凡後篇所以周旋升降出入向背之曲折亦有所據以攷焉然古之廟制不見於經且今士庶人之賤亦有所不得爲者故特以祠堂名之而其制度亦多用俗

通禮　家禮卷一　一

明刻本

3册。半葉7行，行16字，小字雙行同。白口，白魚尾，左右雙邊。框高18.1厘米，寬13.9厘米。

校正重刊官板宋朝文鑑一百五十卷目録三卷 （宋）吕祖謙 輯 （圖1）

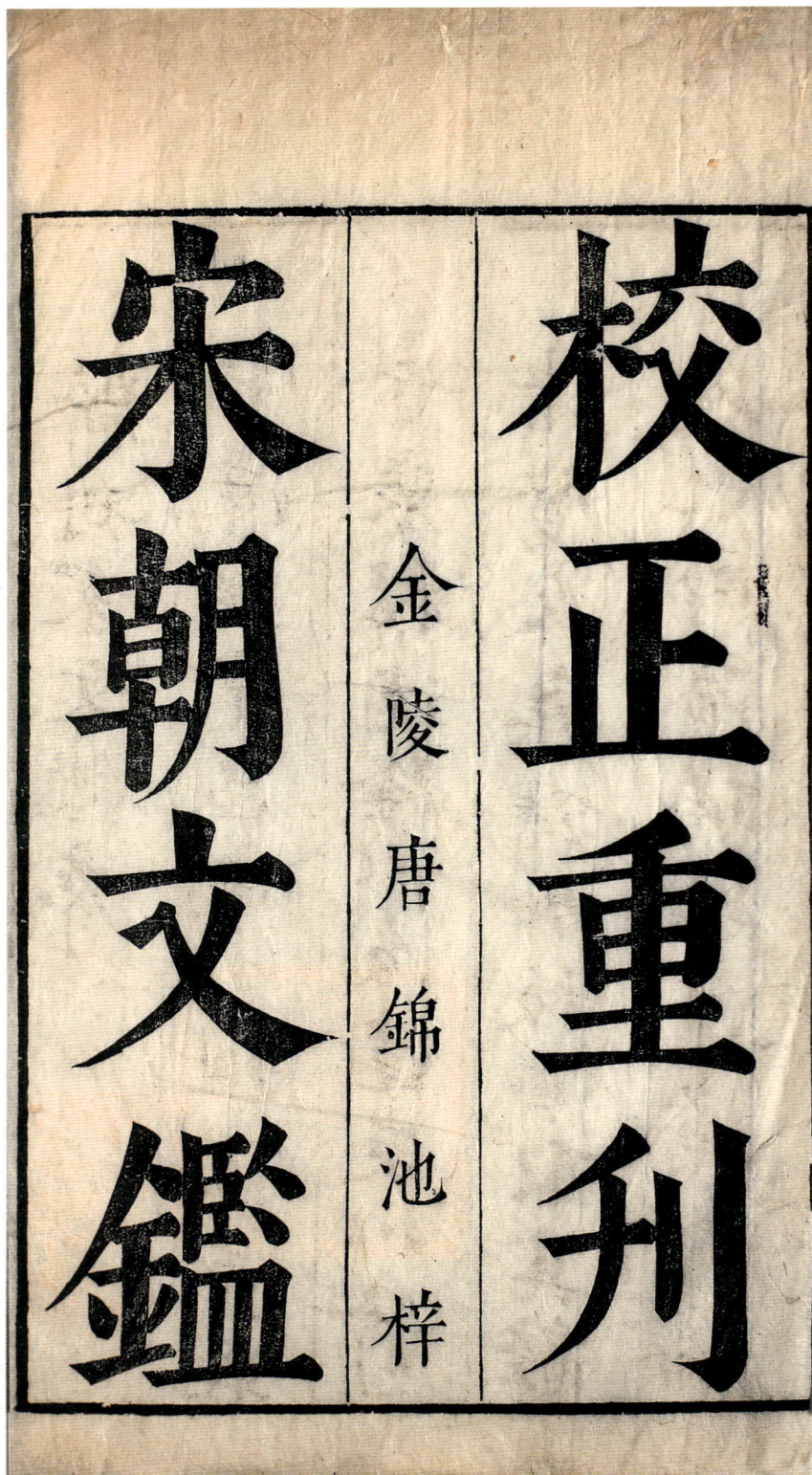

校正重刊宋朝文鑑

金陵唐錦池梓

明金陵唐錦池刻本

24册。半葉10行，行20字，小字雙行同。白口，單黑魚尾，四周單邊。框高21.7厘米，寬14.8厘米。

校正重刊官板宋朝文鑑卷之一

朝奉郎行秘書省著作佐郎兼國史院編修官兼權禮部郎官臣呂祖謙奉

聖旨銓次

賦

五鳳樓賦　梁周翰

伊京師之權輿也遐哉邈乎驗河圖之象按輿地之書宅禹貢豫州之域距天文辰馬之墟因四履建侯之地爲六代興王之居城浚而都派河而渠結坤之絡振乾之樞星甍櫛堵我民之廬海漕山嶮我田之

海瓊玉蟾先生文集六卷續集二卷　（宋）葛長庚　撰　（明）朱權　輯

海瓊玉蟾先生文集卷第一

南極老人臞僊重編

山陰　何繼高

汪乾行仝校

新安　劉樅賢

賦

紫元賦

客此身於寰中兮如鷃鵡之樊籠眇此道於象外兮如鴻鵠之飛翀劘混沌於咸池兮呼飛廉而鞭雷霆謁元始於玉京兮騎汗漫而泛空濛帝恣犧而國華

玉蟾集　卷一

明刻本

4冊。半葉9行，行20字。白口，白魚尾或單黑魚尾，左右雙邊。框高20.2厘米，寬14.2厘米。

藏書六十八卷 （明）李贄 撰

藏書世紀卷三

明聖繼統

孝文皇帝

孝文皇帝諱恒母薄姬也高祖誅陳豨定代地立恒爲代王高后崩諸呂謀爲亂丞相陳平太尉周勃朱虛侯劉章等共誅之使人迎代王代王郎中令張武等議皆曰漢大臣皆故高帝時將習兵事多謀詐其屬意非止此也特畏高帝呂太后威耳今已誅諸呂新喋血京師以迎代王爲名實不可信願稱疾無往

明刻本

缺二十六卷（一至二、十九至三十四、六十一至六十八），18册。半葉9行，行20字。白口，單黑魚尾，四周單邊。框高23.4厘米，寬15.2厘米。

續藏書二十七卷　（明）李贄　撰　（明）陳仁錫　評正

續藏書卷一

溫陵　李載贄　輯著

古吳　陳仁錫明卿　評正

臣李贄曰我

太祖高皇帝蓋千萬古之一帝也古唯湯武庶幾近之然

武未受命非周公則無以安殷之忠臣湯之受命也

既非伊尹則決不能免於太甲之顛覆唯我

聖祖起自濠城以及即位前後幾五十年無一日而不念

小民之依無一時而不思得賢之輔蓋自其託身皇

覺寺之日巳憤然於貪官汙吏之虐民欲得而甘心

續藏書　卷一

明天啓刻本

10冊。半葉10行，行22字，小字雙行同。白口，單黑魚尾，四周單邊。框高22厘米，寬14.3厘米。

江上山志不分卷 （明）潘之恒 選

江上山志

天都山史潘之恒景升選

盱游居士于承祖孟武校

紀詠三

叙曰我明詞壇諸公登金山者大略無遺人亦無遺筆矣非大之無當即積之無力虛無縹緲又與題遠眼前有景終身索之而不得一字大家作者要在有意無意間未可以才智競也故諸大家不過點綴光景稍入題趣便覺犯手金山之不易摹擬詎不諒哉余茲所錄亦狗名狗知居多視陳孝

江上山志 金山 紀詠 第一函

明刻本

1冊。半葉10行，行20字，小字雙行同。白口，單黑魚尾，左右雙邊。框高20.4厘米，寬15厘米。

【考槃餘事】十七卷 （明）屠隆 撰 山齋志一卷 （明）高濂 輯 泊宅編一卷 （宋）方勺 撰 暇日記一卷 （宋）劉跂 撰 （明）陶宗儀 輯 隱窟雜志一卷 （宋）温革 撰 （明）陶宗儀 輯 韋居聽輿一卷 （宋）陳直 撰 （明）陶宗儀 輯 桃源手聽一卷 （宋）陳賓 撰 （明）陶宗儀 輯 坦齋通編一卷 （宋）邢凱 撰 （明）陶宗儀 輯 臆乘一卷 （宋）楊伯嵒 撰 （明）陶宗儀 輯

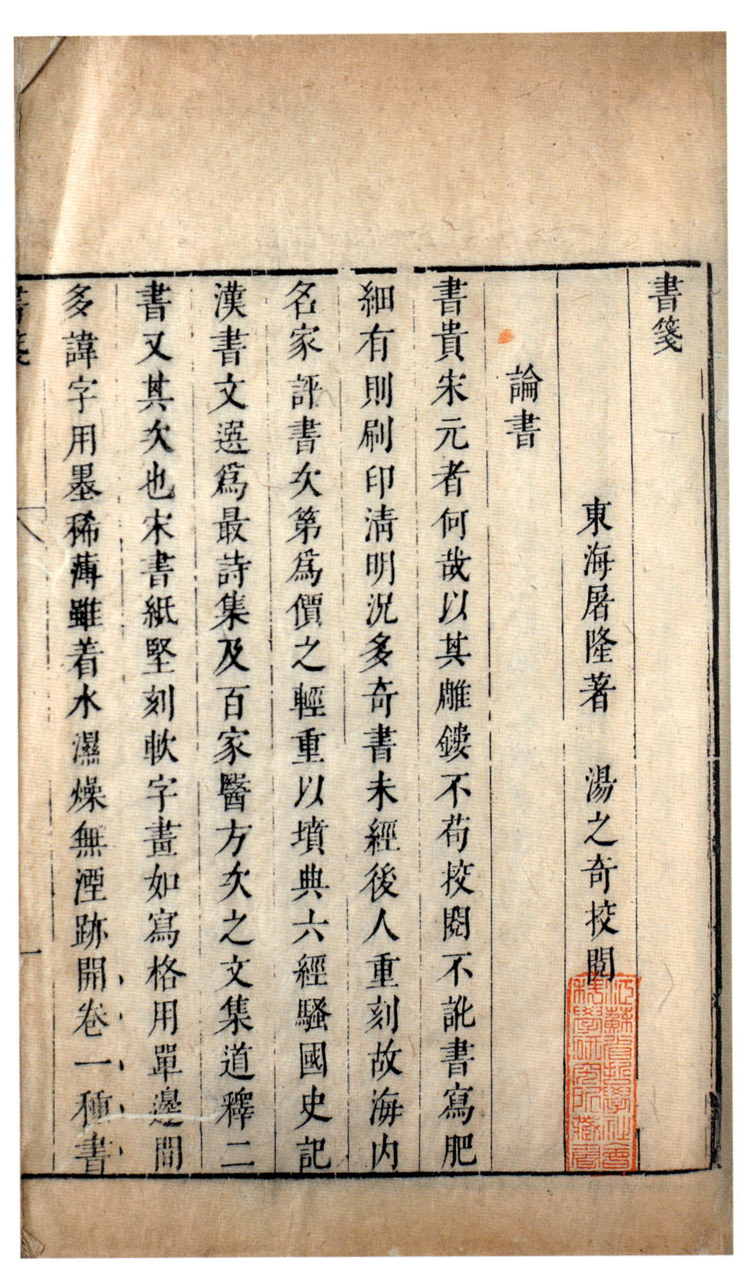
書箋
東海屠隆著　湯之奇校閲
論書
書貴宋元者何哉以其雕鏤不苟校閲不訛書寫肥細有則刷印清明況多奇書未經後人重刻故海内名家評書次第爲價之輕重以墳典六經騷國史記漢書文選爲最詩集及百家醫方次之文集道釋二書又其次也宋書紙堅刻軟字畫如寫格用單邊間多諱字用墨稀薄雖着水濕燥無湮跡開卷一種書

明刻彙訂本

3冊。半葉9行，行20字，小字雙行同。白口，白魚尾，左右雙邊。

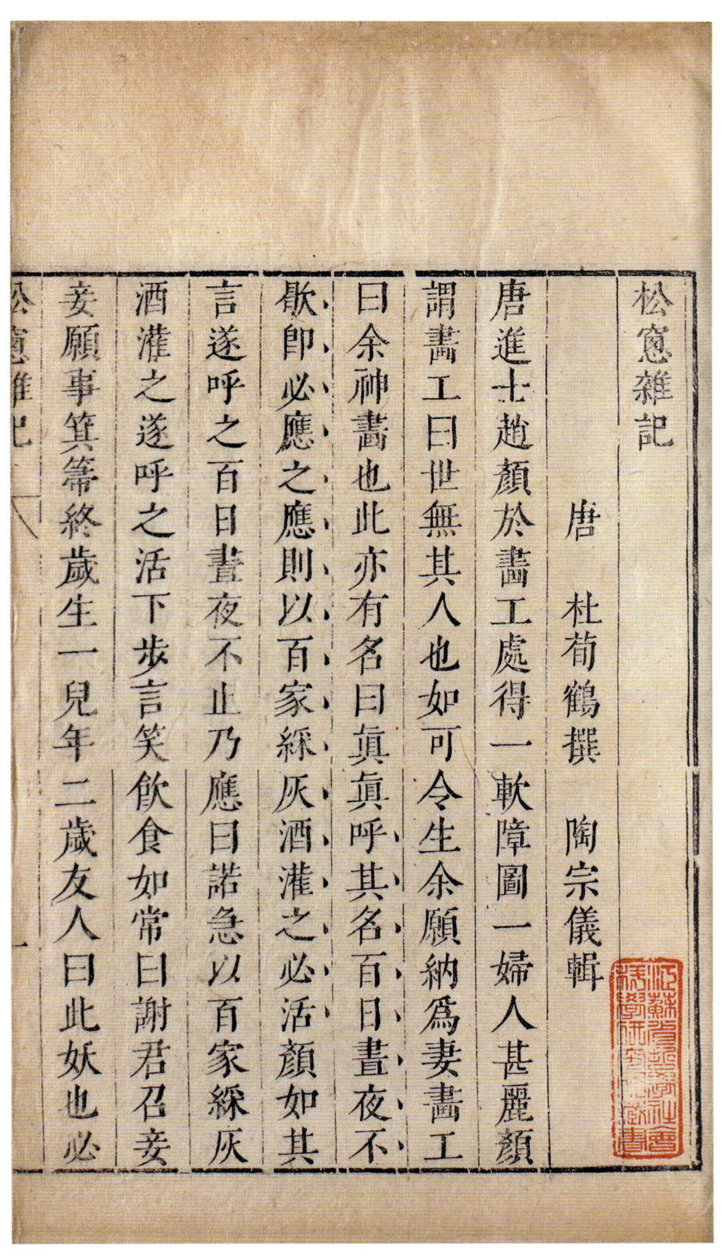
松窻雜記

唐 杜荀鶴撰 陶宗儀輯

唐進士趙顔於畫工處得一軟障圖一婦人甚麗顔謂畫工曰世無其人也如可令生余願納爲妻畫工曰余神畫也此亦有名曰眞眞呼其名百日晝夜不歇即必應之應則以百家綵灰酒灌之必活顔如其言遂呼之百日晝夜不止乃應曰諾急以百家綵灰酒灌之遂呼之活下步言笑飲食如常曰謝君召妾妾願事箕箒終歲生一兒年二歲友人曰此妖也必

松窻雜記 一

明刻彙訂本

存三十七種三十八卷［松窗雜記一卷、金鑾密記一卷、龍城録一卷、小説舊聞記一卷、卓異記一卷、楊太真外傳二卷、長恨歌傳一卷、梅妃傳一卷、李林甫外傳一卷、東城老父傳一卷、高力士傳一卷、龍女傳（柳毅傳）一卷、揚州夢記一卷、稽神録一卷、妙女傳一卷、劉無雙傳一卷、神女傳一卷、見鬼傳一卷、靈怪録一卷、東陽夜怪録一卷、物怪録一卷、妖妄傳一卷、夜叉傳一卷、雷民傳一卷、幻影傳一卷、幻戲志一卷、幻異志一卷、冥音録一卷、再生記一卷、冤債志一卷、尸媚傳一卷、奇鬼傳一卷、才鬼記一卷、靈鬼志一卷、紫花梨記一卷］7冊。半葉9行，行20字，小字雙行同。白口，單白魚尾，左右雙邊。

廣輿記二十四卷　（明）陸應陽　撰

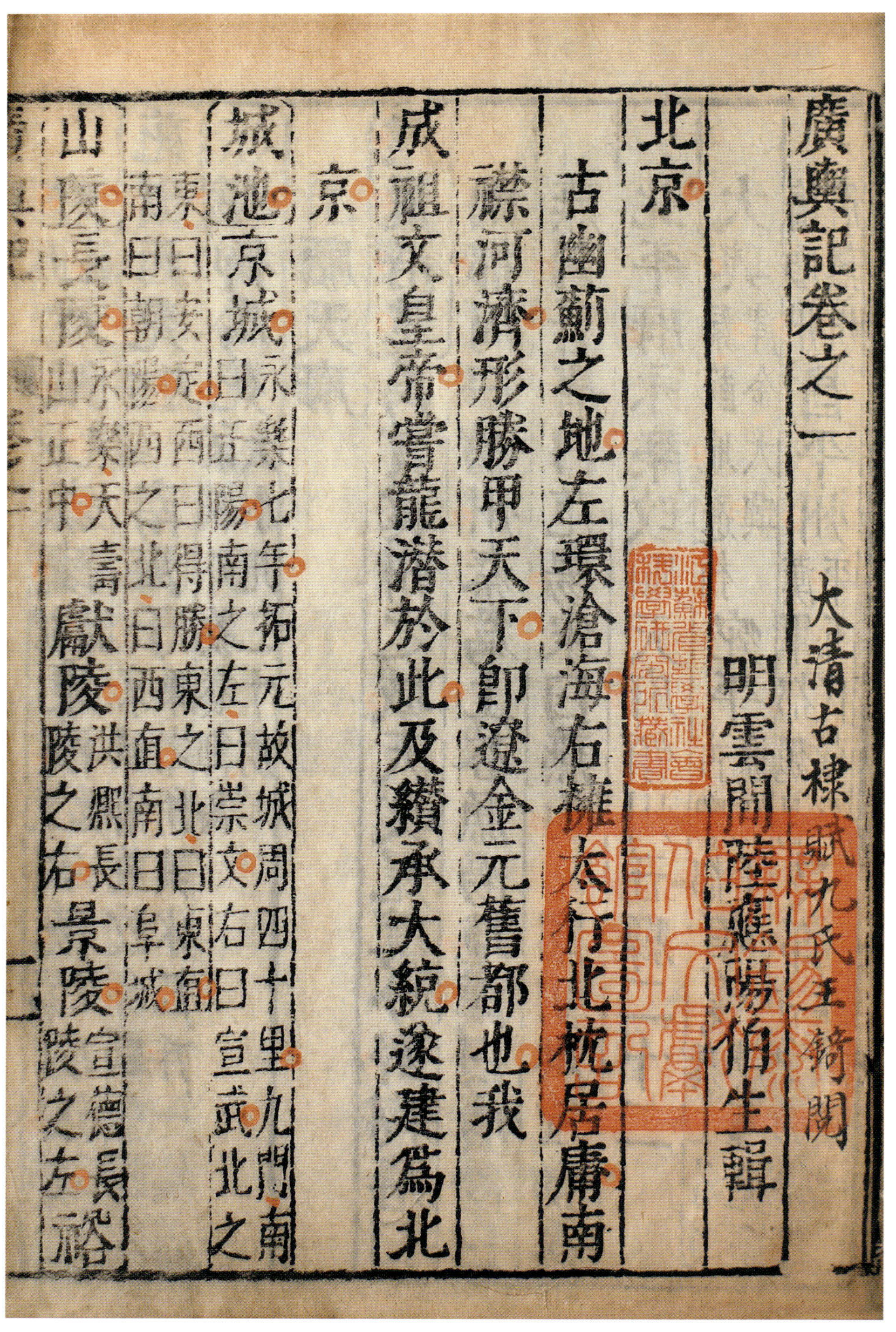

明刻本

存十八卷（一至十八），4册。半葉10行，行19字，小字雙行同。白口，單黑魚尾，左右雙邊。框高20.8厘米，寬15.3厘米。

淮南鴻烈解二十一卷 （漢）劉安 撰 （漢）高誘 注 （明）茅坤 等評

袁石公曰：開口說箇道字，明眼人要識得下落，不可受他瞞。

袁石公曰：信得濁而徐清，則一切事皆可以不疑矣。

淮南鴻烈解卷一

原道訓 原本也，本道根真，包裹天地，以歷萬物也。

夫道者，覆天載地，廓四方，柝八極。廓，張；柝，開也。八極，八方之極。高不可際，深不可測。際，至也。包裹天地，稟授無形。萬物之未形者，皆生於道。源流泉浡，沖而徐盈；混混汩汩，濁而徐清。浡，湧；沖，虛也。源泉始出虛徐，流不止，能漸盈滿，喻道亦然。故植之而塞於天地，橫之而彌於四海，施之無窮而無所朝夕。植，立；塞，滿；彌，絡；施，用也。用之無窮無竭，無朝夕盛衰。舒之幎於六合，卷之不盈於一握。舒，散也。幎，覆。六合滿天地間也。四方上下為六合。不盈一握，言微妙。約而能張，幽而能明，弱

淮南鴻烈解 卷一 原道 一

明張烒如刻本

4冊。半葉9行，行20字，小字雙行同。白口，單黑魚尾，四周單邊。框高20.9厘米，寬14.7厘米。

孫月峰先生批評漢書一百卷 （漢）班固 撰 （明）孙鑛 評

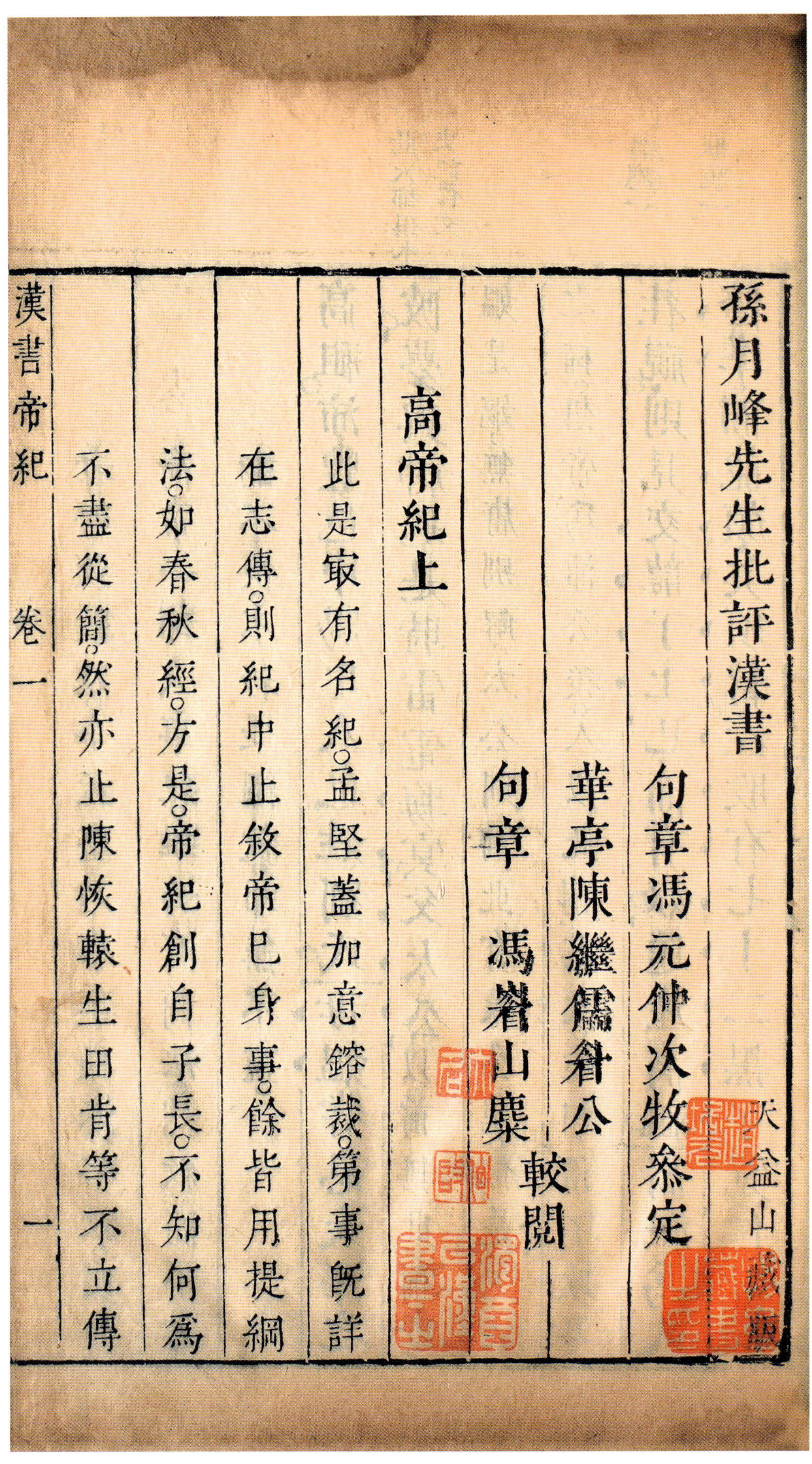
孫月峰先生批評漢書
句章馮元仲次牧叅定
華亭陳繼儒眉公
句章 馮眉山麋 較閲
天益山藏版
高帝紀上
此是宬有名紀。孟堅蓋加意鎔裁。第事既詳
在志傳。則紀中止敘帝巳身事。餘皆用提綱
法。如春秋經。方是帝紀。創自子長。不知何爲
不盡從簡。然亦止陳恢轅生田肯等不立傳
漢書帝紀 卷一 一

明末馮元仲天益山刻本

26册。半葉9行，行20字，小字雙行或單行同。白口，無魚尾，四周單邊。框高20.7厘米，寬14.4厘米。

季漢本紀卷一

歙　謝　陛撰

錢塘鍾人傑教

孝獻皇帝紀

孝獻皇帝諱協孝靈皇帝中子也諡法曰聰明睿智曰獻帝王紀曰協字伯和母王美人懷帝畏何皇后乃服藥除之而胎堅不動又數夢負日而行。帝始生后酖殺美人而董太后養帝號曰董侯中平六年四月少帝即位封帝爲渤海王徙封陳留王張璠漢記曰帝以八月庚午爲諸黄門所劫步出穀門、走至河

明末鍾人傑刻本

存四十一卷（本紀三卷，内傳十七卷，外傳卷一至卷十二、卷十八至卷二十四，正論一卷，答問一卷），6册。半葉9行，行20字，小字雙行同。白口，白魚尾，四周單邊。框高21.5厘米，寬14.8厘米。

新刊陳眉公先生精選古論大觀四十卷　（明）陳繼儒 輯

新刊陳眉公先生精選古論大觀一卷

華亭陳繼儒仲醇甫選　婁東吳震元長卿甫編次

天論上　劉禹錫

世之言天者二道焉拘于昭昭者則曰天與人實影響禍必以罪降福必以善來窮阨而呼必可聞隱痛而祈必可荅如有物的然以宰者故陰隲之說勝焉泥于冥冥者則曰天與人實剌異霆震於畜木未嘗在罪春滋乎堇荼未嘗擇善跖蹻焉而遂孔顏焉而危是茫乎無有宰者自然之說勝焉余之友河東解人柳子厚作天說以折韓退之之言文信美矣蓋有激之云而

古論大觀　卷一　一　天論上　一

明刻本

82冊。半葉9行，行24字。白口，白魚尾，四周單邊。框高21.6厘米，寬12.8厘米。

張翰林校正禮記大全三十卷　（明）胡廣 等輯　（明）張瑞圖　（明）沈正宗 校

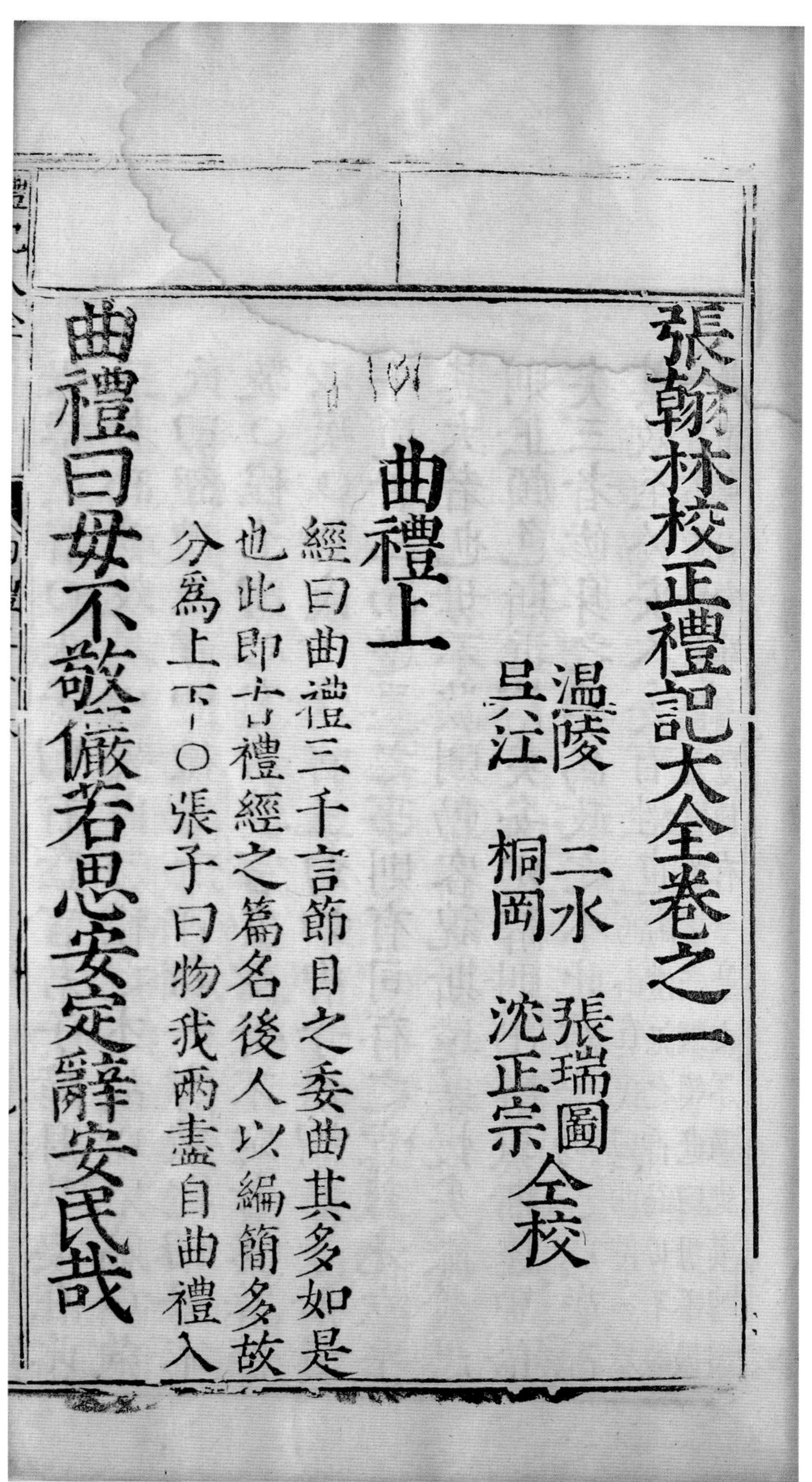

張翰林校正禮記大全卷之一

溫陵　二水　張瑞圖
吳江　桐岡　沈正宗　仝校

曲禮上

經曰曲禮三千言節目之委曲其多如是也此即古禮經之篇名後人以編簡多故分爲上下〇張子曰物我兩盡自曲禮入

曲禮曰毋不敬儼若思安定辭安民哉

明刻本

存九卷（一至九），8冊。半葉大字7行，行16字；中字11行，行20字；小字22行，行20字。白口，無魚尾或單黑魚尾，四周雙邊。框高23.3厘米，寬13.9厘米。

唐詩歸三十六卷 （明）鍾惺 （明）譚元春 輯

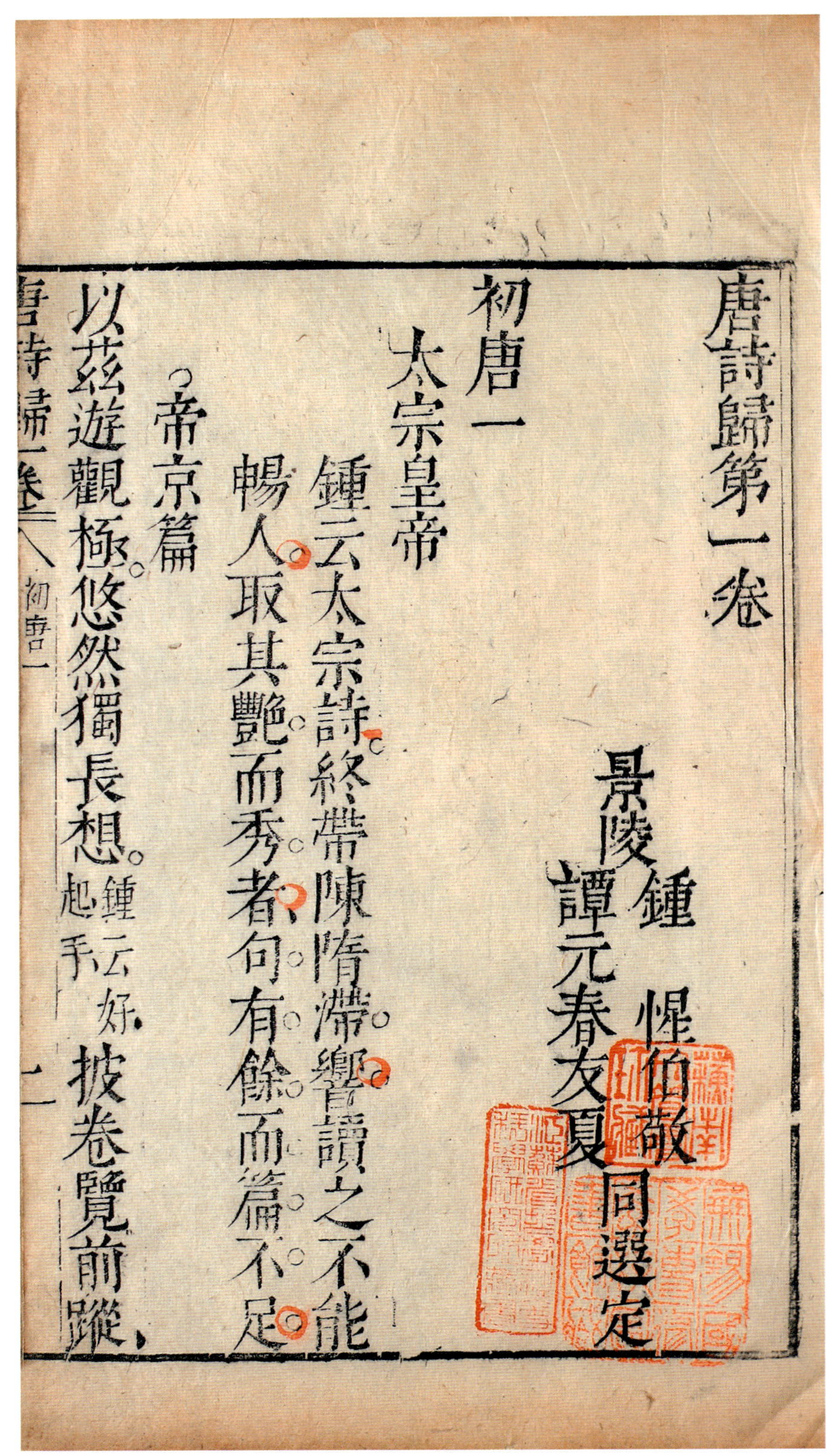

明刻本

缺三卷（五至六、三十六），23 册。半葉 9 行，行 18 字，小字雙行同。白口，白魚尾，左右雙邊。框高 20.2 厘米，寬 13.9 厘米。

唐詩歸三十六卷 （明）鍾惺 （明）譚元春 輯 （明）劉斅 重訂

唐詩歸第一卷

景陵 鍾 惺伯敬父

譚元春友夏父 選定

古吳劉 斅典生父重訂

初唐一

太宗皇帝

鍾云太宗詩終帶陳隋滯響讀之不能暢人取其艶而秀者句有餘而篇不足

○帝京篇

以茲遊觀極悠然獨長想鍾云妍起手披卷覽前蹤撫

唐詩歸 卷一 初唐一 一

明刻本

11册。半葉10行，行19字，小字雙行同。白口，單黑魚尾，左右雙邊。框高20.6厘米，寬14.8厘米。

焦氏易林四卷 （漢）焦贛 撰 （明）鍾惺 評

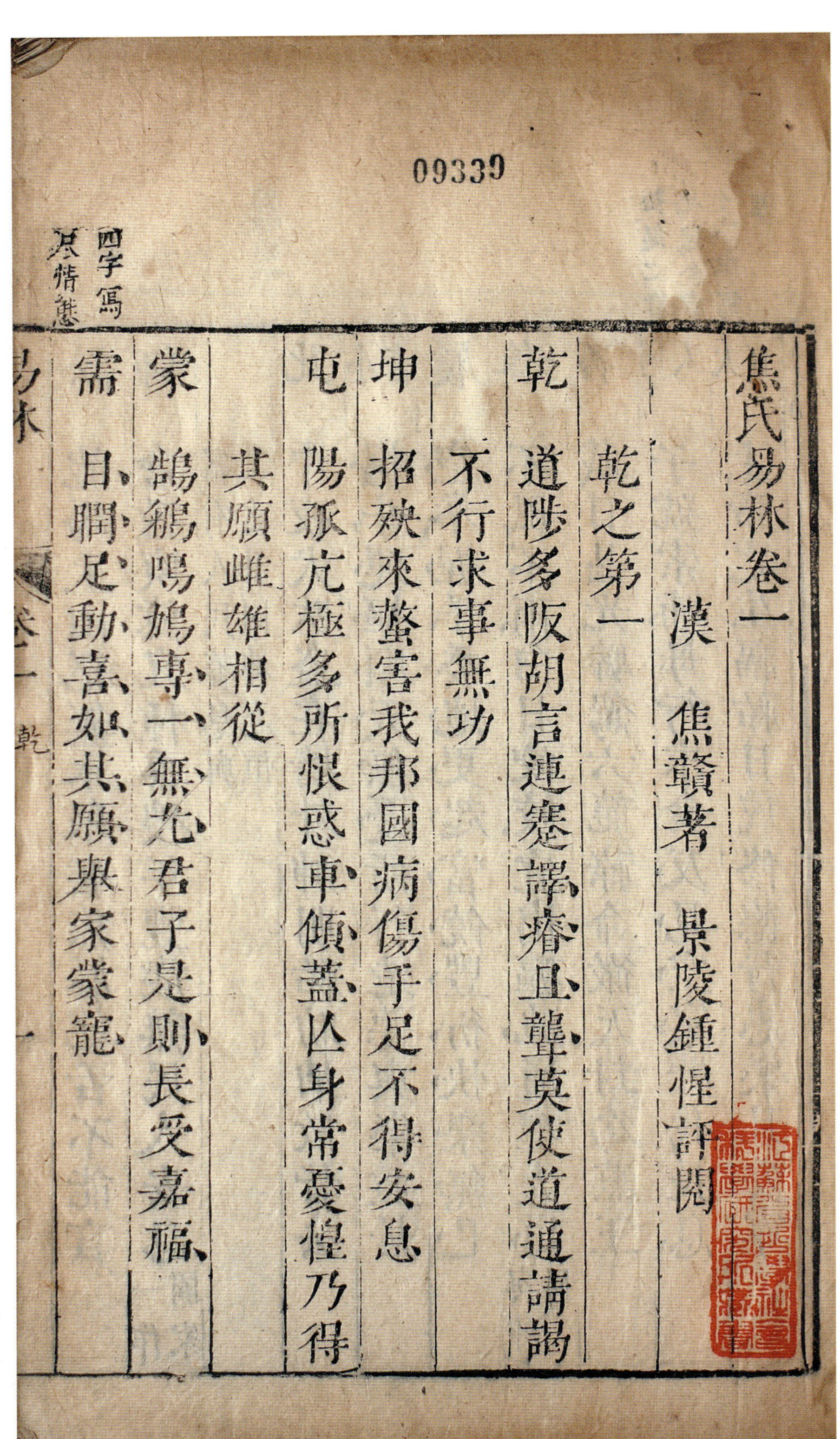
焦氏易林卷一
漢 焦贛著 景陵鍾惺評閲
乾之第一
乾 道陟多阪胡言連蹇譯瘖且聾莫使道通請謁不行求事無功
坤 招殃來螫害我邦國病傷手足不得安息
屯 陽孤亢極多所恨惑車傾蓋亾身常憂惶乃得其願雌雄相從
蒙 鵠鶴鳴鳩專一無尤君子是則長受嘉福
需 目瞤足動喜如其願舉家蒙寵

明刻本

2冊。半葉10行，行20字，小字雙行同。白口，單黑魚尾，左右雙邊。框高19厘米，寬14.1厘米。

考工記二卷 （漢）鄭玄 注 （明）盧之頤 校

郭正域曰秦灰既熄周禮復出於漢而冬官闕焉河間獻王以千金購之弗獲於是以考工記補之嗟乎考工豈周書也然其文瑰奇變化乃天地間一種不

考工記

漢 鄭玄註

明 盧之頤校

上篇

國有六職、百工與居一焉、或坐而論道、或作而行之、或審曲面埶、以飭五材、以辨民器、或通四方之珍異以資之、或飭力以長地財、或治絲麻以成之、坐而論道謂之王公、作而行之謂之士大夫、審曲面埶以飭五材以辨民器、謂之百工、通四方之珍異以資之、謂

考工記　卷上　上篇　一

明末刻本

1册。半葉9行，行20字，小字雙行同。白口，單白魚尾，四周單邊。框高20.8厘米，寬14.6厘米。

國語九卷 （明）盧之頤 訂正

陶望齡云周語辭勝事晉語事勝辭
孫鑛云初變尚書調是今文祖
又云開門見山
時動似謂征伐非講武
行文微似周禮
平鋪
陶望齡云犬

國語第一

錢塘盧之頤子由甫訂正

周

穆王將征犬戎祭公謀父諫曰不可先王耀德不觀兵夫兵戢而時動動則威觀則玩玩則無震是故周文王之頌曰載戢干戈載櫜弓矢我求懿德肆于時夏允王保之先王之於民也茂正其德而厚其性阜其財求而利其器用明利害之鄉以文修之使務利而避害懷德而畏威故能保世以滋大昔我先世后

明末刻本 題退齋主人校跋

4冊。半葉9行，行20字，小字雙行同。白口，單黑魚尾，四周單邊。框高20.8厘米，寬14.5厘米。

戰國策四卷　（明）張居正 評訂　（明）陸樹聲 評注　（明）盧之頤 校正

戰國策卷之一

江陵張居正評訂

雲間陸樹聲評註

武林盧之頤較正

西周

赧王

司寇布爲周最說周君

司寇（周官）布爲周最謂周君曰君使人告齊王以周最不肯爲太子也（齊閔王善最欲其爲太子以賂進之最時讓立周以最不肯立告齊）臣

戰國策　卷一　西周　一

明末刻本　佚名批校

缺一卷（四），3冊。半葉9行，行20字，小字雙行同。白口，單黑魚尾，四周單邊。框高20.4厘米，寬14.4厘米。

三峰藏禪師開發工夫語録二卷　（明）釋法藏　撰　（清）釋弘璧　等録

三峰藏禪師開發工夫語錄卷一

門人　弘璧　弘儲　仝錄
　　　弘鴻　弘銛

示衆師云。從上祖師。見學人於未開口前。早用一槌一擊。直下斷人命根。三翻二折。頓盡源底。那裏有許多叨叨漉漉。撒屎撒尿。作座主態。只爲後人胸中理會太多。未入法門。先學一肚皮禪道佛法。機鋒轉語牽經帶論。貴在有知見。學口邊富贍。爲做人出頭張本。謂之運糞入。所以心塵壅塞。無一隙打併得開。故

支那　三峯藏禪師開發工夫語錄一　一

明末刻本

1册。半葉9行，行20字。下黑口，無魚尾，四周雙邊。框高22.2厘米，寬14厘米。

妙法蓮華經科注七卷首一卷 （後秦）釋鳩摩羅什 譯 （明）釋一如 集注

妙法蓮華經科註卷第二
姚秦三藏法師鳩摩羅什奉 詔譯
上天竺講寺住山比丘 一如集註
妙法蓮華經譬喻品第三
譬者比況也喻者曉訓也託此況彼寄淺訓深前法說周作三乘一乘說廣明五佛開三顯一。上根利智圓聞獲悟中下之流猶迷未遣動執生疑踟蹰岐道是故更約三車一車譬喻而說使其悟解故言譬喻品△以類比況謂之譬開曉令悟謂之喻○二身子領解二初經家敘起二初敘內解

明末刻本

存五卷（一至四、首一卷），5 册。半葉 10 行，行 20 字，小字雙行同。下黑口，無魚尾，四周雙邊。

框高 22 厘米，寬 15.2 厘米。

二　清代珍本

說文解字十五卷 （漢）許慎 撰 （宋）徐鉉 等校定

說文解字弟一上　漢太尉祭酒許慎記
銀青光祿大夫守右散騎常侍上柱國東海縣開國子食邑五百戶徐鉉等奉
敕挍定
十四部　六百七十二文　重八十
凡萬六百三十九字
文三十一　新附
一　惟初太始道立於一造分天地化成

說文一上

清初毛氏汲古閣刻本

12册。半葉篆字7行，行8字；中字7行，行15字；小字雙行，行22字。白口，單黑魚尾，左右雙邊。框高20.4厘米，寬15.7厘米。

三命通會十二卷 （明）萬民英 撰

三命通會卷之一　　育吾山人著

原造化之始

老子曰：無名天地之始，有名萬物之母。有物混成，先天地生。列圄寇曰：有形生於無形，天地之初，有太易，有太初，有太始，有太素。太易者，未見氣；太初者，氣之始；太始者，形之始；太素者，質之始。氣與形質合而未離，曰渾淪。曆紀云：未有天地之時，混沌如鷄子，溟涬始芽，鴻濛滋萌。律曆志云：太極元氣，函三爲一。易曰：易有太極，是生兩儀，兩儀生四象，四象生八卦，八卦定吉凶。易疏云：太極謂天地未分之前，元氣混而爲

清初刻雍正十三年（1735）蔣國祥重修本

12册。半葉10行，行20字，小字雙行同。白口，單黑魚尾，左右雙邊。框高21.3厘米，寬14.3厘米。

爲可堂初集十卷 （清）朱一是 撰

爲可堂初集卷之一

論

虞舜論

史記載唐堯虞舜其原皆出于黄帝黄帝正妃

分疏明

嫘祖二子其一曰玄囂玄囂生蟜極蟜極生帝

白乃起論斷

嚳帝嚳生堯自黄帝及堯凡四世其二曰昌意

昌意生顓頊顓頊生窮蟬窮蟬生敬康敬康生

句望句望生橋牛橋牛生瞽瞍瞽瞍生舜自黄

帝及舜凡八世世數雖遠相傳之系釐然可考

爲可堂初集　卷之一　論

清順治十一年（1654）刻本

4冊。半葉10行，行18字。白口，無魚尾，四周單邊。框高21.1厘米，寬13.1厘米。

唐音癸籤三十三卷 （明）胡震亨 撰

唐音癸籤卷一

海鹽胡震亨遯叟著

體凡

詩自風雅頌以降一變有離騷再變爲西漢五言詩三變有歌行雜體四變爲唐之律詩詩至唐體大備矣今考唐人集錄所標體名凡傚漢魏以下詩聲律未叶者名往體其所變詩體則聲律之叶者不論長句絕句概名爲律詩爲近體而七言古詩于往體外另爲一目又或名歌行舉其大凡不過此三者爲之區分而已至宋元編錄唐人總集

唐音癸籤　卷一　一　金陵劉鳳鳴刻

清順治十五年（1658）雙與樓刻本

6冊。半葉10行，行19字，小字雙行同。白口，單黑魚尾，左右雙邊。框高20.2厘米，寬15.1厘米。

唐音戊籤二百一卷餘諸國主詩一卷餘六十三卷 (明)胡震亨 輯

戊籤一　　唐音統籤卷五百五十三

杜牧字牧之京兆萬年人宰相佑之孫悰之從弟擢進士又舉制科吳武陵以牧阿房宮賦薦主司崔郾因登第沈傳師廉察江西宣州辟從事又爲牛僧孺淮南節度推官掌書記摭言云牧在揚州爲狹斜遊無虛夕僧孺潜遣卒護之每夜皆有密報後出示牧戒其節情牧感泣擢監察御史分司東都授宣州團練判官入朝歷膳部比部員外郎並兼史職出牧黃池睦三州復遷司勳吏部員外乞外爲湖州刺史徵拜考功郎中知制誥遷中書舍人卒牧自負才畧喜論兵事擬致位公輔以時無右援者怏怏不平

唐音統籤　卷五百五十三　一　戊

清康熙二十六年(1687)海鹽胡氏南益堂刻唐音統籤本

40冊。半葉10行,行19字,小字雙行同。白口,單黑魚尾,左右雙邊。框高20.1厘米,寬15厘米。

管窺輯要八十卷　（清）黃鼎　輯

管窺輯要卷之一

六安黃　鼎玉耳父纂定

男九命簡臣

侄九錫公位

九疇倫叙

九如眉介

侄孫珮琢成

坰先鳴

桐城方兆及子詒仝閲

清順治刻本

缺五卷（三十三至三十四、五十一、六十四至六十五），57冊。半葉9行，行19字。白口，單黑魚尾，四周單邊。框高20.8厘米，寬14.4厘米。

賴古堂名賢尺牘新鈔十二卷　（清）周亮工 輯　（清）周在浚 等鈔　（圖1）

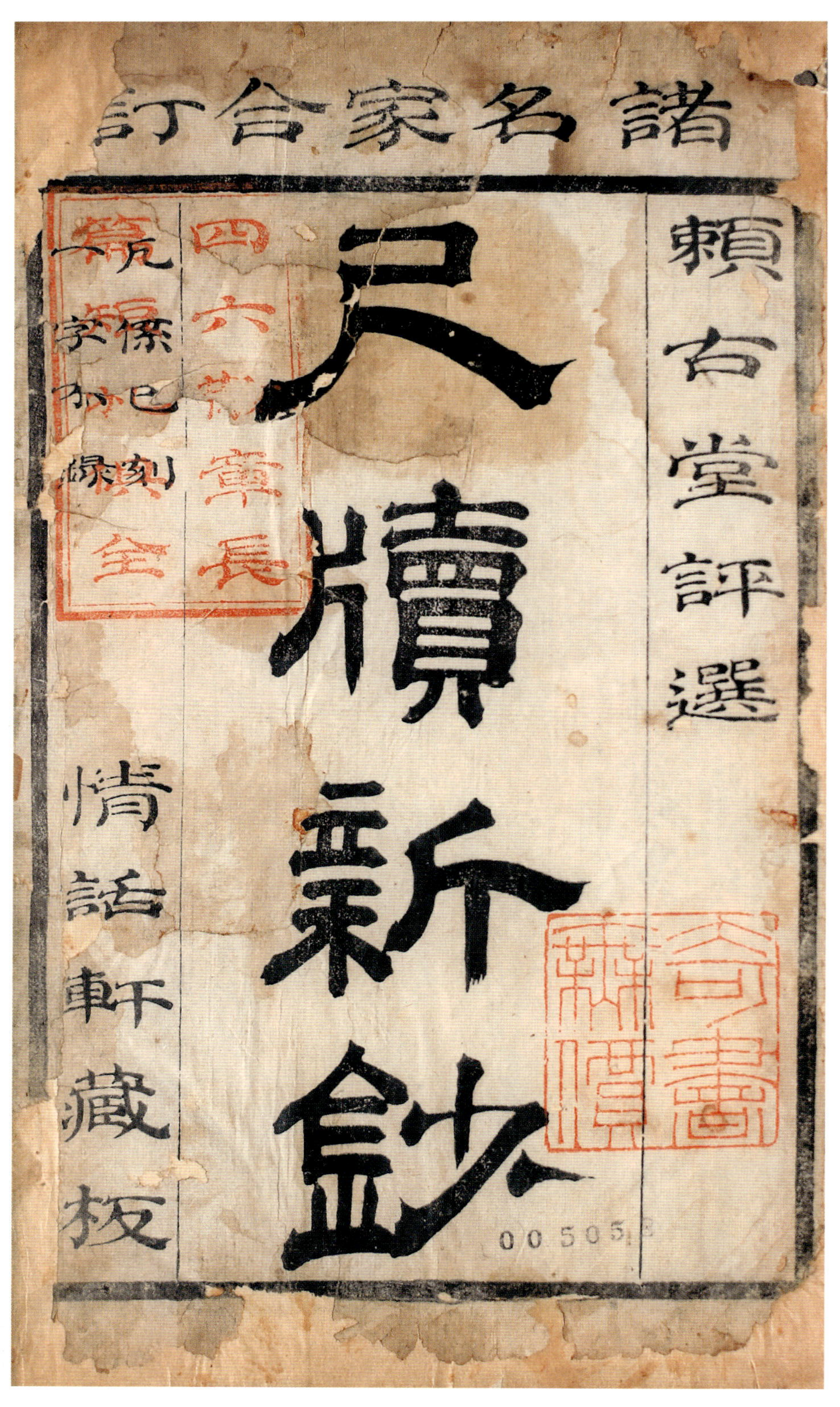

清康熙元年（1662）賴古堂刻本

6冊。半葉9行，行20字，小字雙行同。中黑口，白魚尾，四周單邊。框高19.8厘米，寬13.7厘米。

賴古堂名賢尺牘新鈔卷之一

高阜康生 選
昇州 羅燿星子
周在浚雪客
豫儀 周在梁園客 鈔

高攀龍 景逸 無錫人
高子遺書

荅吳安節年伯

聖學全不靠靜但各人稟賦不同若精神短弱決要靜中培擁豐碩收拾來便是良知散漫去都成妄想

極得力於靜故知之亦可言之

尺牘新鈔 卷之一 一 賴古堂訂

賴古堂尺牘新鈔二選藏弆集十六卷賴古堂尺牘新鈔三選結鄰集十六卷 （清）周亮工 輯 （清）周在浚等鈔 （圖1）

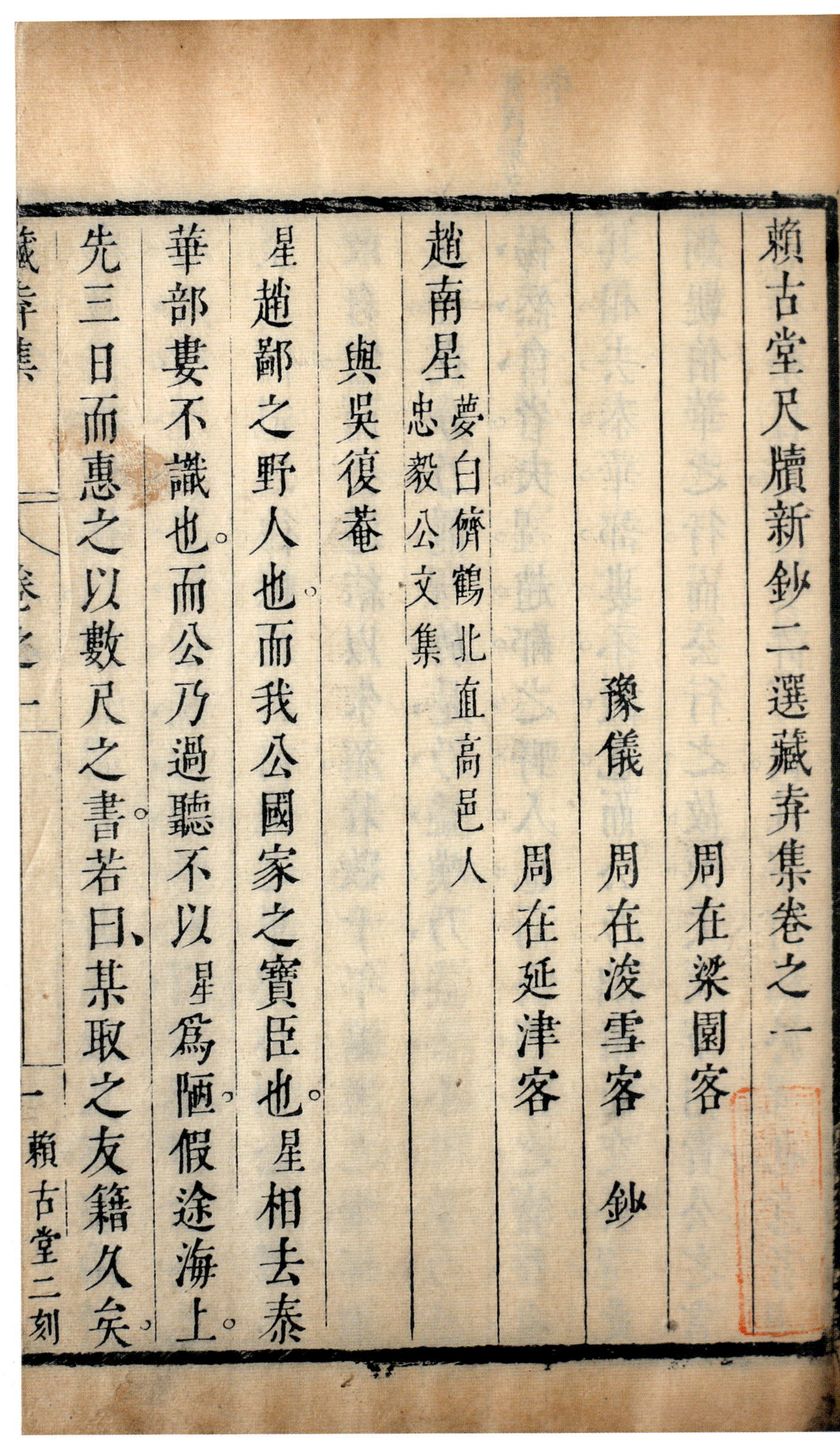

賴古堂尺牘新鈔二選藏弆集卷之一

周在梁園客

豫儀 周在浚雪客 鈔

周在延津客

趙南星 夢白儕鶴北直高邑人 忠毅公文集

與吳復菴

星趙鄙之野人也。而我公國家之寶臣也。星相去泰華部婁不識也。而公乃過聽不以星爲陋假途海上。先三日而惠之以數尺之書。若曰、某取之友籍久矣

藏弆集 卷之一 一 賴古堂二刻

清康熙周氏賴古堂刻本

10冊。半葉9行，行20字，小字雙行同。中黑口，白魚尾，四周單邊。框高19.7厘米，寬13.6厘米。

賴古堂尺牘新鈔二選藏弆集十六卷賴古堂尺牘新鈔三選結鄰集十六卷 （清）周亮工 輯 （清）周在浚 等鈔 （圖2）

賴古堂尺牘新鈔三選結隣集卷之一

周在梁園客

豫儀 周在浚雪客 鈔

周在延龍客

劉宗周 起東念臺浙江會稽人

與人

去此矜巳之言與短人之言戔戔之陳言悠悠之漫言詭言綺言流言終日無可啓口者此即不睹不聞入路處也

此教人慎言也此選遂遵先生言去此種種之筆

結隣集 卷之一 一 賴古堂

賴古堂詩集四卷　（清）周亮工　撰

清康熙刻本

2冊。半葉8行，行19字，小字雙行同。白口，無魚尾，左右雙邊。框高18.1厘米，寬13.4厘米。

賴古堂詩集第一卷

浚水周亮工櫟園稿

黄山吴宗信冠五閲

出東門

出東門雨霏霏黄沙撲鳥亂啼掉頭不飲酒驅我病馬上大堤一解腰間弧矢鳴嚙齒解弓衣來朝城南射虎今朝先射咄唶兒二解咄唶兒日暮歌鐘娱客白晝殺人為嬉日色蒼蒼河流瀰瀰生苑甚重

閱藏知津四十四卷總目四卷　（明）釋智旭　彙輯

閱藏知津卷第一

北天目沙門釋智旭　彙輯

大乘經藏　華嚴部第一

述曰。華嚴一部。別則尅指初成。通乃該乎一代。凡屬顯示稱性法門。不與二乘共者。咸歸此部。即如入法界品。是誠證也

大方廣佛華嚴經八十卷　拱平章愛育黎首臣

唐于闐國三藏沙門實叉難陀譯

世主妙嚴品第一　佛在菩提場中。初成正覺。一

閱藏知津　卷一　經藏華嚴部　一

清康熙三年（1664）夏之鼎刻四十八年（1709）朱蹈勇重修本

8册。半葉9行，行20字，小字雙行同。白口，單黑魚尾，四周單邊。框高21.4厘米，寬14.9厘米。

通雅五十二卷首三卷 （明）方以智 撰 （圖1）

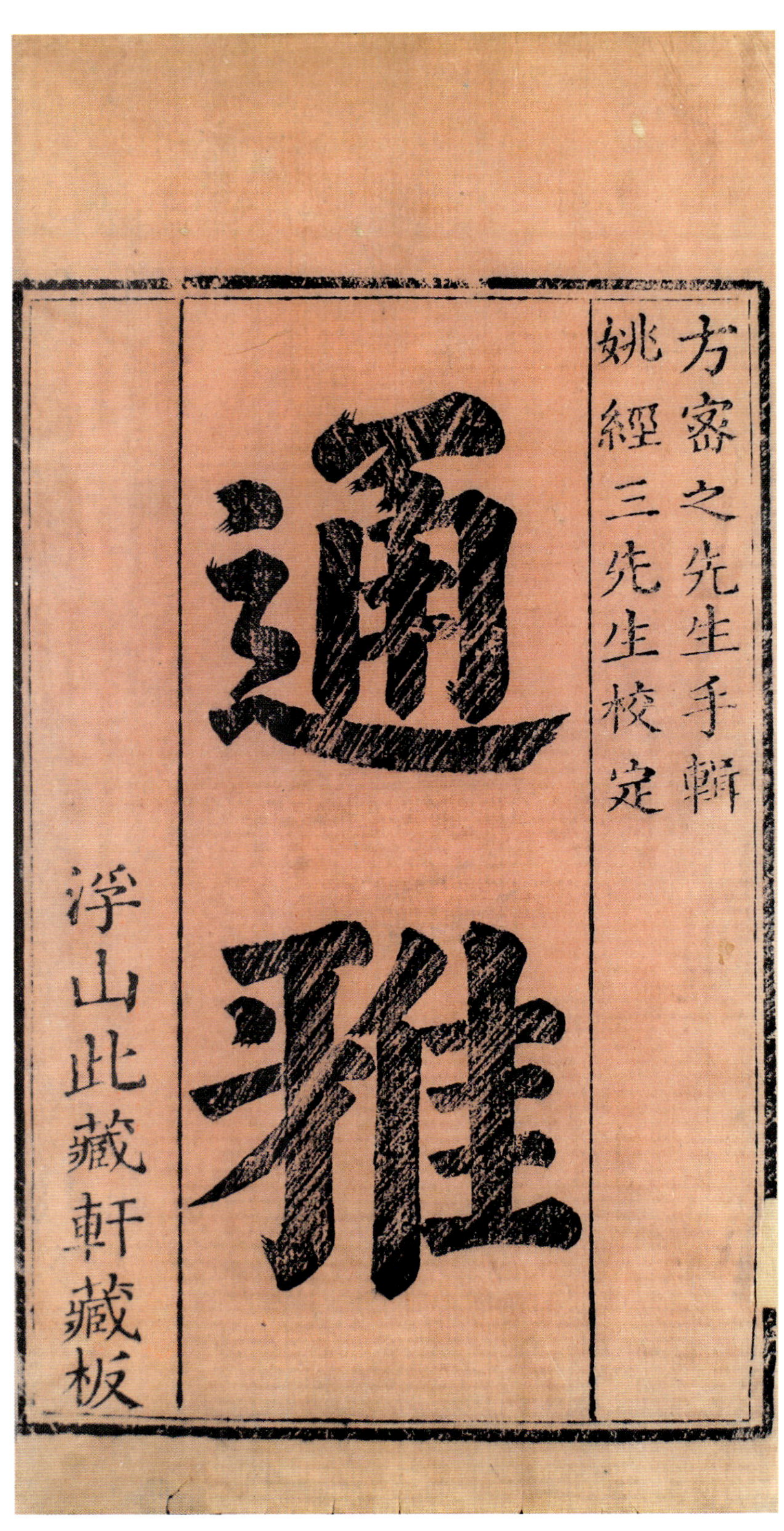

清康熙五年（1666）姚文燮刻本

存四十卷（一至三十七、首三卷），18冊。半葉10行，行24字。白口，單黑魚尾，四周單邊。框高21.2厘米，寬13.6厘米。

通雅卷之一

桐山方以智密之輯著

同里姚文燮經三較訂

疑始　專論古篆古音

副墨洛誦推至疑始始作此者自有其故不可不知不可不疑也世變遠矣字變則易形音變者轉也變極反本且以今日之音徵唐宋徵兩漢徵三代古人多引方言以左證經傳方言者自然之氣也以音通古義之原也若後世已成之義則諸儒辯難已著典要但須考耳

古寤卽悟○悟字不見六經昉于西乾乎黃帝經云神乎神耳不聞目不明心開而志光慧然獨悟若風吹雲然不必此也子思曰吾嘗深有思而莫之得也于學則寤焉寤卽悟也悟者吾

三才彙編六卷 （清）龔在升 輯 （清）顧琨美 補輯

清康熙六年（1667）刻本

2冊。半葉9行，行24字，小字雙行同。白口，單黑魚尾，左右雙邊。框高20.3厘米，寬14.3厘米。

三才彙編卷一

同學顧琨美輝六增著

嘉善龔在升聞園纂輯

學人毛　褒華伯參訂

男龔銘皐淑如同校

聖學

按古之帝王未有不學問而成聖者也儒生之學問先明其理帝王之學問兼著其事事與理合而知之極其精行之極其備故曰仁知合一存乎聖內聖外王初何嘗有異理哉聖經言大人之學盡之以明明德而必條舉之曰格致誠正所以言理之

宋邵康節先生伊川擊壤集十卷 （宋）邵雍 撰 （明）吴瀚 摘注 （明）吴泰 增注

宋邵康節先生伊川擊壤集卷之一

明 江東吴 瀚 摘註

吴 泰 增註

吴元維 校閲

乾坤吟

用九見羣龍首能出庶物用六利永貞因乾以爲利陰從陽四象以九成遂爲三十六四象以六成遂爲二十四如何九與六能盡人間事

陰陽吟

擊壤集 卷之一 一

清康熙八年（1669）邵養定、邵養貞刻本

存四卷（一至四），2册。半葉9行，行18字，小字雙行同。白口，單黑魚尾，四周單邊。框高19.7厘米，寬15.5厘米。

繹史一百六十卷世系圖一卷年表一卷　（清）馬驌 撰

清康熙刻本

40册。半葉11行，行24字，小字雙行36字。白口，無魚尾，左右雙邊。框高19.9厘米，寬14.4厘米。

繹史卷一　　太古第一

開闢原始

列子昔者聖人因陰陽以統天地夫有形者生於無形則天地安從生故曰有太易有太初有太始有太素太易者未見氣也太初者氣之始也太始者形之始也太素者質之始也氣形質具而未相離故曰渾淪渾淪者言萬物相渾淪而未相離也視之不見聽之不聞循之不得故曰易也易無形埒易變而爲一一變而爲七七變而爲九九變者究也乃復變而爲一一者形變之始也清輕者上爲天濁重者下爲地故天地含精萬物化生白虎通始起先有太初後有太始形兆既成名曰太素混沌相連視之不見聽之不聞然後剖判清濁既分精出曜佈度物施生精者爲三光號者爲五行行生情情生汁中汁中生神明神明生道德道德生文章博雅太初氣之始也生於酉仲清濁未分也太始形之始也生於戌仲清者爲精濁者爲形也太素質之始也生於亥仲已有素朴而未散也三氣相接至於

繹史　卷一　開闢原始　一

宋詩鈔初集 (清)呂留良 (清)吳之振 (清)吳爾堯 編

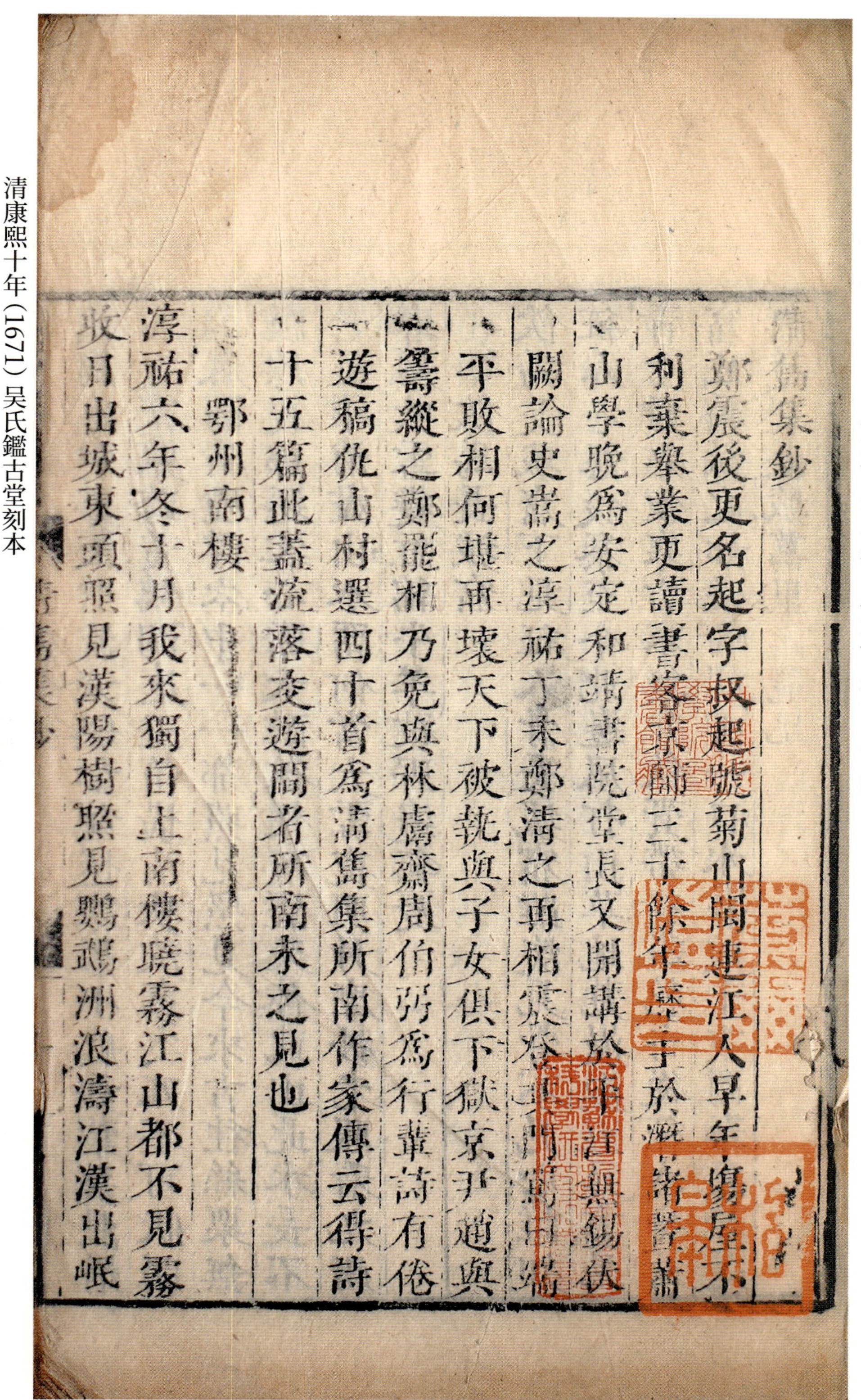

清雋集鈔

鄭震後更名起字叔起號菊山閩連江人早年[illegible]利棄舉業更讀書[illegible]三十餘年[illegible]於[illegible]山學晚爲安定和靖書院堂長又開講於[illegible]無錫[illegible]闕論史嵩之淳祐丁未鄭清之再相震[illegible]平敗相何堪再壞天下被執與子女俱下獄京尹趙與籌縱之鄭罷相乃免與林處齋周伯弜爲行輩詩有倦遊稿仇山村選四十首爲清雋集所南作家傳云得詩十五篇此蓋流落交遊間者所南未之見也

鄂州南樓

淳祐六年冬十月我來獨自上南樓曉霧江山都不見霧收日出城東頭照見漢陽樹照見鸚鵡洲浪濤江漢出岷

清康熙十年(1671)吳氏鑑古堂刻本

存十二種十二卷(清雋集鈔一卷、晞髮近藁鈔一卷、文山詩鈔一卷、先天集鈔一卷、白石樵唱鈔一卷、山民詩鈔一卷、水雲詩鈔一卷、隆吉詩鈔一卷、潛齋詩鈔一卷、參寥詩鈔一卷、石門詩鈔一卷、花蕊詩鈔一卷),1冊。半葉12行,行22字,小字雙行同。上下黑口,雙對黑魚尾,左右雙邊。框高17.9厘米,寬13.8厘米。

禮記集説一百六十卷 （宋）衛湜 撰

禮記集說卷第一

曲禮上第一

唐陸氏曰本或作曲禮上者後人加也檀弓雜記放此

藍田吕氏曰曲禮禮之細也禮云經禮三百曲禮三千其致一也中庸云禮儀三百威儀三千待其人然後行然則曲禮者威儀之謂皆禮之細也布帛之有經一成而不可變者也故經禮象之經禮三百蓋若祭祀朝聘燕饗冠昏鄉射喪紀之禮其節文之不可變者有三百也布帛之有緯其文曲折有變而不可常者也故曲禮象之曲禮三千蓋大小尊卑親疏長幼並行兼舉屈伸損益之不可常者有三千也今之所傳儀禮者經禮也其篇末稱記者記禮之變節則曲禮也漢興高堂生傳禮十七篇今儀禮是也戴聖傳禮四十九篇今禮記是也禮記所載皆孔子門人

禮記集說卷一　一　通志堂

清康熙十六年（1677）納蘭成德通志堂刻本

缺四十六卷（七十七至一百二十二），44册。半葉13行，行23字。白口，雙順黑魚尾，左右雙邊。框高19.5厘米，寬14.9厘米。

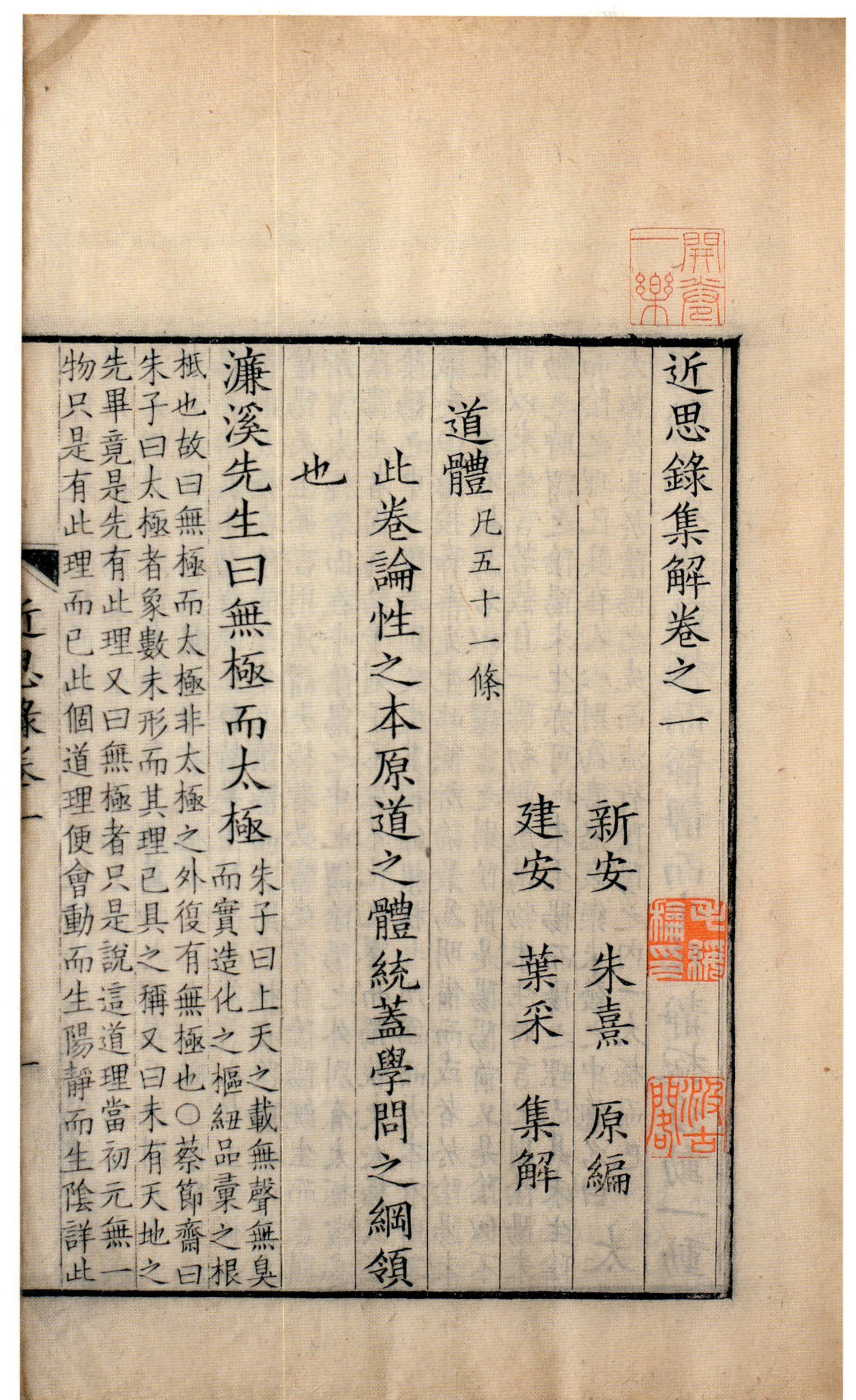
近思錄集解卷之一

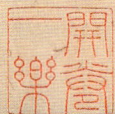

新安 朱熹 原編

建安 葉采 集解

道體 凡五十一條

此卷論性之本原道之體統蓋學問之綱領也

濂溪先生曰無極而太極 朱子曰上天之載無聲無臭而實造化之樞紐品彙之根柢也故曰無極而太極非太極之外復有無極也○蔡節齋曰朱子曰太極者象數未形而其理已具之稱又曰未有天地之先畢竟是先有此理又曰無極者只是說這道理當初元無一物只是有此理而已此個道理便會動而生陽靜而生陰詳此

近思錄卷一 一

清康熙邵仁泓刻本

3冊。半葉9行，行19字，小字雙行24字。白口，單黑魚尾，左右雙邊。框高18.2厘米，寬13.3厘米。

皇極經世書傳八卷 （宋）邵雍 撰 （明）黃畿 傳

皇極經世書傳卷第一

皇大也極中也經世者元會運世迭相爲經世之貫於元會運猶時之貫於歲月日小者之積固所以爲大者之成也是故小德川流則舉年見月舉月見日舉日見時大德敦化則以元經會以會經運以運經世一元之在大化中其猶一歲乎日爲元元始也其數一一歲一周月爲會會交也其數十二歲十二周星爲運運者時之行也隨天左旋歲三百六十周辰爲世世者變之終也一日十二辰晝夜遷移不常厯所積一歲則四千三百二十

清康熙二十一年（1682）黃逵卿刻本

8冊。半葉10行，行20字，小字雙行同。白口，無魚尾，左右雙邊。框高18.5厘米，寬13.6厘米。

退耕吴越集一卷　（清）釋濟祚 撰

退畊吳越集

廣陵釋濟祚弗爲著

虞山陳瑚潢宿源　海昌鄒直夫古愚

山陰王雨謙白岳評閱　長河沈傑文介然評

東溟張嵩曼石　申江張曙玢菴

寒食感舊

歲月多違志離群老大悲交情貧易散詩句澹方奇（此語使我淚下）寒食懷千里鶯花感一時中原兵火斷歸路若何遲

王白岳曰意有所屬與山陽聞笛同是一調

吳越集　一　退畊艸堂

清康熙退耕草堂刻本

1冊。半葉9行，行20字，小字雙行同。白口，無魚尾，左右雙邊。框高19.6厘米，寬14.3厘米。

陳檢討集十二卷　（清）陳維崧　撰　（清）蔣景祁　（清）曹亮武　選　（圖1）

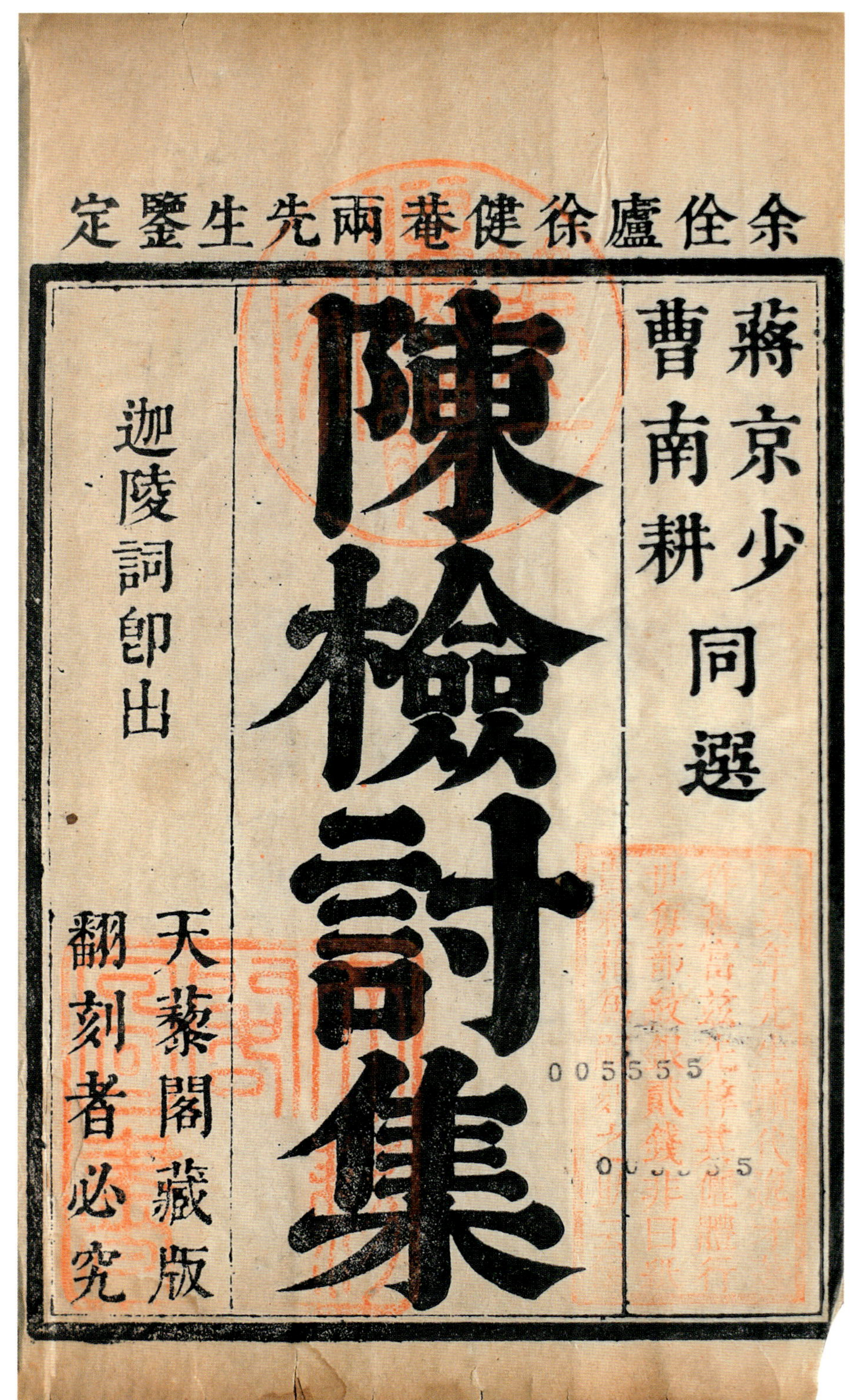

清康熙二十三年（1684）天藜閣刻本

3冊。半葉10行，行21字，小字雙行同。上下黑口，單黑魚尾，左右雙邊。框高19.3厘米，寬14.1厘米。

陳檢討集卷一

宜興　陳維崧　其年譔

同里　蔣景祁　京少

曹亮武　南耕　選

賦

璿璣玉衡賦并序

皇上御曆之十有八年。闓澤覃敷。湛恩汪濊。剛柔克協。配兩大之無私。健順攸宜。卜萬年之有祜。瑤樞夜朗。榮光上燭。夫紫微珠斗。霄澄瑞氣。遙連夫黃道。迢迢閶闔。共戴堯天。肅肅勾陳。俱環禹甸。洵所謂樞機在手。衡量

陳檢討集二十卷 （清）陳維崧 撰 （清）程師恭 注

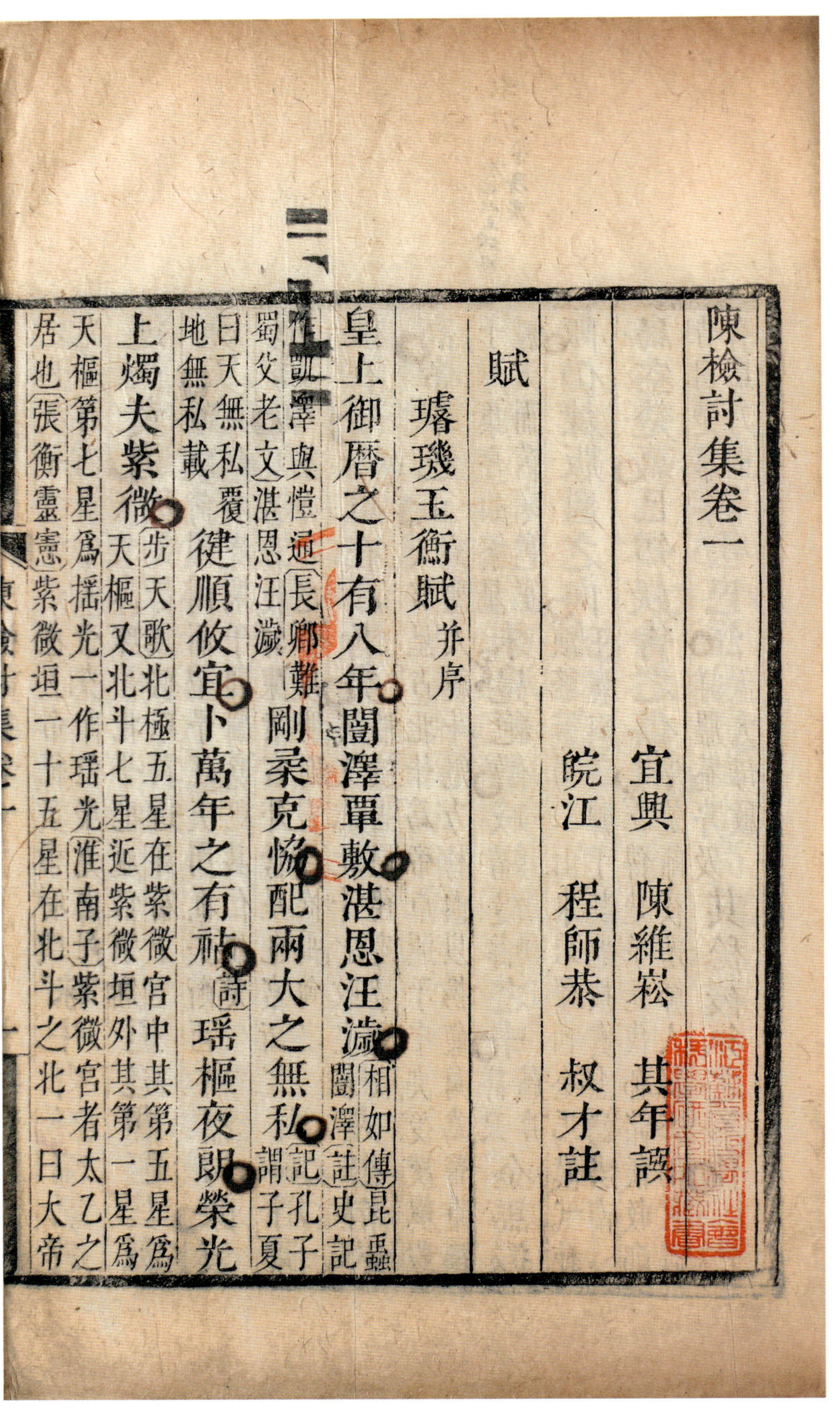

陳檢討集卷一

宜興　陳維崧　其年譔

皖江　程師恭　叔才註

賦

璿璣玉衡賦 并序

皇上御曆之十有八年闓澤覃敷湛恩汪濊相如傳昆蟲闓澤註史記作凱澤與愷通長卿難蜀父老文湛恩汪濊剛柔克協配兩大之無私記孔子謂子夏日天無私覆地無私載徤順攸宜卜萬年之有祐詩瑶樞夜朗榮光上燭夫紫微步天歌北極五星在紫微宮中其第五星爲天樞又北斗七星近紫微垣外其第一星爲天樞第七星爲搖光一作瑶光淮南子紫微宮者太乙之居也張衡靈憲紫微垣一十五星在北斗之北一日大帝

清康熙刻本

4册。半葉10行，行22字，小字雙行同。上下黑口，單黑魚尾，左右雙邊。框高18.8厘米，寬14.2厘米。

廣輿記二十四卷增訂廣輿記全圖一卷　（明）陸應陽　撰　（清）蔡方炳　增輯

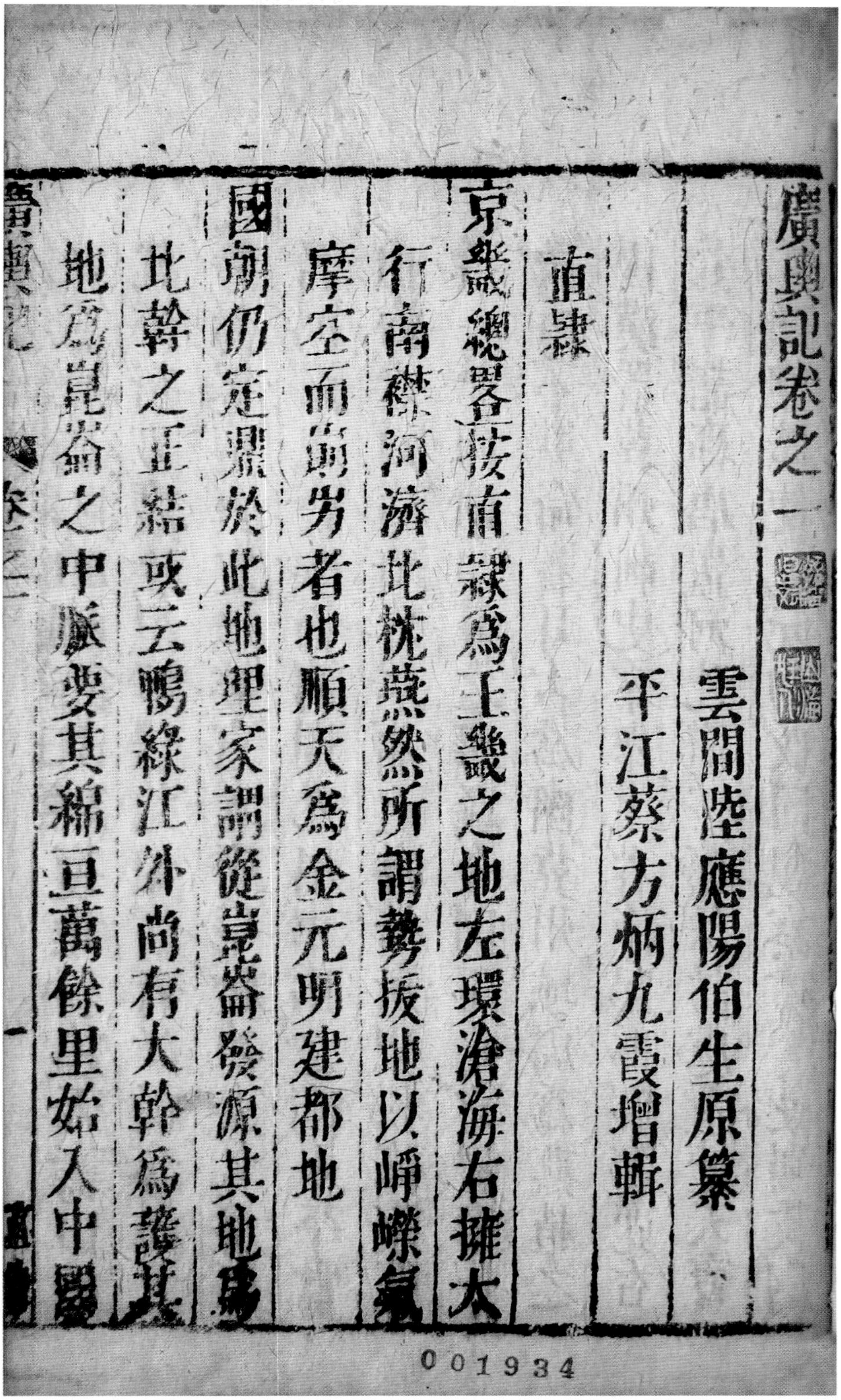
廣輿記卷之一

雲間陸應陽伯生原纂

平江蔡方炳九霞增輯

直隸

京畿總督按直隸爲王畿之地左環滄海右擁太行南襟河濟北枕燕然所謂勢拔地以崢嶸氣摩空而崱屴者也順天爲金元明建都地

國朝仍定鼎於此地理家謂從崑崙發源其地爲北幹之正結或云鴨綠江外尚有大幹爲護其地爲崑崙之中脉要其綿亘萬餘里始入中國

清康熙二十五年（1686）刻本

16冊。半葉10行，行19字，小字雙行同。白口，單黑魚尾，四周單邊。框高20.7厘米，寬14.9厘米。

廣治平略四十四卷　（清）蔡方炳 撰

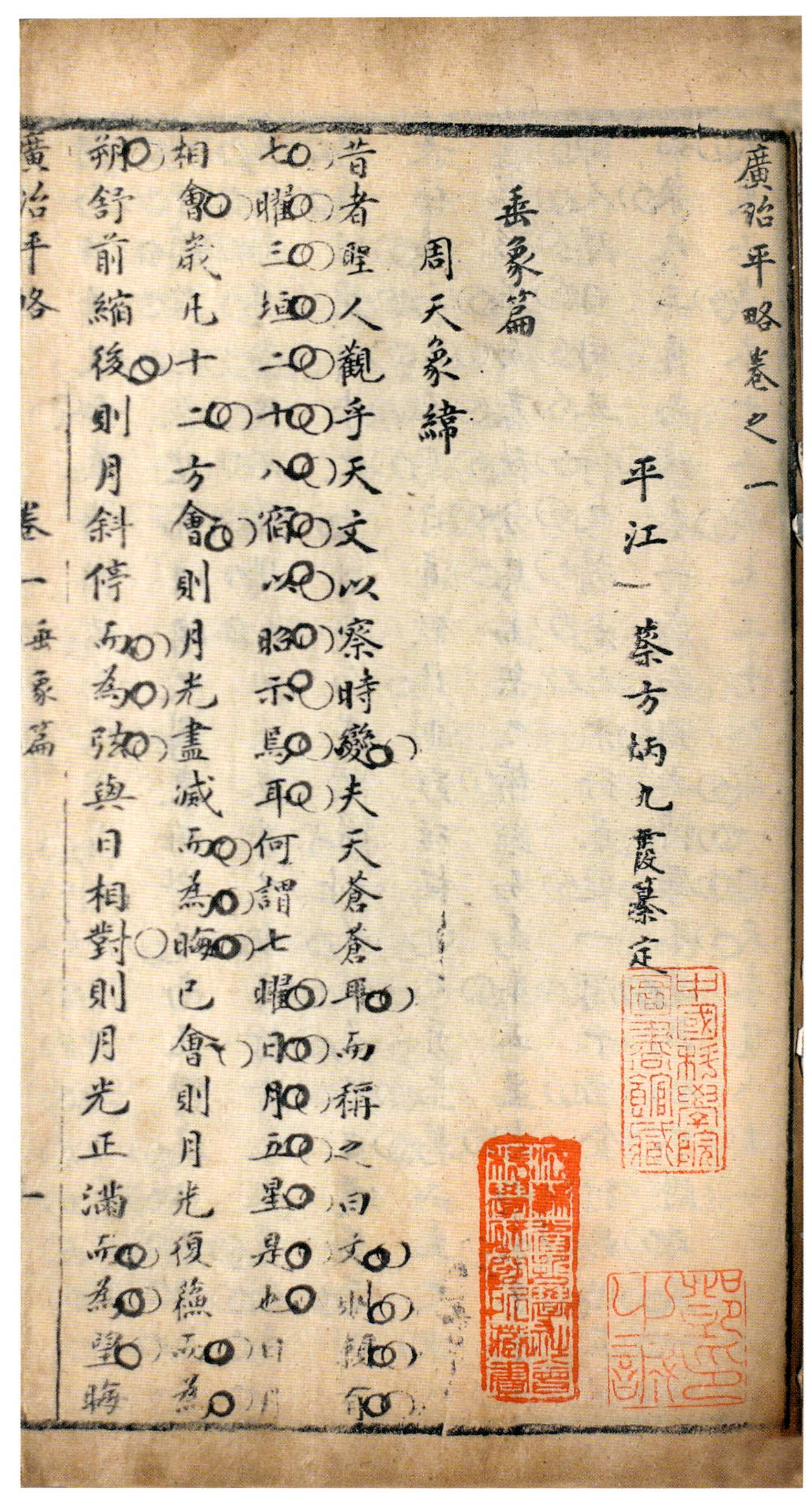

清康熙刻本

8册。半葉9行，行25字，小字雙行同。白口，無魚尾，四周單邊。框高20.8厘米，寬12厘米。

考功集選四卷附一卷 （清）王士禄 撰 （清）王士禛 批點 抱山集選一卷 （清）王士禧 撰 （清）王士禛 批點 **古鉢集選一卷** （清）王士祜 撰 （清）王士禛 批點

考功集選卷一

新城 王士祿西樵 譔

弟 王士禛阮亭 批點

夏夜詞 表餘堂集

高樓風面面碧戶夜盈盈裳似六銖薄人如雙玉清

摩訶池上月偏傍枕函明

新柳同貽上二首

東風吹楊柳嫋嫋發柔條不盡三春色居然萬里橋

漢南煙尚淺渭曲雨初消詎似江潭樹淒淒向晚凋

陳伯璣以爲六朝初唐信然

清康熙刻本

1冊。半葉10行，行20字，小字雙行同。上下黑口，單黑魚尾，左右雙邊。框高17.1厘米，寬13.5厘米。

香祖筆記十二卷 （清）王士禛 撰

香祖筆記卷一

新城王士禛貽上

康熙四十一年壬午三月初五日 文華殿經筵
臣士禛以 經筵講官刑部尚書侍文淵閣大學
士吏部尚書熊賜履禮部侍郎羅察進講四書樊
遲問仁子曰愛人一節禮部尚書韓菼工部侍郎
舒輅進講易經繫辭居則觀其象而玩其辭四句
講畢 賜宴太和門
初八日 東宮會講 持敬殿臣士禛以尚書侍
班講官內閣學士禮部侍郎兼詹事府詹事來道

清康熙刻本

6冊。半葉10行，行19字，小字雙行。白口，單黑魚尾，左右雙邊。框高16.1厘米，寬13.4厘米。

唐賢三昧集三卷 （清）王士禛 輯

唐賢三昧集卷上

濟南　王士禛　編

王維

贈劉藍田

籬間犬迎吠出屋候荆扉歲晏輸井稅山村人夜歸晚田始家食餘布成我衣詎肯無公事煩君問是非

贈祖三詠

蠨蛸挂虚牖蟋蟀鳴前除歲晏涼風至君子復何如高館闃無人離居不可道閑門寂已閉落日照

清康熙二十七年（1688）刻本

1冊。半葉10行，行19字。上下黑口，單黑魚尾，左右雙邊。框高16.9厘米，寬13.3厘米。

漁洋詩話三卷 （清）王士禛 撰

清康熙四十九年（1710）黄叔琳刻雍正三年（1725）印本

1冊。半葉10行，行19字，小字雙行同。上下黑口，雙順黑魚尾，左右雙邊。框高17.5厘米，寬13.8厘米。

漁洋詩話卷上

濟南王貽上

余兄弟少讀書東堂嘗雪夜置酒酒半約共和王裴輞川集東亭士祜得句云日落空山中但聞發樵響兄弟皆爲閣筆。東亭與宋荔裳嚴武伯熊舒元禮崇諸名士游吳興道場山共賦五言詩兄詩先成羣公歎絶以爲微雲澹河漢之比。計甫草曰三王並負盛名西樵阮亭蚤達故聲譽易起乃東亭之才詎肯作鑫䲭哉東亭舉庚戌進士早殁余刻其詩二卷曰古盋集

帶經堂集九十二卷 （清）王士禛 撰 （圖1）

清康熙四十九年至五十一年（1710—1712）程哲七略書堂刻本

32 册。半葉 10 行，行 19 字，小字雙行無定數。白口，單黑魚尾，左右雙邊。框高 18.5 厘米，寬 14 厘米。

王阮亭先生著

蠶尾文

帶經堂集

七略書堂校刊

帶經堂集卷一

歙門人程哲校編

新城王士禛貽上

漁洋詩一 丙申稿

幽州馬客吟歌 五曲

虯鬚鐵裲襠來往城闕東臂上黃鷂子胯底綠螭驄

鷂子喜秋風一日三奮飛懀馬走千里脱轡不言饑

相逢南山下載獫從兩狼共作幽州語齊醉湖姬旁

明文在一百卷（清）薛熙 輯（圖1）

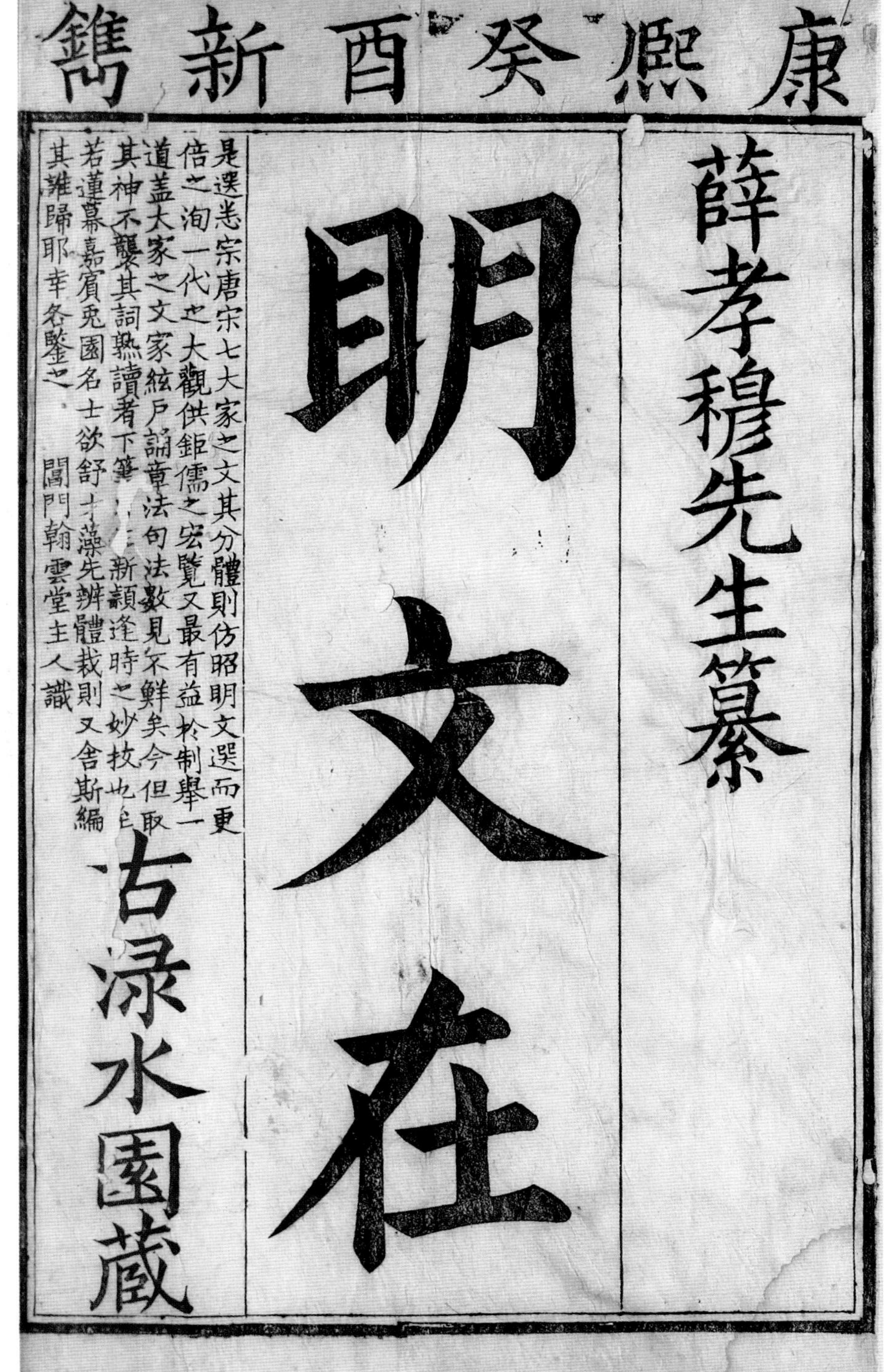

康熙癸酉新鐫

薛孝穆先生纂

明文在

是選悉宗唐宋七大家之文其分體則仿昭明文選而更倍之洵一代之大觀供鉅儒之宏覽又最有益於制舉一道蓋大家之文家絃戶誦章法句法數見不鮮矣今但取其神不襲其詞熟讀者下筆[illegible]新穎逢時之妙技也[illegible]若蓮幕嘉賓兎園名士欲舒才藻先辨體裁則又舍斯編其誰歸耶幸各鑒之

閶門翰雲堂主人識

古淥水園藏

清康熙三十二年（1693）錢大鏞等刻本

10冊。半葉12行，行25字，小字雙行同。上下黑口，單黑魚尾，左右雙邊。框高20.7厘米，寬14.4厘米。

明文在一百卷（清）薛熙 輯（圖2）

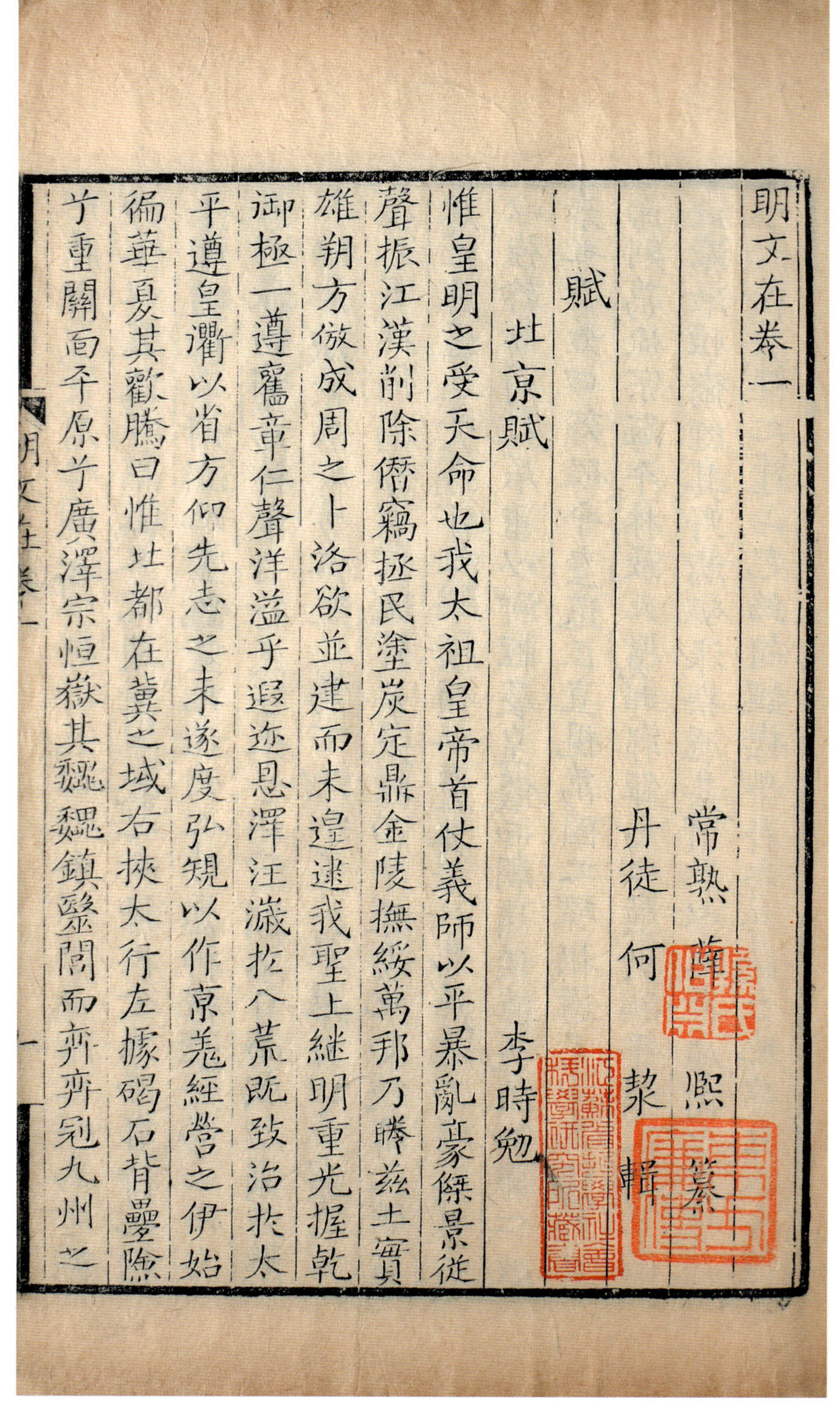

明文在卷一

常熟薛熙纂
丹徒何絜輯
李時勉

賦

北京賦

惟皇明之受天命也我太祖皇帝首仗義師以平暴亂豪傑景從聲振江漢削除僭竊拯民塗炭定鼎金陵撫綏萬邦乃睠兹土實雄朔方做成周之卜洛欲並建而未遑逮我聖上繼明重光握乾御極一遵舊章仁聲洋溢乎遐迩恩澤汪濊於八荒既致治於太平遵皇衢以省方仰先志之未遂度弘規以作京羌經營之伊始徧華夏其歡騰曰惟北都在冀之域右挾太行左據碣石背疊險兮重關面平原兮廣澤宗恒嶽其巍巍鎮醫閭而峛峛冠九州之

國朝三家文鈔三十二卷　（清）宋犖　（清）許汝霖 編

侯朝宗文鈔卷之一

序

贈鄭大夫序

八年冬十月朔郡太守王公奉制行鄉飲酒禮以鄉大夫鄭公為大老先期遣博士造於其廬具述　天子所以尚賢羞老之意乃集生儒勅人吏設筵於明倫之堂太守暨僚屬胥蠲胥恪迎鄭公至就賓位酒醴既陳三歌鹿鳴鄭公北向拜手稽首謝　天子而退是日也觀者傾城僉謂以公之賢克副大典今相國宋公曰是不可無以誌盛事爰率先其族執醑於公而都人咸繼以送嗚乎風化之所以盛衰其由來者漸矣昔者禮教大行鄉國一俗莫不尊延耆耇象其德音馴而習之敬讓之心生悖亂之萌息比屋之間蒸蒸如也傳所

清康熙三十三年（1694）刻本

缺二卷（魏叔子文鈔卷九至卷十），19冊。半葉12行，行23字。上下黑口，單黑魚尾，左右雙邊。

框高18.5厘米，寬14.2厘米。

回中集一卷 (清)宋犖撰 (清)王士禛評 **聯句詩一卷** (清)宋犖輯

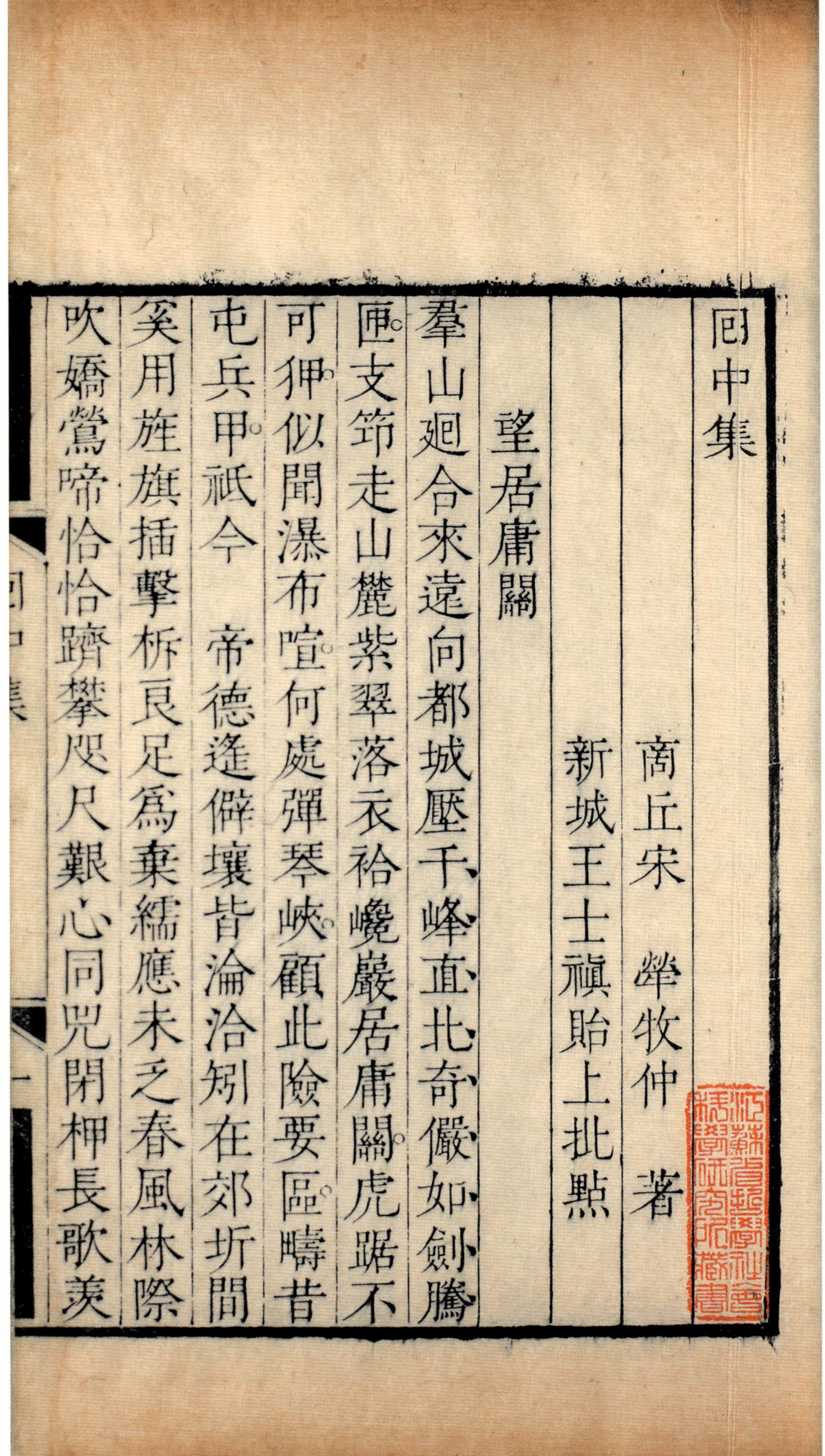

回中集

商丘宋 犖牧仲 著

新城王士禛貽上批點

望居庸關

羣山廻合來遠向都城壓千峰直北奇儼如劍騰匯支笏走山麓紫翠落衣袷巉巖居庸關虎踞不可狎似聞瀑布喧何處彈琴峽顧此險要區疇昔屯兵甲秪今 帝德遙僻壤皆淪洽矧在郊圻間奚用旌旗插擊柝良足爲棄繻應未乏春風林際吹嬌鶯啼恰恰躋攀咫尺艱心同兕閉柙長歌羨

清康熙刻本

1冊。半葉10行,行19字,小字雙行同。上下黑口,雙順黑魚尾,四周單邊。框高19厘米,寬13.6厘米。

宋楊文靖公集卷之一

夢鰲 用徵 學曾
廷樞 惟楨 慎修 國楨
裔孫成 編輯 泰來 大鶴 朝栻校正
廷鑑 無咎 枝蕃
鏞 馨修 聲
廷望 慶徵 學溥

上書

上淵聖皇帝

臣以凡庸之才叨被誤恩擢寘諫垣仍侍經幄絲毫未有所補而迫以桑榆晚暮衰病日侵不足以任職

楊文靖公集 卷之一 一

清康熙楊慶徵等刻本

8冊。半葉10行，行20字，小字雙行同。白口，單黑魚尾，左右雙邊。框高20.5厘米，寬14.8厘米。

易象正十二卷初二卷終二卷 （明）黃道周 輯

清康熙三十二年（1693）鄭開極刻本

10冊。半葉9行，行18字，小字雙行同。白口，單黑魚尾，左右雙邊。框高19.6厘米，寬14.9厘米。

易象正卷之一

晉安鄭開極重訂

乾元亨利貞。

彖曰。大哉乾元。萬物資始。乃統天。雲行雨施品物流行。大明終始。六位時成。時乘六龍以御天。乾道變化。各正性命。保合太和。乃利貞首出庶物。萬國咸寧。

象曰。天行健。君子以自彊不息。

日知録三十二卷　（清）顧炎武　撰

日知錄卷之四

魯之春秋

春秋不始於隱公晉韓宣子聘魯觀書於太史氏見易象與魯春秋曰周禮盡在魯矣吾乃今知周公之德與周之所以王也左傳昭公二年蓋必起自伯禽之封以洎於中世當周之盛朝覲會同征伐之事皆在焉故曰周禮而成之者古之良史也孟子雖言詩亡然後春秋作然不應伯禽至孝公二百五十年全無紀載自隱公以下世道衰微史失其官於是孔子懼而脩之自惠公以上之文無所改焉所謂述而不作者也自隱公以下則孔子以已意脩之所謂作春秋也然則自惠公以上之春秋固夫子所善而從之者也惜乎其書之不存也

清康熙三十四年（1695）潘耒遂初堂刻本

18冊。半葉11行，行22字，小字雙行同。白口，單黑魚尾，左右雙邊。框高19.9厘米，寬14.9厘米。

檀几叢書五十卷 （清）王晫 （清）張潮 編

清康熙三十四年（1695）新安張氏霞舉堂刻本

8 冊。半葉 9 行，行 20 字，小字雙行同。白口，無魚尾，四周單邊，框高 17.9 厘米，寬 13.6 厘米。

檀几叢書卷之一

武林 王 晫 丹麓輯

天都 張 潮 山來校

三百篇鳥獸草木記

西泠徐士俊野君著

夫子稱學詩則多識蓋三緯之中比興居其半比興之内取象於鳥獸草木者爲多他如蟲魚之屬咸爲動物固可連類而並觀者也試取三百篇而讀之其爲鳥之屬者三十有九雎鳩也鴛鴦也皆匹鳥也在

檀几叢書 三百篇鳥獸草木記 一 霞舉堂

寄園寄所寄十二卷　（清）趙吉士　輯

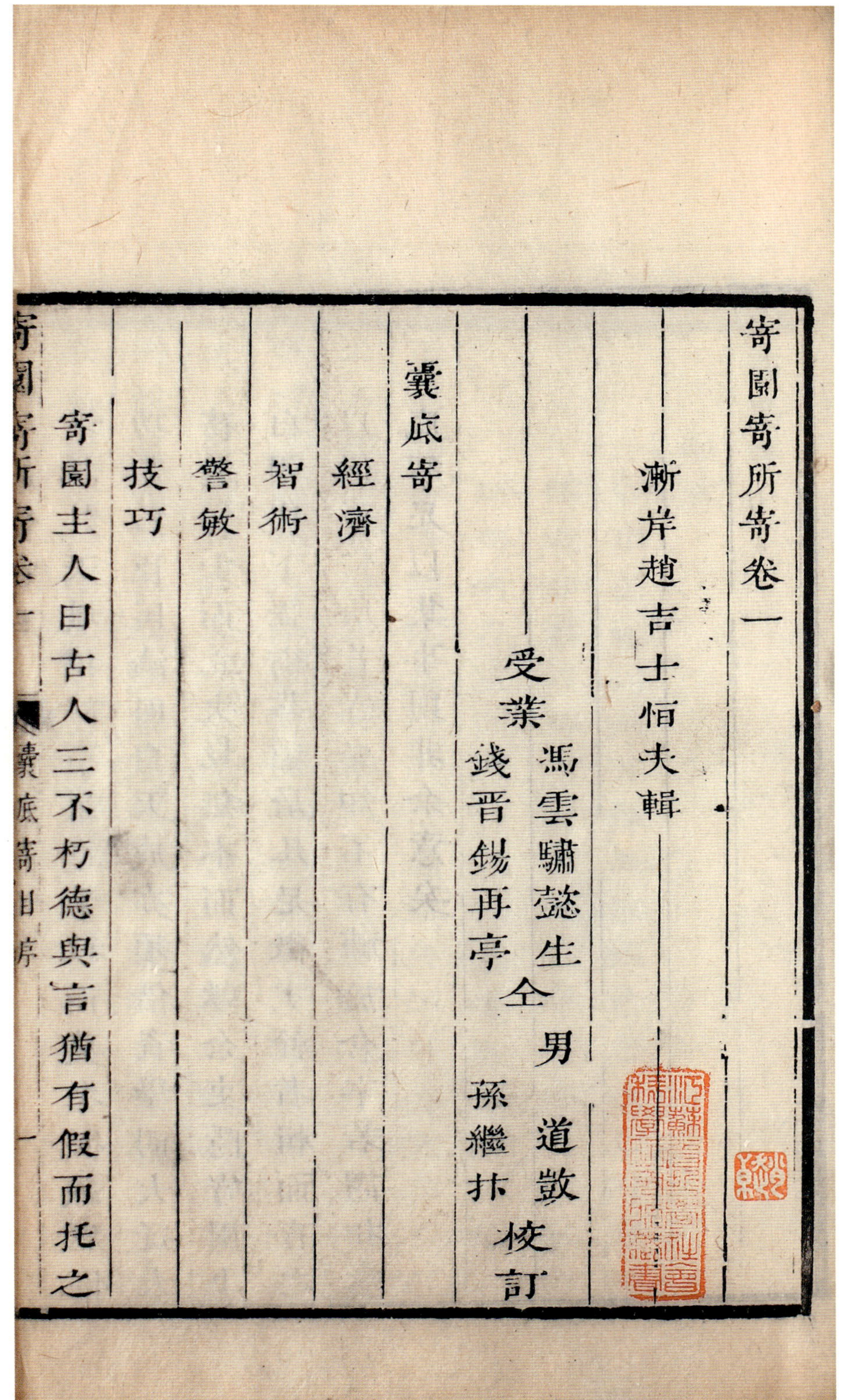
寄園寄所寄卷一
漸岸趙吉士恒夫輯
受業　馮雲驌懿生　錢晉錫再亭　仝　男　道敳　孫　繼抃　校訂
囊底寄
經濟
智術
警敏
技巧
寄園主人曰古人三不朽德與言猶有假而托之
寄園寄所寄卷一　囊底寄目序　一

清康熙三十五年（1696）寄園刻本　清趙卓跋

10册。半葉11行，行21字，小字雙行同。白口，單黑魚尾，左右雙邊。框高18.6厘米，寬13.9厘米。

温飛卿詩集七卷別集一卷集外詩一卷　（唐）温庭筠 撰　（明）曾益 注　（清）顧予咸 補注　（清）顧嗣立 續注

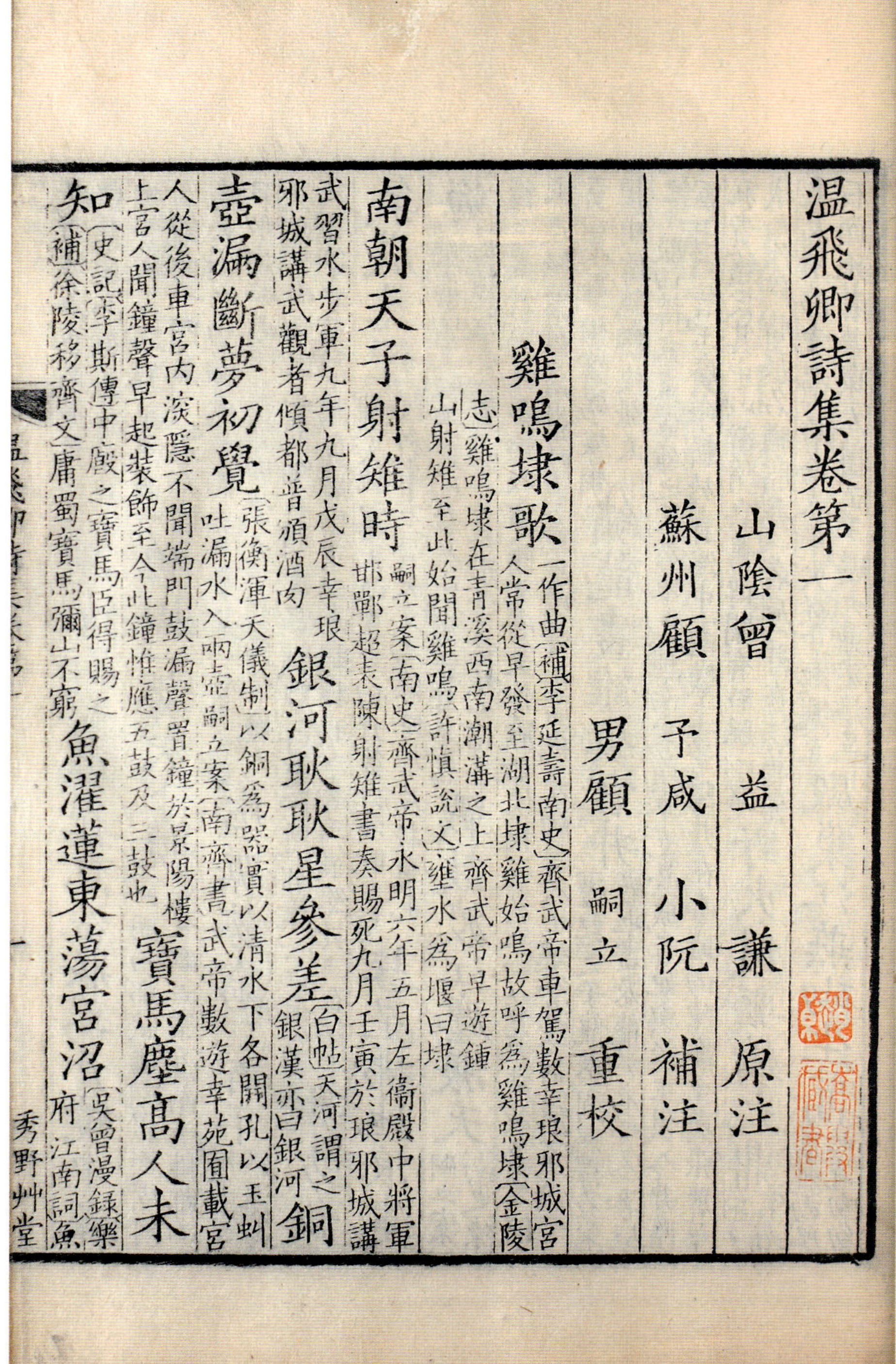

温飛卿詩集卷第一

山陰曾　益　謙　原注

蘇州顧　予咸　小阮　補注

男顧　嗣立　重校

雞鳴埭歌 一作曲〔補〕李延壽南史齊武帝車駕數幸琅邪城宮人常從早發至湖北埭雞始鳴故呼爲雞鳴埭〔金陵志〕雞鳴埭在青溪西南潮溝之上齊武帝早遊鍾山射雉至此始聞雞鳴〔許慎說文〕壅水爲堰曰埭

南朝天子射雉時 嗣立案〔南史〕齊武帝永明六年五月左衞殿中將軍邯鄲超表陳射雉書奏賜死九月壬寅幸琅邪城講武習水步軍九年九月戊辰幸琅邪城講武觀者傾都普頒酒肉

銀河耿耿星參差〔白帖〕天河謂之銀漢亦曰銀河　銅壺漏斷夢初覺〔張衡渾天儀制〕以銅爲器實以清水下各開孔以玉虬吐漏水入兩壺 嗣立案〔南齊書〕武帝數遊幸苑囿載宮人從後車宮内深隱不聞端門鼓漏聲置鐘於景陽樓上宮人聞鐘聲早起裝飾至今此鐘惟應五鼓及三鼓也　寶馬塵高人未知〔補〕徐陵移齊文庸蜀寶馬彌山不窮　魚濯蓮東蕩宮沼〔吳曾漫錄〕樂府江南詞魚

秀野艸堂

清康熙三十六年（1697）蘇州顧氏秀野草堂刻本　清趙卓跋

2冊。半葉11行，行20字，小字雙行30字。白口，單黑魚尾，左右雙邊。框高19.4厘米，寬15.1厘米。

歸震川先生尺牘二卷 （明）歸有光 撰

歸震川先生尺牘卷第一

與吴純甫 十一首

某久辱過愛每以古人相期自媿齷齪慚負知己中夜思之痛心赧面昨以亡友之故傷其泯滅輒强所不能且欲執事一言以爲進止亦以執事惓惓之意令人忘其羞澁而來書過加推奬如此某何敢當某何敢當李習之輩意氣何如而韓文公抗顔爲師某何敢望萬一于習之而執事以韓自處則無不可者某平日議論豈能出執事涕唾之餘哉豈大賢君子引進後學法固當爾耶抑以某之庸駑重以激之耶

清康熙三十八年(1699)顧棫如月樓刻歸錢尺牘本

1冊。半葉10行，行20字。上下黑口，單黑魚尾，左右雙邊。框高18.3厘米，寬13.8厘米。

潛書上篇二卷下篇二卷　（清）唐甄　撰

潛書

夔州唐　甄鑄萬著　　華亭甥王聞遠編

上篇上

辨儒

佛者大瓠過唐子之門而入問焉唐子喜炊麥食之而與之言終日大瓠曰子天下之明辨之士也然而未學道也唐子曰學道何如曰儒者世之宗也身者人之表也心者事之本也君子欲易世必立其宗欲正人必端其表欲善人必務其本諷誦三詩定卦索

潛書　上篇上　一

清康熙四十二年（1703）王聞遠刻本

3冊。半葉9行，行20字。白口，單黑魚尾，左右雙邊。框高18.8厘米，寬13.7厘米。

晚邨先生八家古文精選八卷 （清）呂留良 輯 （清）呂葆中 批點 （圖1）

晚邨先生八家古文精選目錄

韓文

原道　原毁

雜說一　雜說四

獲麟解　進學解

圬者王承福傳　諱辨

釋言　張中丞傳後敘

藍田縣丞廳壁記　爭臣論

答崔立之書　答李翊書

上張僕射書　與于襄陽書

清康熙四十三年（1704）呂氏家塾刻本

8冊。半葉10行，行25字。上下綫黑口，雙對黑魚尾，左右雙邊。框高19.9厘米，寬14.3厘米。

晚邨先生八家古文精選八卷　（清）呂留良 輯　（清）呂葆中 批點　（圖2）

原道

博愛之謂仁行而宜之之謂義由是而之焉之謂道足乎已無待於外之謂德仁與義為定名道與德為虛位故道有君子小人而德有凶有吉老子之小仁義非毀之也其見者小也坐井而觀天曰天小者非天小也彼以煦煦為仁孑孑為義其小之也則宜其所謂道道其所道非吾所謂道也其所謂德德其所德非吾所謂德也凡吾所謂道德云者合仁與義言之也天下之公言也老子之所謂道德云者去仁與義言之也一人之私言也周道衰孔子沒火于秦黃老于漢佛于晉魏梁隋之間其言道德仁義者不入于楊則入于墨不入于老則入于佛入于彼必出乎此入者主之

茅云數句是一篇之律蓋因老子有道德經故昌黎據此立論闢之

唐文精選一　呂氏家塾讀本

唐文呂選十三卷 （清）呂留良 輯 （清）董采 評點 （圖一）

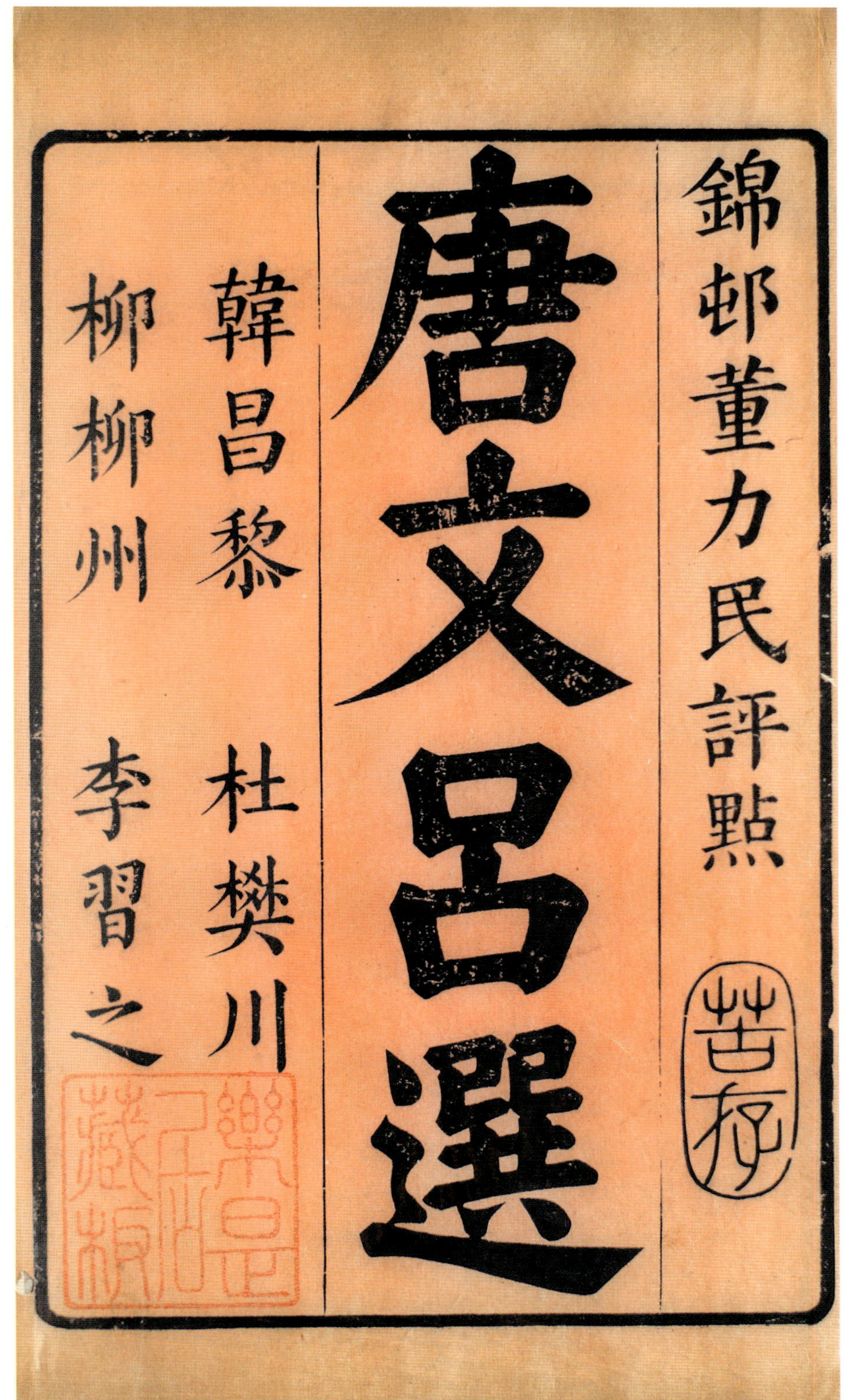

清康熙四十三年（1704）困學闇刻本

4冊。半葉10行，行24字。白口，無魚尾，左右雙邊。框高20.8厘米，寬13.8厘米。

唐韓文公文卷之一

語水呂晚邨先生選定　門人力民董采評點

原道

博愛之謂仁行而宜之之謂義由是而之焉之謂道足乎已無

待於外之謂德（題曰原道從仁義說起推道之所以仁與義為　為道故曰原道德字因道并及之）

定名道與德為虛位故道有君子小人而德有凶有吉（兼起異　端亦有）

（茅評突入譬後同）

（道德）老子之小仁義非毀之也其見者小也坐井而觀天曰天小

者非天小也彼以煦煦為仁孑孑為義其小之也則宜其所謂

（先虛說○好步驟）

道道其所道非吾所謂道也其所謂德德其所德非吾所謂德

（○寔○將○一○篇○道○理○精○旨○提○出）

也凡吾所謂道德云者合仁與義言之也天下之公言也老子

韓文呂選　卷之一　一

唐文呂選十三卷　（清）呂留良 輯　（清）董采 評點　（圖2）

禹貢錐指二十卷略例一卷圖一卷　（清）胡渭　撰

禹貢錐指卷第一

德清胡渭學

禹貢

孔氏安國傳曰禹制九州貢法孔氏穎達正義曰此篇史述時事非應對言語當是水土既治史即錄此篇又曰貢賦之法其來久矣治水之後更復改新言此篇貢法是禹所制非禹始爲貢也又曰賦者自上稅下之名治田出穀經定其差等謂之厥賦貢者從下獻上之稱以所出之穀市其土地所生以獻謂之厥貢雖用賦物亦不盡也又有全不用賦物隨地所有採取以爲貢者此之所貢即與周禮九貢不殊但彼分之爲九耳其賦與九賦

禹貢錐指卷一　漱六軒

清康熙四十四年（1705）漱六軒刻本

8冊。半葉11行，行21字，小字雙行無定數。白口，單黑魚尾，左右雙邊。框高18.9厘米，寬14.9厘米。

全唐詩九百卷目録十二卷（清）曹寅 等輯

全唐詩

太宗皇帝

帝姓李氏諱世民神堯次子聰明英武貞觀之治庶幾成康功德兼隆由漢以來未之有也而銳情經術初建秦邸即開文學館召名儒十八人爲學士既即位殿左置宏文館悉引内學士番宿更休聽朝之間則與討論典籍雜以文詠或日昃夜艾未嘗少怠詩筆草隸卓越前古至於天文秀發沈麗高朗有唐三百年風雅之盛帝實有以啓之焉在位二十四年謚曰文集四十卷館閣書目詩一卷六十九首今編詩一卷

帝京篇十首并序

太宗皇帝　全唐詩

清康熙四十四年至四十六年（1705—1707）揚州詩局刻本

120 册。半葉 11 行，行 21 字，小字雙行無定數。上下黑口，雙對黑魚尾，左右雙邊。框高 16.5 厘米，寬 11.7 厘米。

太師誠意伯劉文成公集二十卷首一卷　（明）劉基　撰

太師誠意伯劉文成公集卷之一

東嘉裔孫歲貢生標孤嶼元奇重梓

御書

御製慰書

今日聞知老先生尊堂辭世去矣壽八十餘歲人生在世能有幾箇如此先生聞知莫不思歸否先生既來助我事業未成若果思歸必當且寬於禮我正當不合解先生休去爲何此一小城中我掌綱常正宜教人忠孝御不當當先生歸去昔日徐庶助劉先主母被曹操操將去庶云方寸亂矣乞放我歸先主容去使致子母團圓然此先生之母若生而他處

誠意伯文集　卷之一　一

清康熙四十六年（1707）劉標、劉元奇温州刻雍正八年（1730）萬里補刻本

10册。半葉10行，行23字，小字雙行同。白口，單黑魚尾，左右雙邊。框高19.4厘米，寬14.1厘米。

寒松堂全集十二卷（清）魏象樞 撰

清康熙四十七年（1708）刻本

12册。半葉10行，行20字。下黑口，單黑魚尾，左右雙邊。框高18.8厘米，寬14.4厘米。

寒松堂全集卷之一

蔚州魏象樞環溪著

奏疏 刑科 工科 刑科

刑科給事中臣魏象樞謹

題爲蠲荒節荷

聖恩祈

勅速行榜示以普

皇仁事臣聞恤患救災

聖朝大政今歲各省災傷百姓之延頸望

恩已非一日我

寒松堂全集 奏疏 卷之一 一

許魯齋先生集六卷 （元）許衡 撰 （清）張伯行 輯訂

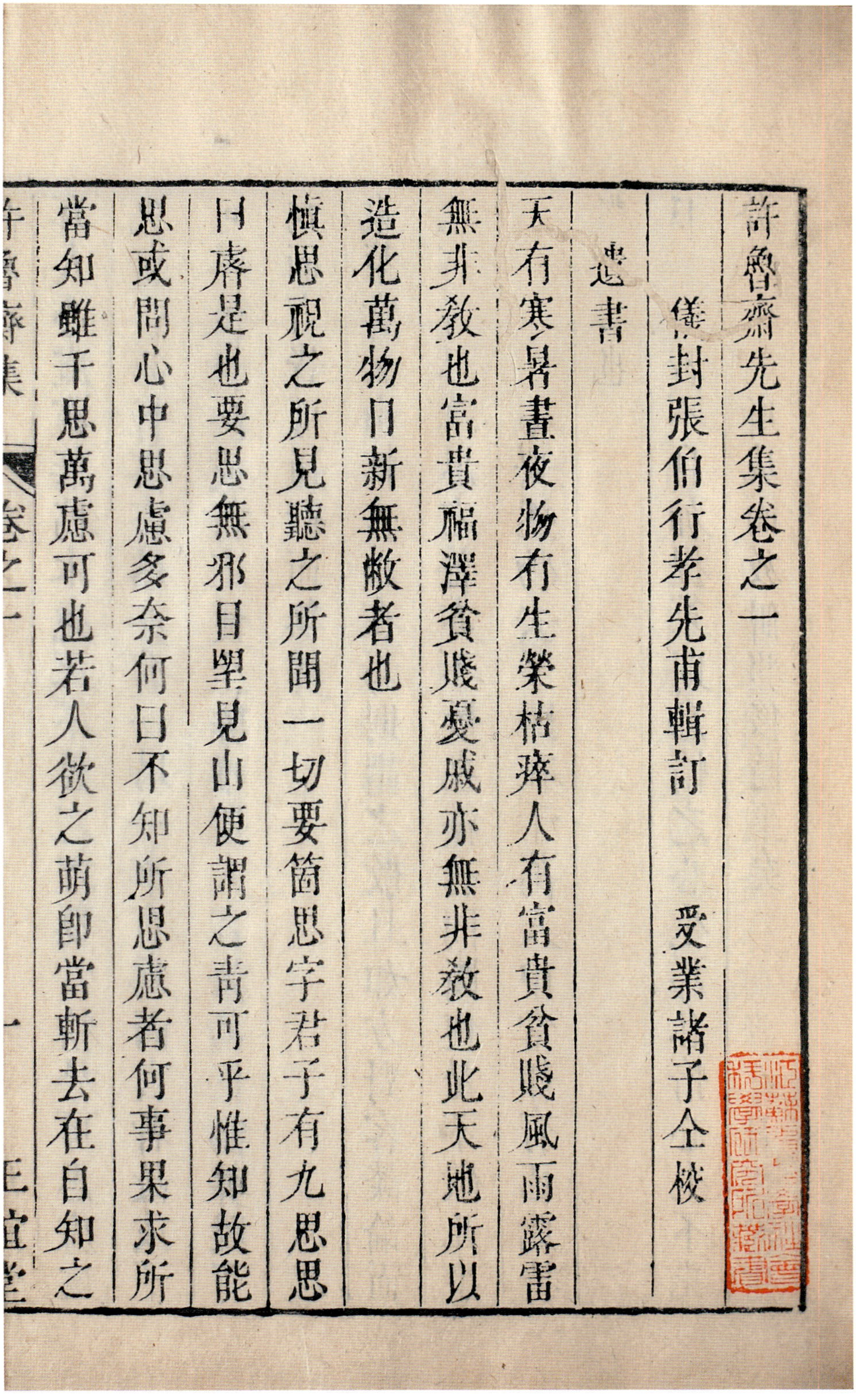
許魯齋先生集卷之一

儀封張伯行孝先甫輯訂　受業諸子仝校

遺書

天有寒暑晝夜物有生榮枯瘁人有富貴貧賤風雨露雷無非教也富貴福澤貧賤憂戚亦無非教也此天地所以造化萬物日新無敝者也

慎思視之所見聽之所聞一切要箇思字君子有九思思曰睿是也要思無邪目望見山便謂之青可乎惟知故能思或問心中思慮多奈何曰不知所思慮者何事果求所當知雖千思萬慮可也若人欲之萌即當斬去在自知之

許魯齋集　卷之一　一　正誼堂

清康熙四十七年（1708）正誼堂刻本

1册。半葉10行，行22字，小字雙行同。白口，單黑魚尾，四周單邊。框高19.8厘米，寬14厘米。

佩文齋書畫譜一百卷 （清）孫岳頒 等輯

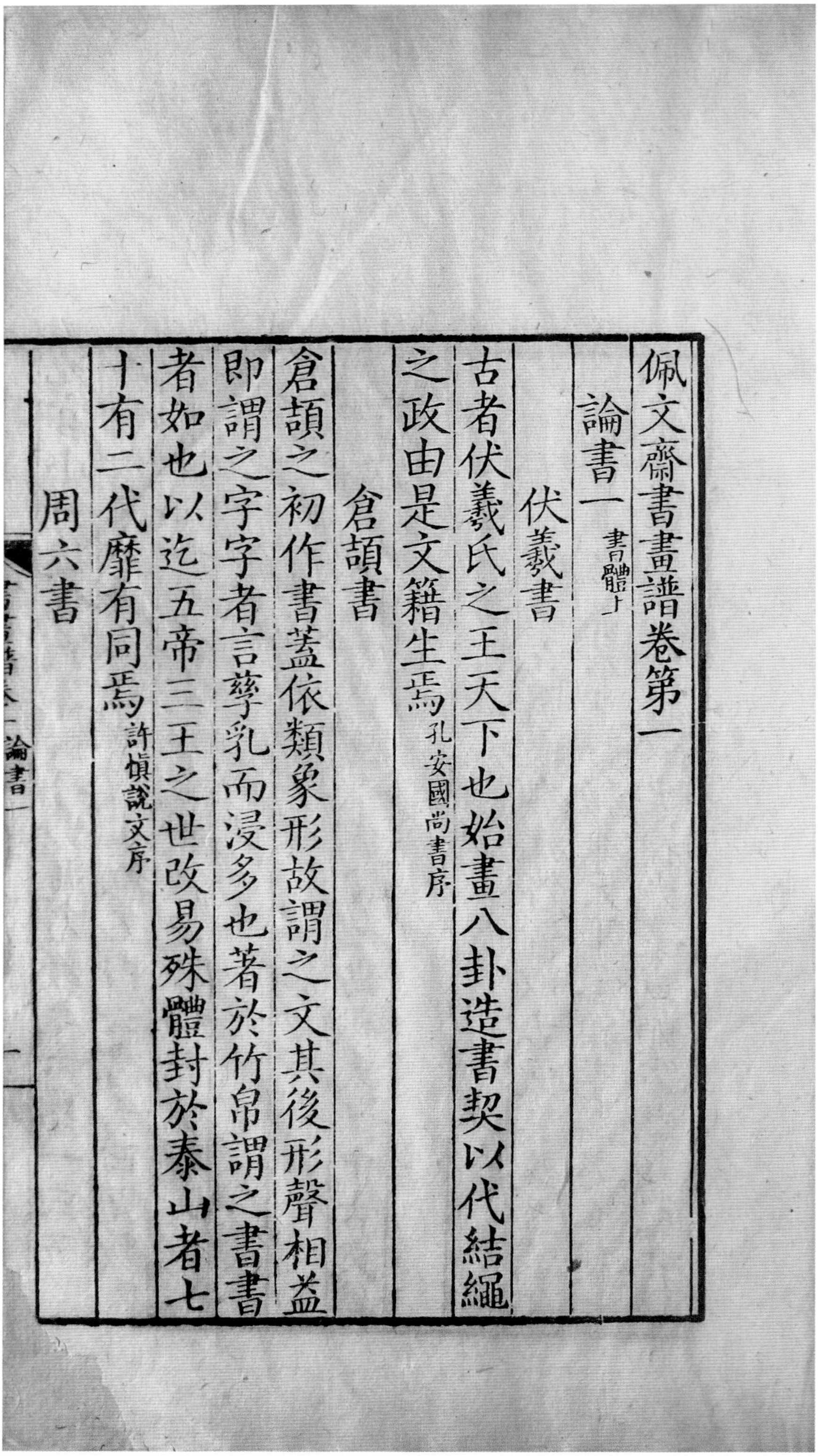
佩文齋書畫譜卷第一

論書一 書體上

伏羲書

古者伏羲氏之王天下也始畫八卦造書契以代結繩之政由是文籍生焉 孔安國尚書序

倉頡書

倉頡之初作書蓋依類象形故謂之文其後形聲相益即謂之字字者言孳乳而浸多也著於竹帛謂之書書者如也以迄五帝三王之世改易殊體封於泰山者七十有二代靡有同焉 許慎說文序

周六書

清康熙四十七年（1708）刻本

缺四卷（八十一至八十二、八十七至八十八），46册。半葉11行，行21字，小字雙行32字。白口，單黑魚尾，左右雙邊。框高16.7厘米，寬11.1厘米。

唐荊川集六卷（明）唐順之 撰（清）張汝瑚 選

唐荊川集卷之一

武進唐順之應德著　晉江張汝瑚夏鍾選

議

禮部左侍郎薛瑄從祀議

陛下懋建皇極身作君師惠然畱意理學之臣搏採於庶官之論欲以定祀典而彰潛德甚盛心也夫瑄之爲人諸臣論之詳矣臣可無說也臣請折衷之祀典以答明詔可乎臣聞聖人之道有宗傳有羽翼蓋孔門身通六藝者七十人共德行稱者纔四人而夫子獨許回庶幾其三人又不與也一貫語之參賜而

清康熙刻明八大家集本

6冊。半葉10行，行20字，小字雙行同。白口，單黑魚尾，四周單邊。框高21.8厘米，寬14.5厘米。

朱子家禮八卷首一卷 （明）丘濬 輯 （明）楊廷筠 補

朱子家禮卷一　　紫陽書院定本

丘　濬瓊山輯　後學施　璜虹玉
楊廷筠節齋補　裔孫朱啓昆我裕　參
汪　佑星溪訂　子　鑑晦叔恭較

通禮

此篇所著，皆所謂有家日用之常體，不可一日而不脩者。

○祠堂

此章本合在祭禮篇，今以報本反始之心，尊祖敬宗之意，實有家名分之守，所以開

家禮卷一　通禮　一

清康熙四十年（1701）汪鑑刻本

5册。半葉8行，行18字，小字雙行同。白口，單黑魚尾，四周單邊。框高18.7厘米，寬13厘米。

虎丘山志十卷首一卷 （清）顧湄 撰

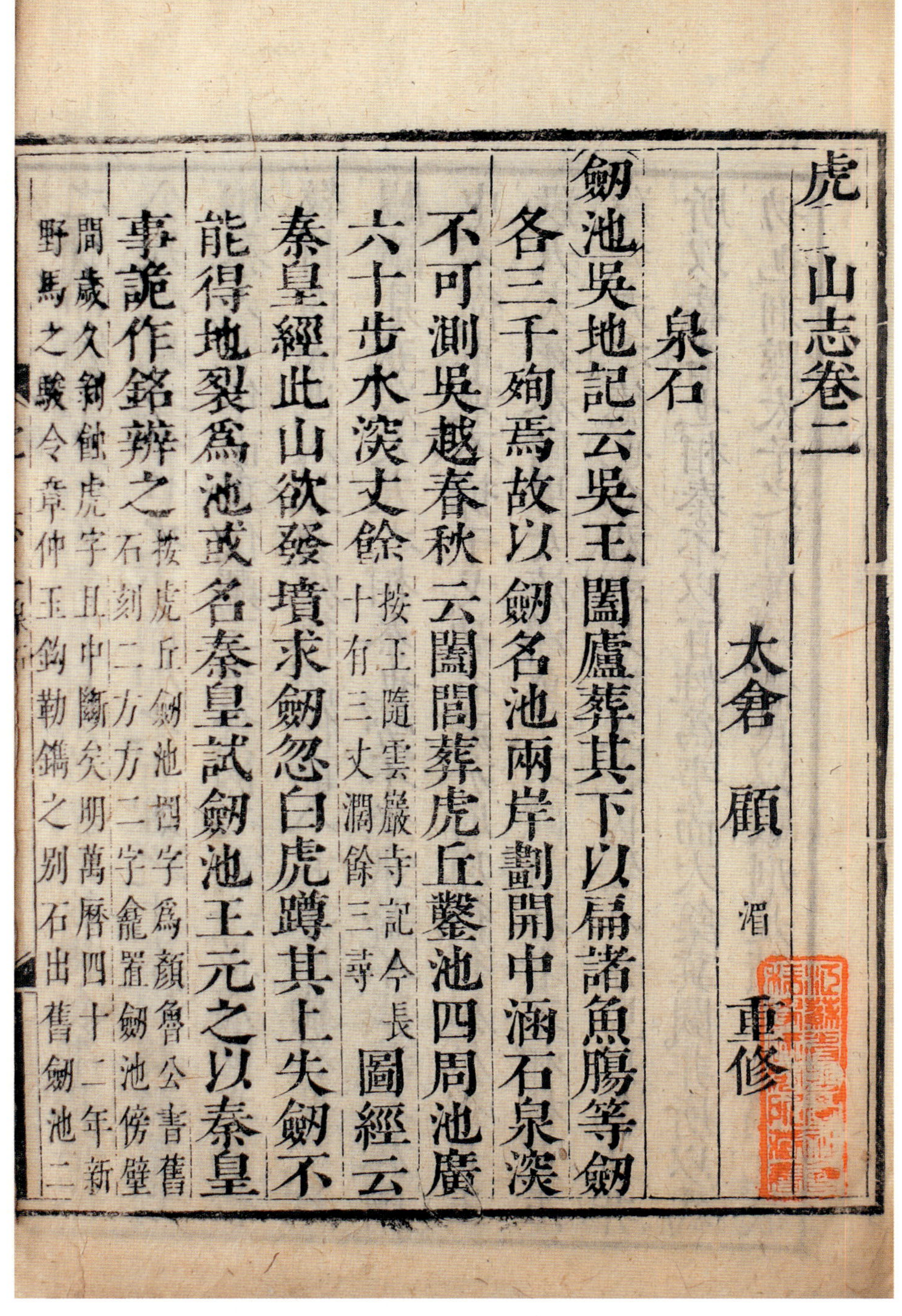
虎丘山志卷二

太倉 顧湄 重修

泉石

劍池吳地記云吳王闔廬葬其下以扁諸魚腸等劍各三千殉焉故以劍名池兩岸劃開中涵石泉深不可測吳越春秋云闔閭葬虎丘鑿池四周池廣六十步水深丈餘按王隨雲巖寺記今長十有三丈濶餘三尋圖經云秦皇經此山欲發墳求劍忽白虎蹲其上失劍不能得地裂爲池或名秦皇試劍池王元之以秦皇事詭作銘辨之按虎丘劍池四字爲顏魯公書舊石刻二方方二字龕置劍池傍壁間歲久剝蝕虎字且中斷矣明萬曆四十二年新野馬之駿令章仲玉鈎勒鐫之別石出舊劍池二

清康熙刻後印本

存三卷（二至四），1册。半葉10行，20字，小字雙行同。上下黑口，雙對黑魚尾，四周雙邊。框高18.9厘米，寬15厘米。

邵子湘全集（青門簏稿十六卷旅稿六卷賸稿八卷）（清）邵長蘅 撰 （圖1）

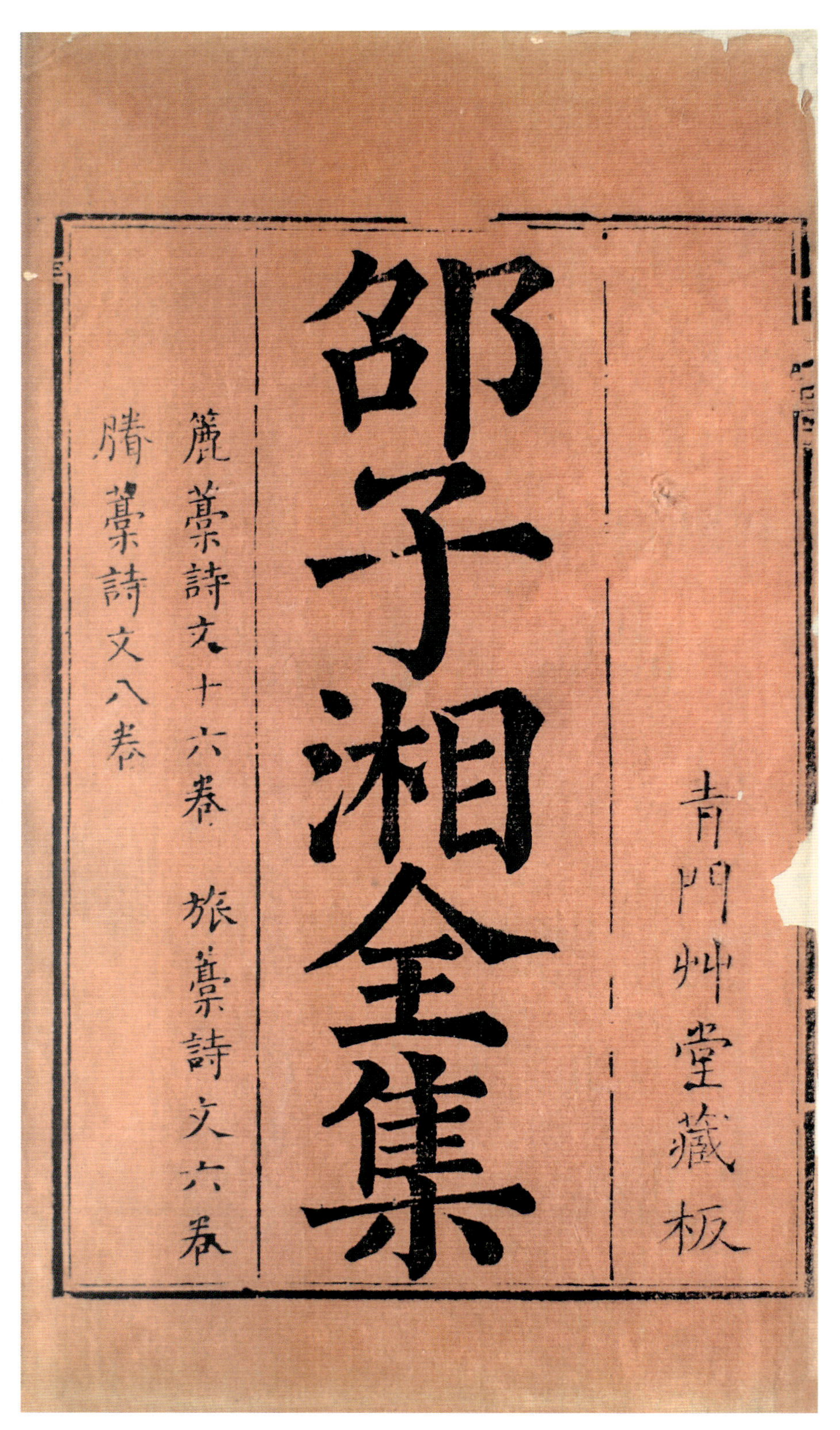

邵子湘全集
青門艸堂藏板
簏稾詩文十六卷 旅稾詩文六卷
賸稾詩文八卷

清康熙刻四十四年（1705）青門草堂彙印本

缺五卷（青門賸稿卷六至卷八、邵氏家録二卷），11冊。半葉10行，行21字，小字雙行同。上下黑口，單黑魚尾，左右雙邊。

青門簏稿卷之一

毘陵 邵長蘅子湘 纂 一名衡

蘄州 顧景星赤方批點

詩一 擬古樂府

當雁門太守行賦崔常州 古質是漢樂府

太守出行雙幡朱四牡騤駿映交衢高顴廣額黃頾鬢借問太守誰家世遼東云姓崔 一解 太守稍由別駕遷鉤距摘伏儼若青天大吏袖手坐小吏不索錢 二解 遼兵十萬來掠斂莫譙訶前騎擁婦女後騎牽駱駝太守馬至囁嚅耳語稍稍引避去 三解 坐巨艦擂大鼓漕卒千艘氣

邵子湘全集（青門簏稿十六卷旅稿六卷賸稿八卷）（清）邵長蘅 撰 （圖2）

青門旅稾卷一

後集

毘陵邵長蘅子湘箸一名衡

濟南王士禛貽上 評

憶己未客都門寓保安寺街與阮亭先生衡宇相對愚山先生相距數十武冰修僅隔一牆偶一相思率爾造訪都不作賓主禮其年寓稍遠隔日輙相見常月夜偕諸君扣阮亭門坐梧樹下茗椀清談達曙愚山贈行詩有云蹋月夜敲門貽詩朝滿扇葢紀實也余每出一篇必經阮亭先生點定諸君亦互有商畧或丹黄雜揉至不可辨故此卷登州以前得評語尤

青門賸稾卷一

毗陵 邵長蘅子湘 纂

井梧集上 古近體詩七十五首

壬申除夕客吳門官舍三首

冬盡愁爲客如何翻別家一年又除夕百里亦天涯不覺雪花大（音惰） 開簾官燭斜松盆撥還燄（吳人謂除夜火爐爲松盆）起立嗅梅花

只作客中慣今宵也惘然節偏驚旅鬢感易入衰年穉子嬌無那老妻病亦憐關心還一事梅蕊綺窗前

吳趨風土記約略似吾州鑪暖燒蒼朮年豐占孛婁（炒糯穀以

范文正公褒賢集五卷補編五卷 （宋）范仲淹 撰

范文正公褒賢集卷第一

傳

宋張唐英名臣傳

范仲淹字希文蘇州人武寧軍掌書記贈太師墉之子幼孤母適朱氏祥符八年登進士第曰朱説者是也累遷大理寺丞上相府書極陳天下之利害當時皆以王佐許之晏相晏殊薦其文召試秘閣校理上欲以冬至率百僚上太后壽抗疏言不可遂罷出通判河中府遷陳州屢上疏言内降之弊引章后爲戒章獻厭世擢爲右司諫言楊妃不當稱太后郭后不當廢降知睦州遷蘇州召爲禮部員外郎天章閣待制論事益切執政忌

范文正公褒賢集卷一　一　歲寒堂

清康熙四十六年（1707）范氏歲寒堂刻范文正公忠宣公全集本

4冊。半葉11行，行21字，小字雙行。白口，單黑魚尾，左右雙邊。框高18.7厘米，寬14.4厘米。

雙雲堂文稿六卷（清）范光陽 撰

雙雲堂文稿卷一

甬上肇山范光陽著　　壻謝爲雯閲

慈水寒村鄭　梁選　　孫　從律較

恭賀平鄂羅斯表館課

臣伏聞七月某日已平定鄂羅斯遠人歸命悉受約束退處泥布潮地方以與安嶺及厄而古吶必拉爲界我闢地至雅克薩蓋二千餘里者臣誠歡誠忭稽首頓首臣思蚩尤作亂尚煩涿鹿之征苗民不庭僅見舞干之格兕乎鬼方南伐至于三年白狠西歸空

雙雲堂文稿卷一　一

清康熙四十六年（1707）刻雙雲堂集本

2册。半葉9行，行20字，小字雙行同。上下黑口，雙對黑魚尾，左右雙邊。框高19.1厘米，寬14厘米。

类林新咏三十六卷　（清）姚之骃　撰

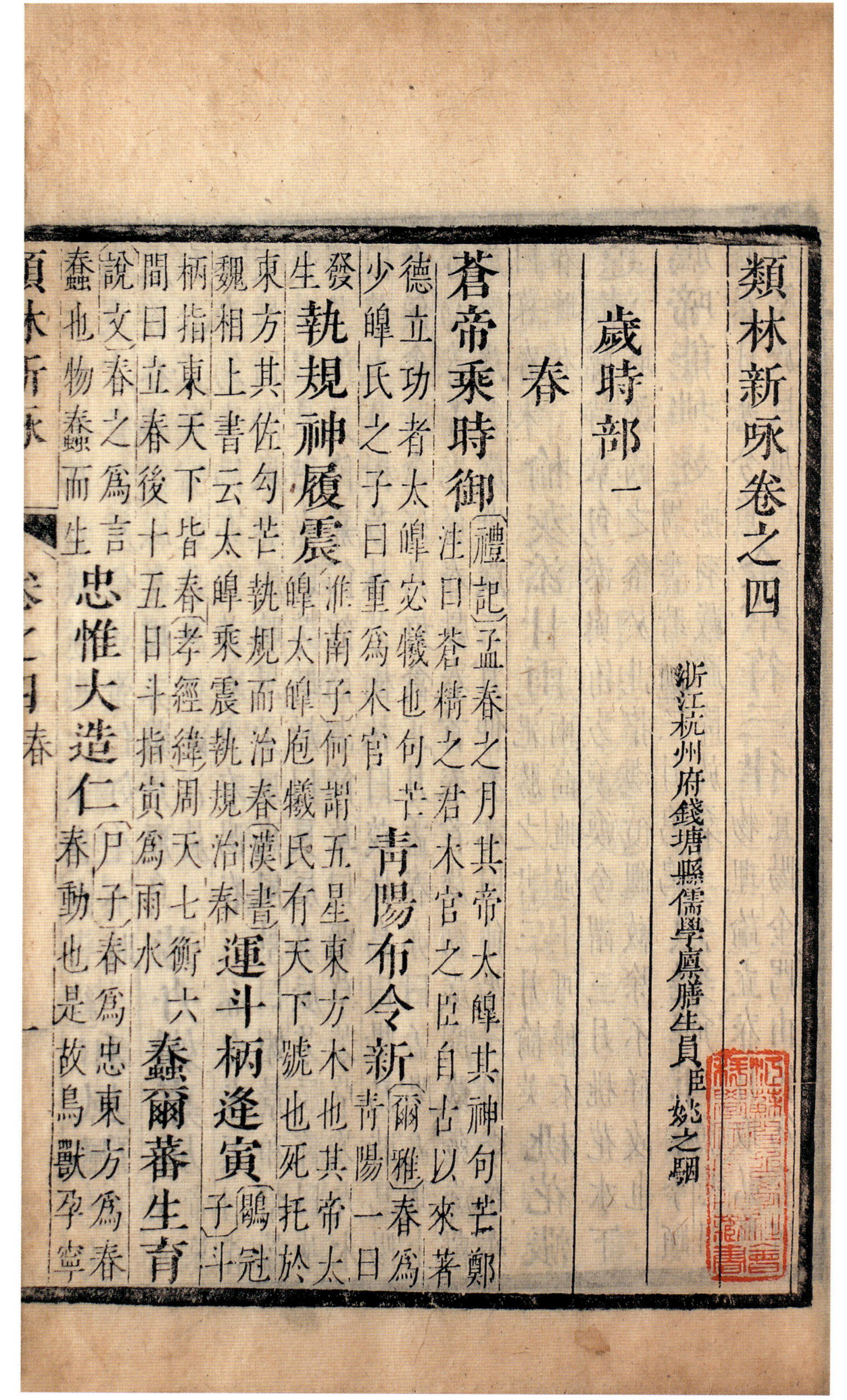

清康熙四十七年（1708）刻本

12册。半葉10行，行20字，小字雙行同。白口，單黑魚尾，左右雙邊。框高20.4厘米，寬14.5厘米。

午亭文編五十卷 （清）陳廷敬 撰

午亭文編卷一　門人候官林佶輯錄

樂府

朝會燕饗樂章十四篇并序

康熙二十年十二月定饗祀樂章　詔禮部翰林院議明年正月尚書臣帥顏保學士臣陳廷敬等集議言郊　廟樂章世祖章皇帝所親定臣等不敢變易獨朝會燕饗沿習前明典章未備祈　勅下臣等考古樂之原定聲律之節作為雅歌用昭盛美　詔曰可於是禮臣曰此詞臣職也以屬臣廷敬臣待舉掌院事乃集諸詞臣謂之曰廷敬材能淺薄不足以光制述之事樂歌之作無如公

清康熙四十七年（1708）林佶寫刻本

16冊。半葉11行，行21字，小字雙行無定數。上下黑口，單黑魚尾，左右雙邊。框高19.6厘米，寬15厘米。

淵鑑類函四百五十卷目録四卷　（清）張英　（清）王士禛　等輯

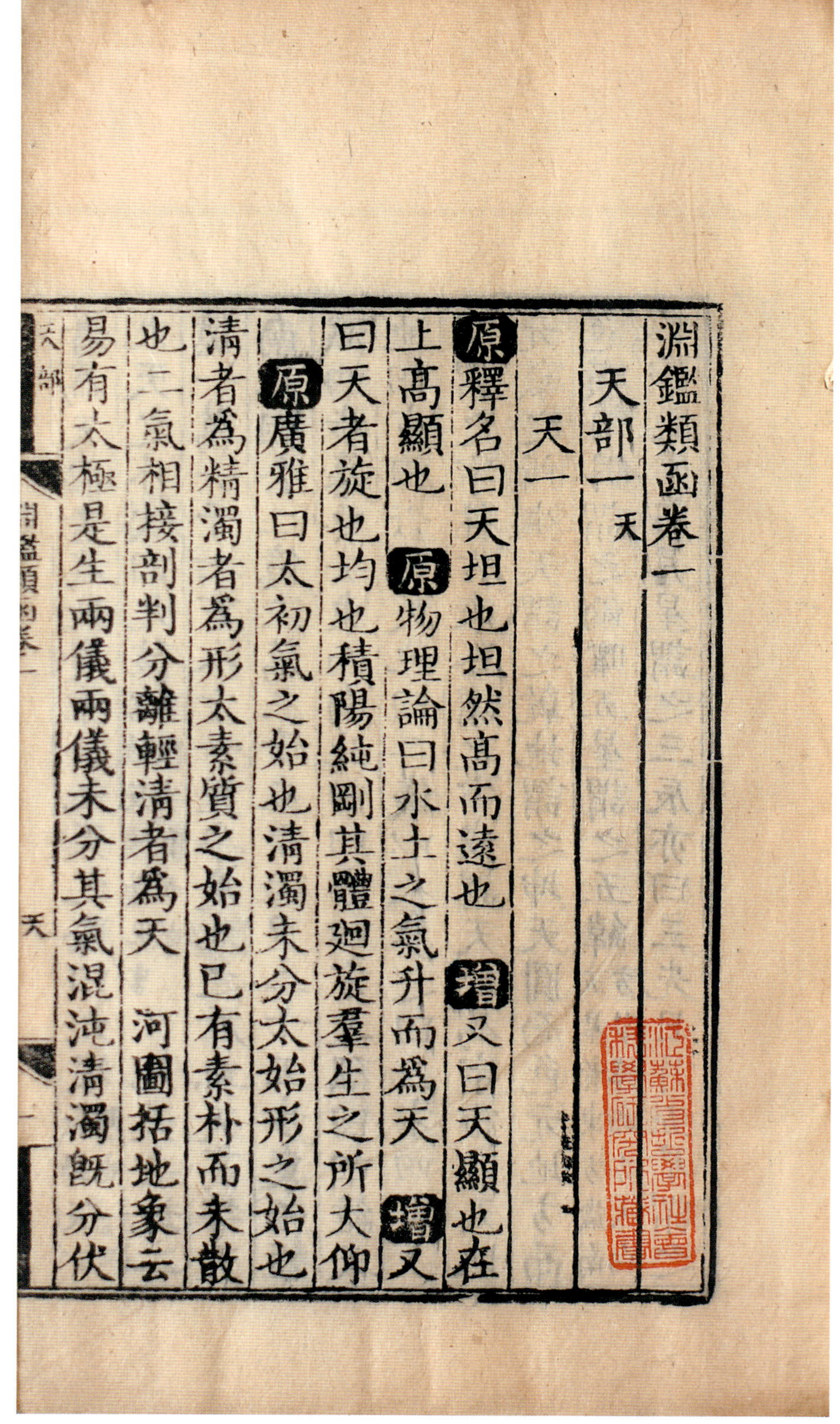
淵鑑類函卷一
天部一　天
天一
原釋名曰天坦也坦然高而遠也　增又曰天顯也在
上高顯也　原物理論曰水土之氣升而爲天　增又
曰天者旋也均也積陽純剛其體迴旋羣生之所大仰
原廣雅曰太初氣之始也清濁未分太始形之始也
清者爲精濁者爲形太素質之始也已有素朴而未散
也二氣相接剖判分離輕清者爲天　河圖括地象云
易有太極是生兩儀兩儀未分其氣混沌清濁既分伏

清康熙四十九年（1710）内府刻清吟堂印本

缺四卷（五十三至五十六），139 冊。半葉 10 行，行 21 字，小字雙行同。上下黑口，雙順黑魚尾，四周雙邊。框高 17.1 厘米，寬 11.7 厘米。

莊子解三卷 （清）吴世尚 評注 （圖1）

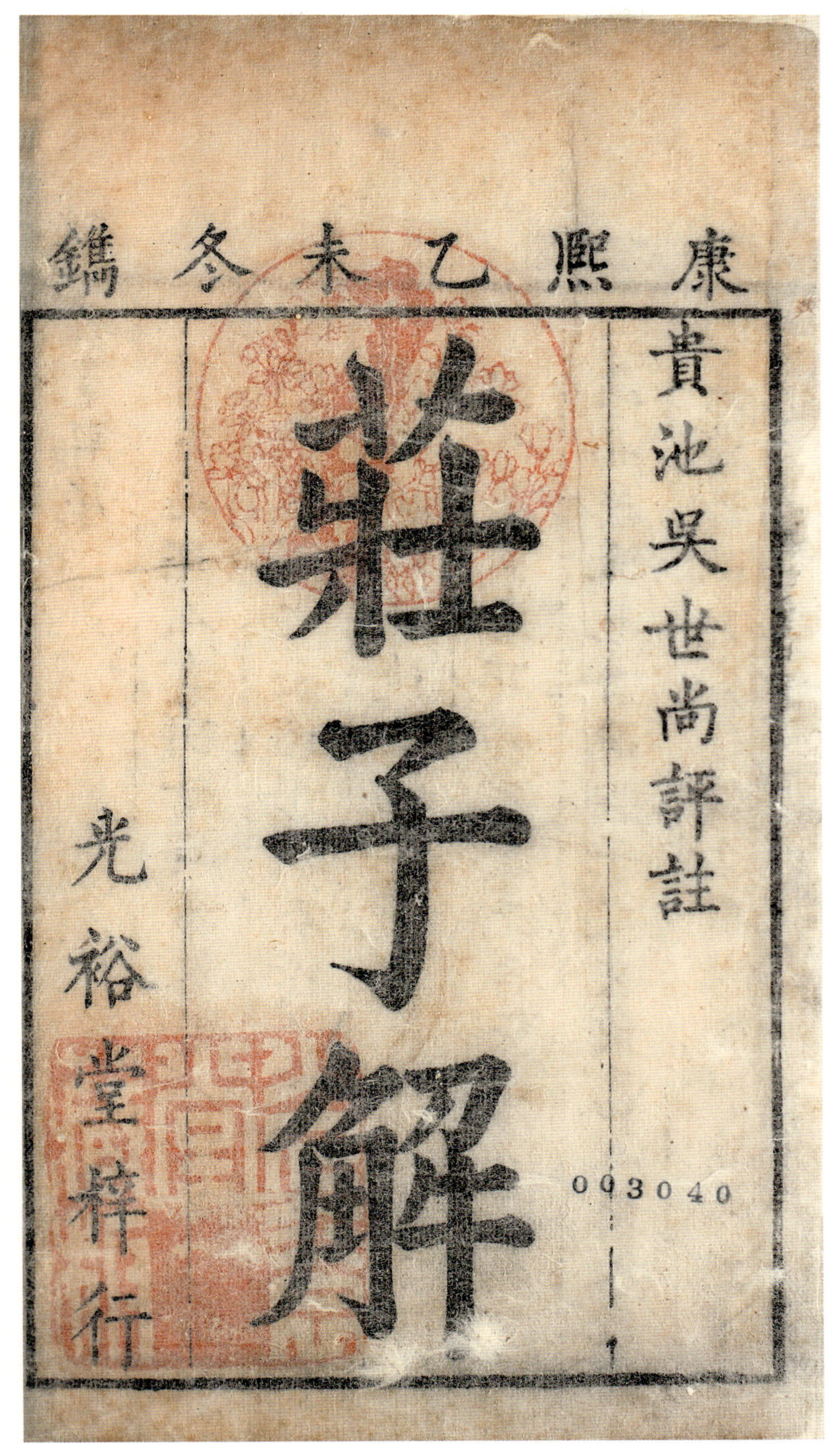

清康熙五十四年（1715）光裕堂刻本 宋小濂跋

4册。半葉7行，行18字，小字單行同。白口，單黑魚尾，左右雙邊。框高19.5厘米，寬14.2厘米。

莊子解三卷 （清）吴世尚 評注 （圖2）

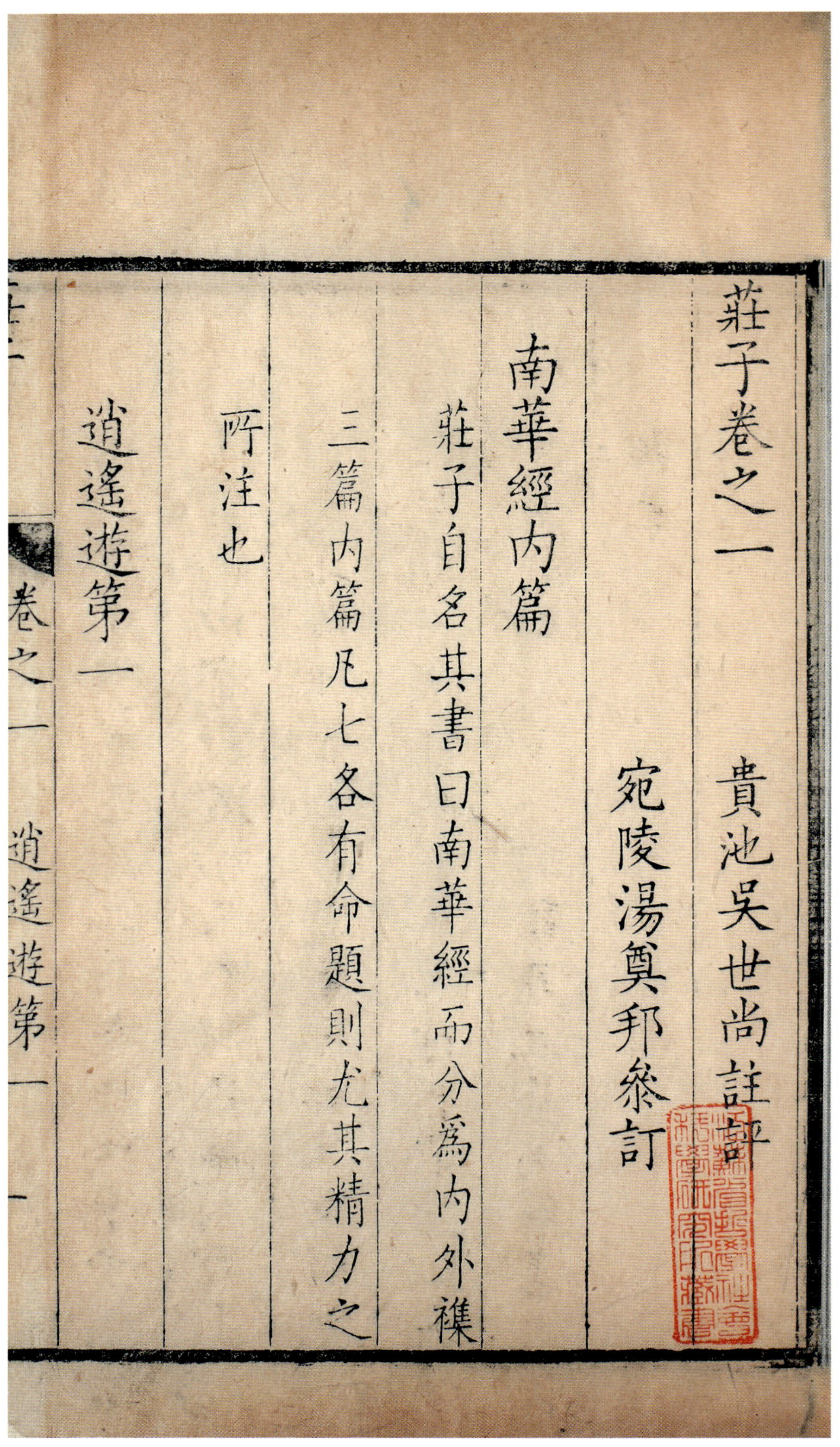

莊子卷之一　貴池吴世尚註評

宛陵湯奠邦參訂

南華經内篇

莊子自名其書曰南華經而分爲内外襍三篇内篇凡七各有命題則尤其精力之所注也

逍遥遊第一

莊子　卷之一　逍遥遊第一

萬世玉衡録四卷 （清）蔣伊 輯

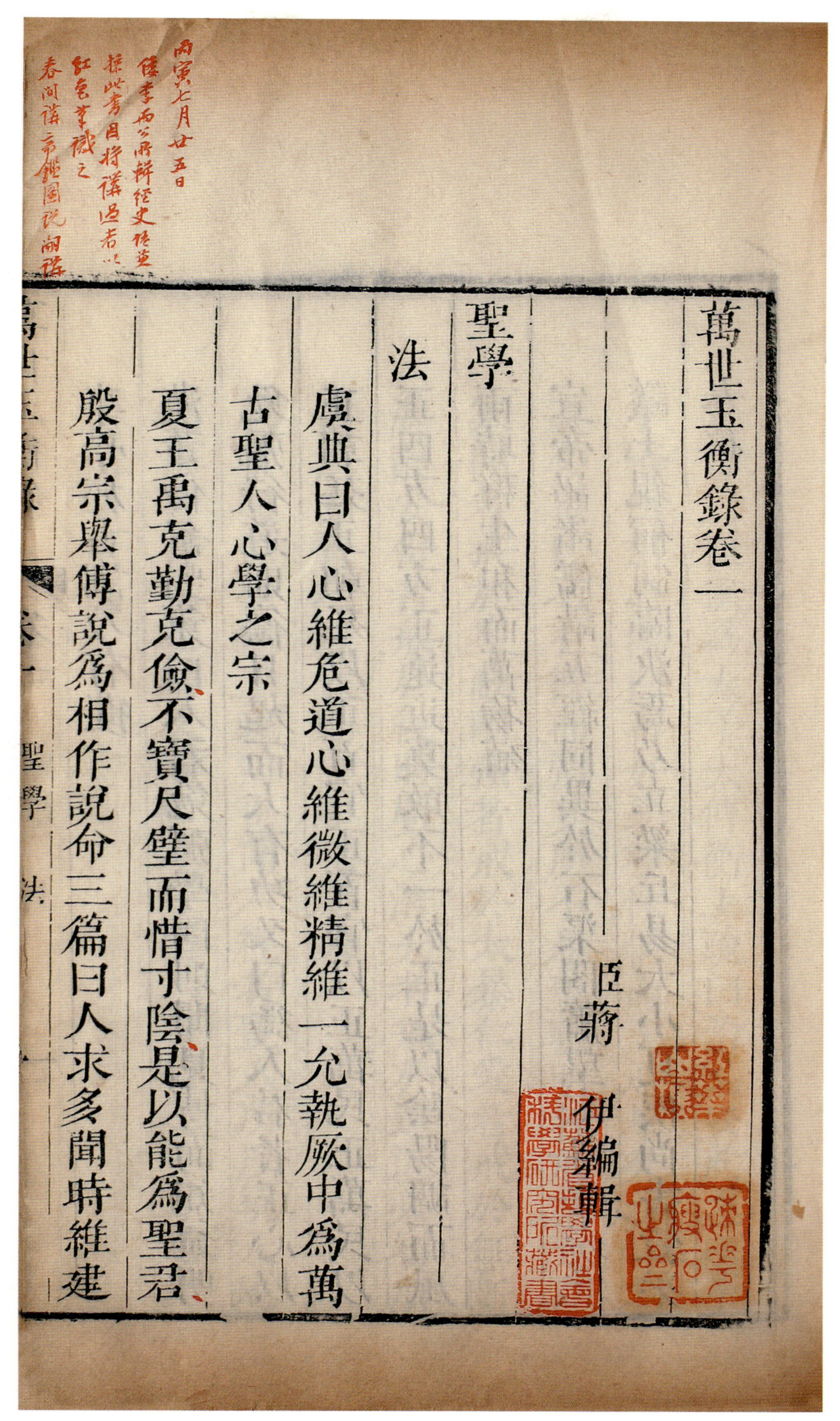

萬世玉衡錄卷一

臣蔣伊編輯

聖學

法

虞典曰人心維危道心維微維精維一允執厥中爲萬

古聖人心學之宗

夏王禹克勤克儉不寶尺璧而惜寸陰是以能爲聖君

殷高宗舉傅說爲相作說命三篇曰人求多聞時維建

清康熙蔣陳錫刻本　佚名批校

4冊。半葉9行，行23字。白口，單黑魚尾，左右雙邊。框高19.5厘米，寬13.7厘米。

李太白文集三十卷　（唐）李白 撰

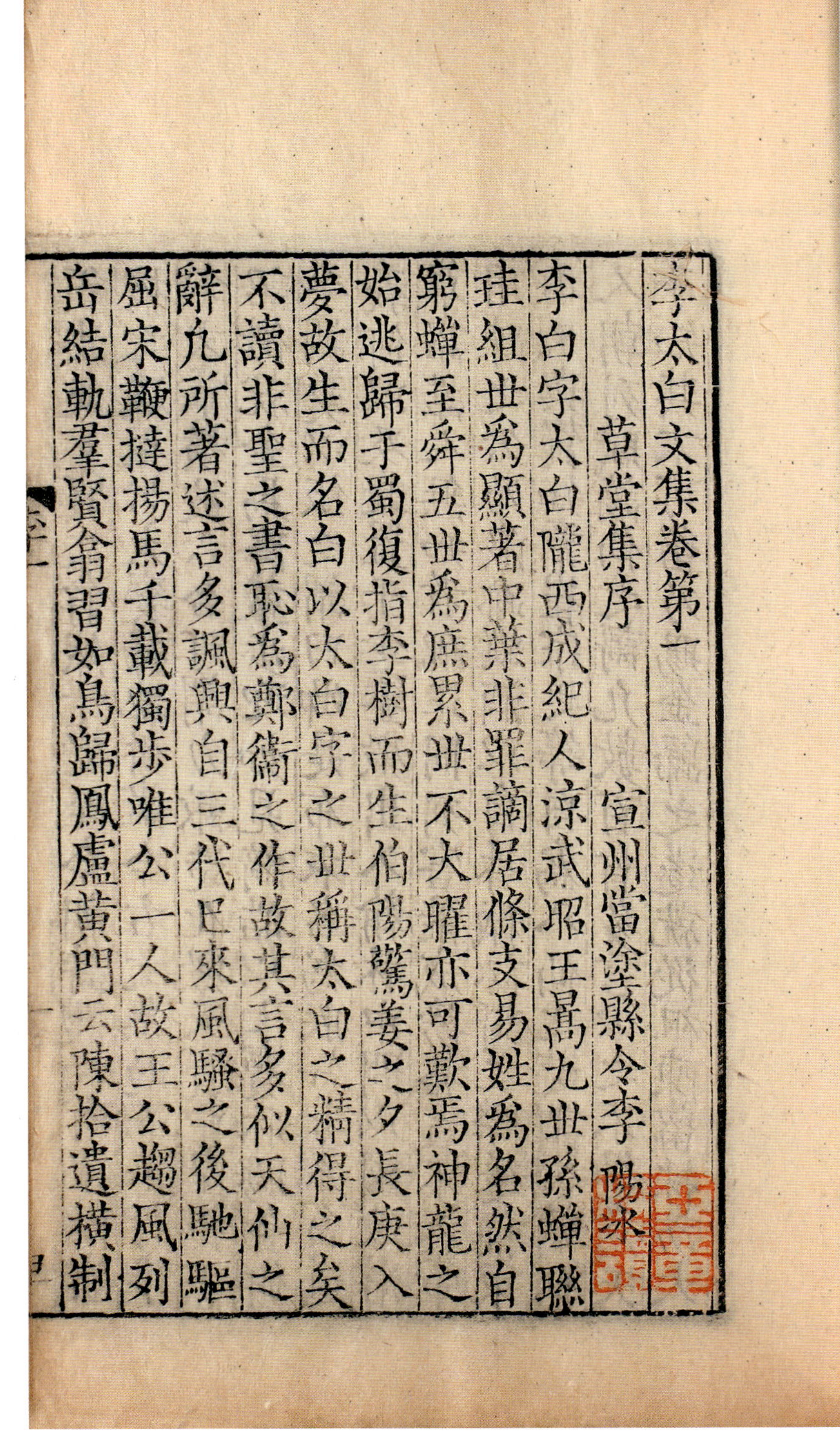
李太白文集卷第一

草堂集序　　宣州當塗縣令李陽冰

李白字太白隴西成紀人涼武昭王暠九世孫蟬聯珪組世爲顯著中葉非罪謫居條支易姓爲名然自窮蟬至舜五世爲庶累世不大曜亦可歎焉神龍之始逃歸于蜀復指李樹而生伯陽驚姜之夕長庚入夢故生而名白以太白字之世稱太白之精得之矣不讀非聖之書恥爲鄭衛之作故其言多似天仙之辭凡所著述言多諷興自三代已來風騷之後馳驅屈宋鞭撻揚馬千載獨步唯公一人故王公趨風列岳結軌羣賢翕習如鳥歸鳳盧黃門云陳拾遺橫制

清康熙五十六年（1717）繆曰芑雙泉草堂刻木濆周氏重印本

4册。半葉11行，行20字，小字雙行28字。白口，單黑魚尾，左右雙邊。框高17.5厘米，寬11.1厘米。

家範十卷 （宋）司馬光 撰 （清）朱軾 評點

清康熙五十八年（1719）朱軾刻本

4册。半葉9行，行20字，小字雙行同。白口，單黑魚尾，四周單邊。框高18.2厘米，寬13.3厘米。

家範卷之一 宋司馬温公著 後學朱軾評點

周易☲☴離下巽上家人利女貞

象曰家人女正位乎內謂二男正位乎外謂五也家人之義以內爲本故先說女也男女正天地之大義也家人有嚴君焉父母之謂也父父子子兄兄弟弟夫夫婦婦而家道正正家而天下定矣

象曰風自火出家人由內以相成熾也君子以言有物而行有恒家人之道修於近小而不妄也故君子以言必有物而口無擇言行必有恒而身無擇行

初九閑有家悔亡凡教在初而法在始家瀆而後嚴之志變而後治之則悔矣處家人之初

傷寒論條辨八卷　（明）方有執　撰

傷寒論條辨卷之一

新安方有執中行甫著　　桐川陳友恭較

辨太陽病脉證并治上篇第一　凡六十六條　方二十

太陽一經風寒所始營衛二道各自中傷風則中
衛故以衛中風而病者爲上篇然風之爲風其義
不一故其爲病最爲居多所謂中風者乃風寒暑
溼之風也與諸家方書之所謂中風云者義不相
同諸家方書之所謂中風蓋素問曰陽之氣以天
地之疾風名之之風也彼但以其所謂者爲中風

傷寒論條辨　卷一　一　浩然樓

清康熙五十八年（1719）陳廷柱浩然樓刻本

3 册。半葉 10 行，行 20 字，小字雙行同。白口，單黑魚尾，左右雙邊。框高 20.9 厘米，寬 14.6 厘米。

無聲詩史七卷　（清）姜紹書　撰

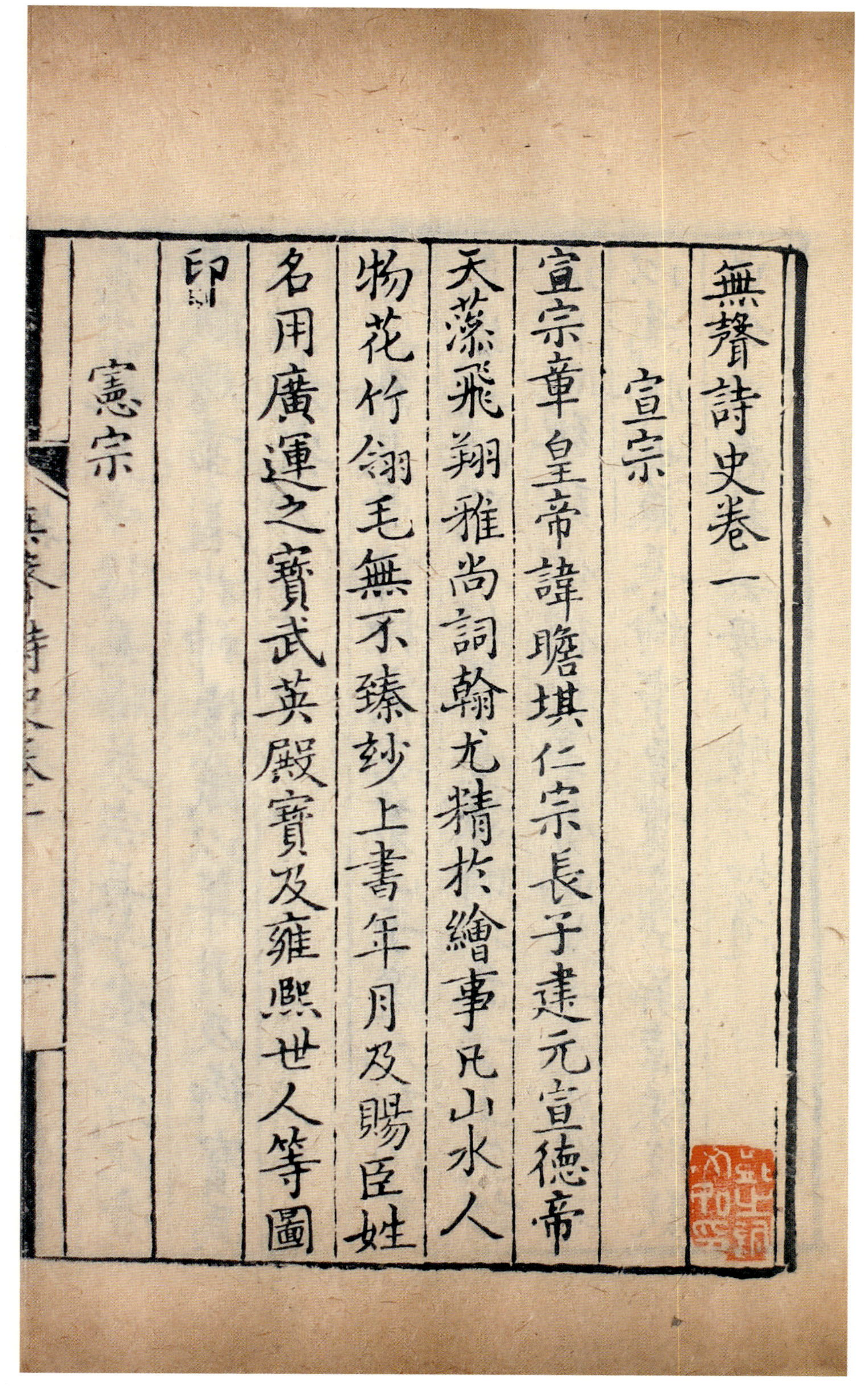

無聲詩史卷一

宣宗

宣宗章皇帝諱瞻基仁宗長子建元宣德帝天藻飛翔雅尚詞翰尤精於繪事凡山水人物花竹翎毛無不臻妙上書年月及賜臣姓名用廣運之寶武英殿寶及雍熙世人等圖印

憲宗

清康熙五十九年（1720）李光暎觀妙齋刻本

4册。半葉8行，行17字，小字單行同。上下黑口，單黑魚尾，左右雙邊。框高13.8厘米，寬10.1厘米。

中山傳信録六卷 （清）徐葆光 撰

中山傳信錄卷第一

冊封琉球國王副使 賜正一品麟蟒服翰林院編修加二級臣徐葆光纂

封舟

從前冊封以造舟爲重事歷考前冊採木各路騷動夫役開廠監造縻費官帑奸吏假手爲獘無窮經時累歲其事始舉自前明以至

本朝冊封之始其煩費遲久前後一轍也康熙二十一年使臣汪楫林麟焻即取現有二戰艦充之前獘始絕至今三十餘年區宇昇平海濱利涉沿海縣鎮巨

清康熙六十年（1721）刻本

4 冊。半葉 9 行，行 21 字，小字雙行同。上下黑口，雙對黑魚尾，左右雙邊。框高 19.8 厘米，寬 14.3 厘米。

明史藁三百十卷目錄三卷　（清）王鴻緒　撰

明史藁　本紀第一

光祿大夫　經筵講官明史總裁戶部尚書加七級臣王鴻緒奉

敕編撰

太祖一

太祖開天行道肇紀立極大聖至神仁文義武俊德成功高

皇帝諱元璋字國瑞姓朱氏濠州鍾離人先世家沛後徙句容里名朱巷高祖伯六是爲德祖曾祖四九是爲懿祖祖初一是爲熙祖父世珍是爲仁祖宋季熙祖始徙居泗州元時仁祖再徙鍾離之東鄉母淳皇后陳氏生四子太祖其季也前一夕后夢神饋白藥一丸置掌中有光吞之寤猶聞香氣及產紅光滿室自是夜數有光鄰里望見驚以爲火輒奔救

明史藁　一　敬慎堂

清雍正敬慎堂刻本

100冊。半葉11行，行23字，小字雙行同。白口，單黑魚尾，左右雙邊。框高19.9厘米，寬14.5厘米。

河防志十二卷　（清）張希良　輯

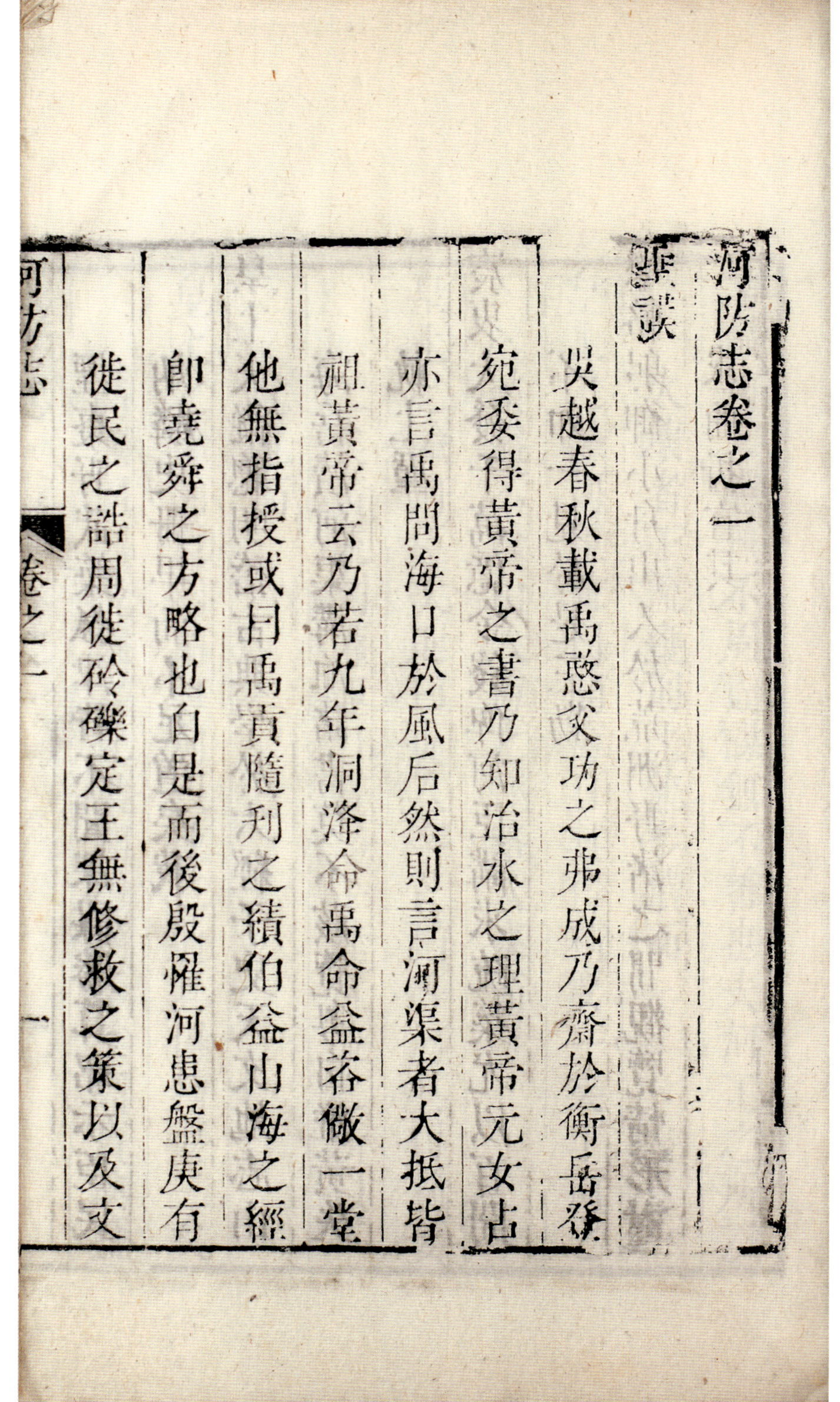
河防志卷之一

源談

吳越春秋載禹懲父功之弗成乃齋於衡岳發宛委得黃帝之書乃知治水之理黃帝元女占亦言禹問海口於風后然則言河渠者大抵皆祖黃帝云乃若九年洞洚命禹命益咨儆一堂他無指授或曰禹貢隨刊之績伯益山海之經即堯舜之方略也自是而後殷罹河患盤庚有徙民之誥周徙砱礫定王無修救之策以及文

河防志　卷之一　一

清雍正三年（1725）刻本

12冊。半葉9行，行20字，小字雙行同。白口，單黑魚尾，四周單邊。框高18.6厘米，寬13.7厘米。

洪範皇極内篇九疇數解三卷筮法一卷外篇九卷 （宋）蔡沈 撰 （清）熊宗立 解

清雍正刻本

2册。半葉11行，行20字。白口，無魚尾，四周單邊。框高19.5厘米，寬14.9厘米。

洪範皇極内篇九疇數解卷之一

九峯先生蔡沈譔

鼇峯熊宗立解

古絳張文炳衆 男浩灝同校

洪範皇極内篇上凡三十八章

造化之爲造化者幽明屈信而已天者明而信者也地者幽而屈者也暑者明而信者也寒者幽而屈者也晝者明而信者也夜者幽而屈者也天地也寒暑也晝夜也幽明屈信以成變化者也是故陽者吐氣陰者含氣吐氣者施含氣者化陽施陰化而人道立矣萬物繁矣陽薄陰則繞而爲風陰四陽則奮而爲

洪範内篇上 一

省軒考古類編十二卷 （清）柴紹炳 撰 （清）姚培謙 評 （圖1）

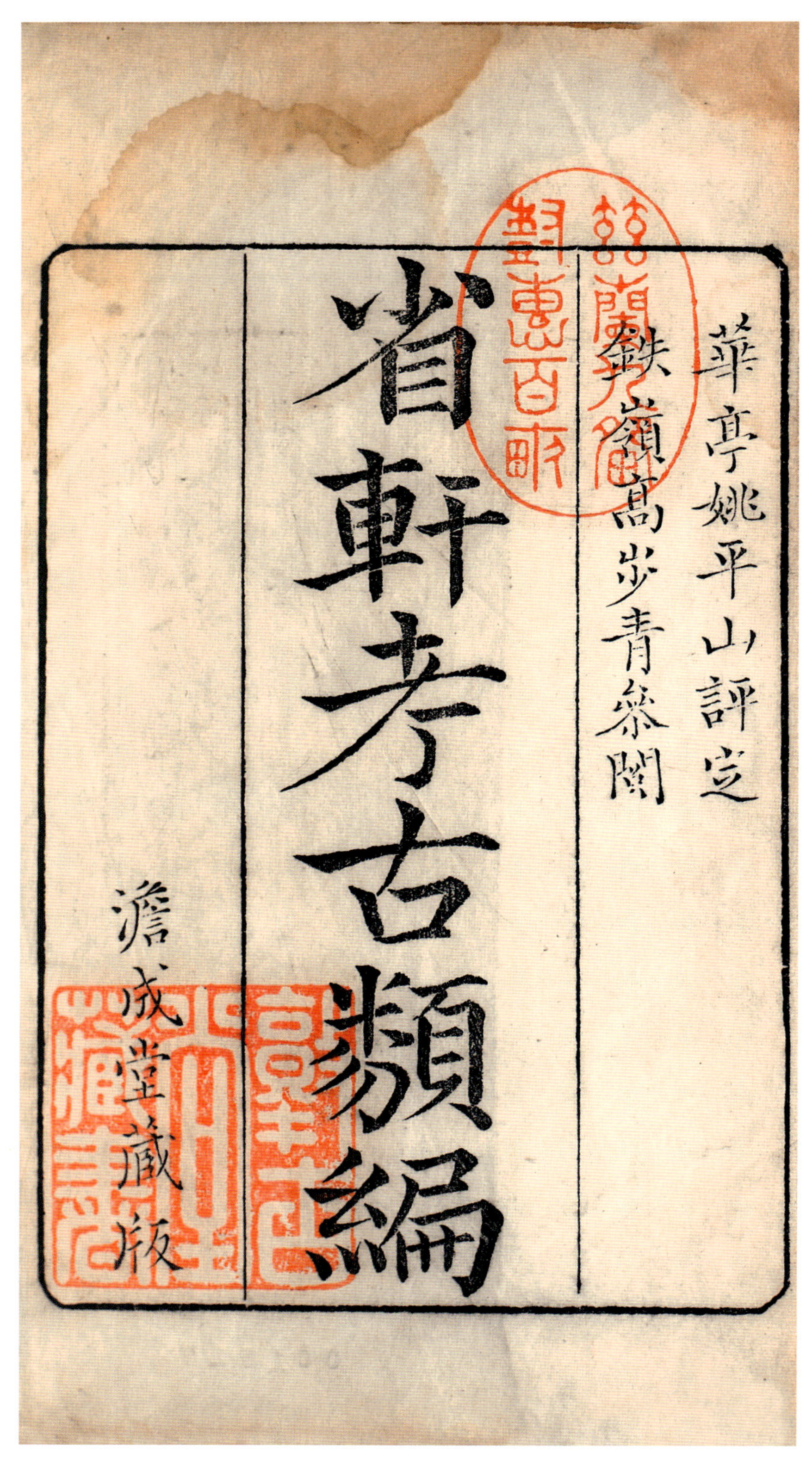

清雍正四年（1726）高纘勛等刻本

4册。半葉10行，行21字，小字雙行同。上下黑口，雙對黑魚尾，左右雙邊。框高17.7厘米，寬12.2厘米。

省軒考古類編十二卷　（清）柴紹炳 撰　（清）姚培謙 評　（圖2）

省軒考古類編卷一

仁和柴紹炳虎臣纂　華亭姚廷謙平山評

長洲汪琬苕文　鐵嶺高纘勲希武訂

宣城施閏章尚白　越步青

石門呂留良晚村　參　姪謙南屏

寧都魏禧冰叔　男世堂胥山校

天文考

何謂天。天者。積氣輕清而上浮者也。其性健。其象圜。于易乾爲天爲圜。乾者。健也。以性情言之爲乾。以宰制言之爲帝。以形色言之爲玄。故孔子曰。天玄而地黃。而或

清雍正九年（1731）寅清樓刻本

8册。半葉10行，行25字，小字雙行同。白口，單黑魚尾，四周單邊。框高20.2厘米，寬15.3厘米。

周禮輯義序一

自天高地下萬物散殊而禮制行焉禮之爲禮即道也即性也即天也故其象爲亨通之德而合於嘉會之禮流之爲天理之節文制之爲人事之儀則達之爲叙秩之惇庸命討之章用凡自無體無聲以至可威可象而修齊治平莫不統是者恃此道也斯道也自伏羲畫象黄帝垂裳而權輿已兆馴至唐虞命官以來制漸增加逮周元公相王踐祚土中既宅實始發陰陽五行之秘而建爲天地四時之官其間冢宰掌邦治而道始宫庭司徒掌邦教而道敷衆庶宗伯掌邦禮司馬掌邦政而幽明格而中外寧司寇掌邦刑司空掌邦事而刑罰中而事物理故周

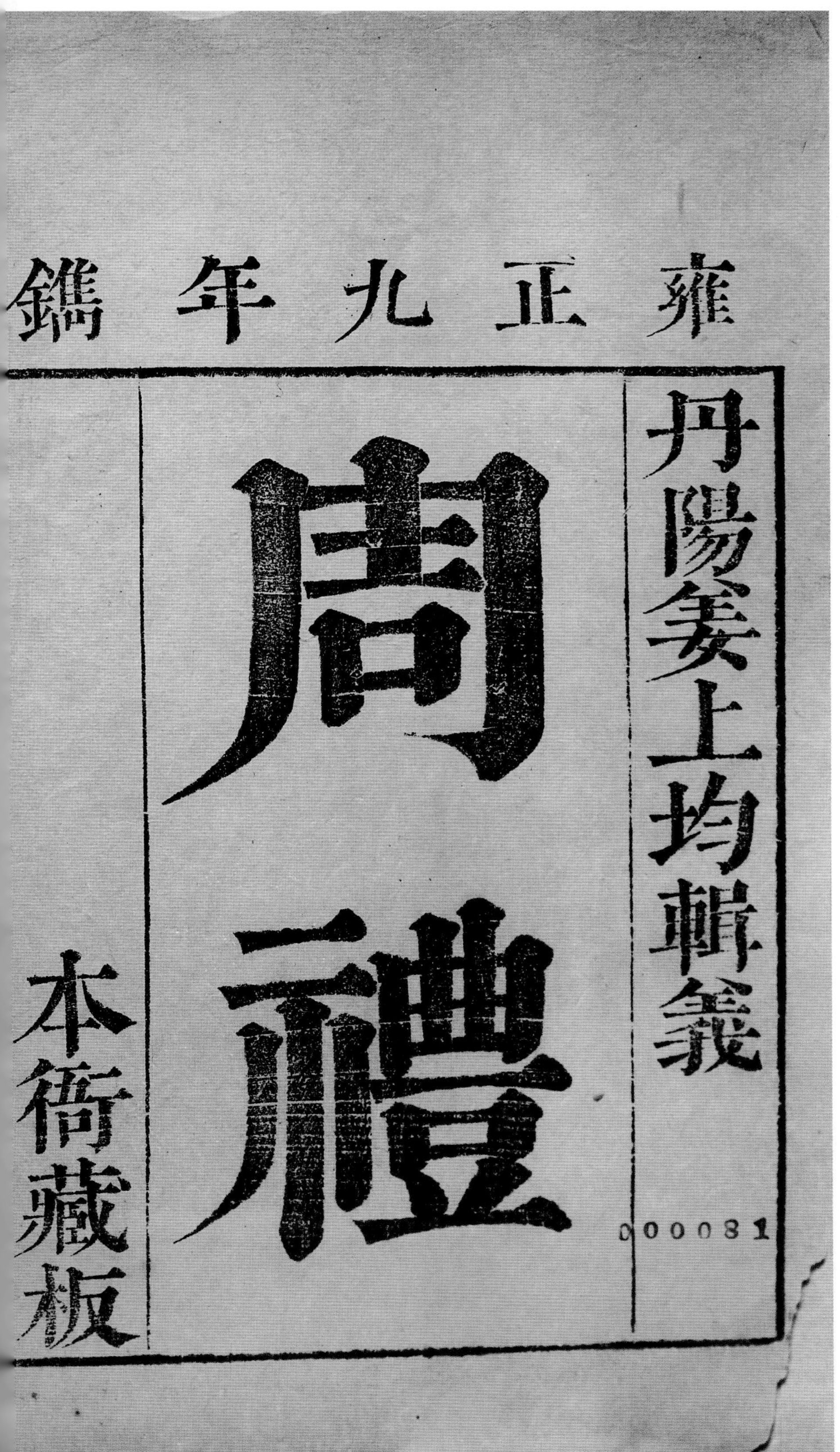

周禮輯義十二卷（清）姜兆錫 撰（圖一）

周禮輯義十二卷　（清）姜兆錫　撰　（圖2）

周禮卷之一

天官冢宰第一　左天地春夏秋冬凡六官冢宰稱天官猶司徒之稱地官宗伯之稱春官司馬之稱夏官之類　姜兆錫輯義

也冢大也宰制也又治也天官卿事無不宰故名冢宰唐虞時爲百揆虞書舜納於百揆百揆時叙蔡傳以爲揆度百務之官也商爲阿衡阿之言保衡猶平也云第一者令下五官而謂其次也吳氏曰爲治莫先於敎化故冢宰之後司徒次之敎化莫先於禮樂故宗伯次之敎之化之而猶有不率則大者加之以甲兵小者加之以刑罰不得已也故司馬司寇次之敎化行暴亂去而後民得安居故以司空之居民終焉此冢宰所以居第一也其遷以天地四時名官者何氏謂取其序以爲名號之別如後世甲庫乙庫之類非有意義也然按六官本自別爲官號而又冠以此者蓋以爲取法天地四時之義冢宰稱天官以其總御衆官猶天道統理萬物也司徒稱地官以其安擾萬民猶地道載養萬物也禮文繁縟象春發生故宗伯稱春官兵威震蕩象夏長盛故司馬稱夏官刑罰嚴厲象秋肅殺故司寇稱秋官居處安寧象冬斂藏故司空稱冬官此於義或有然也司徒司馬司寇司空皆言司而冢宰不言司者諸官各主一事而冢宰兼總六官也宗伯亦不言司義見本職○劉氏中義曰天

周禮　卷一　一　輯義

爾雅注疏參義六卷 （清）姜兆錫 撰 （圖1）

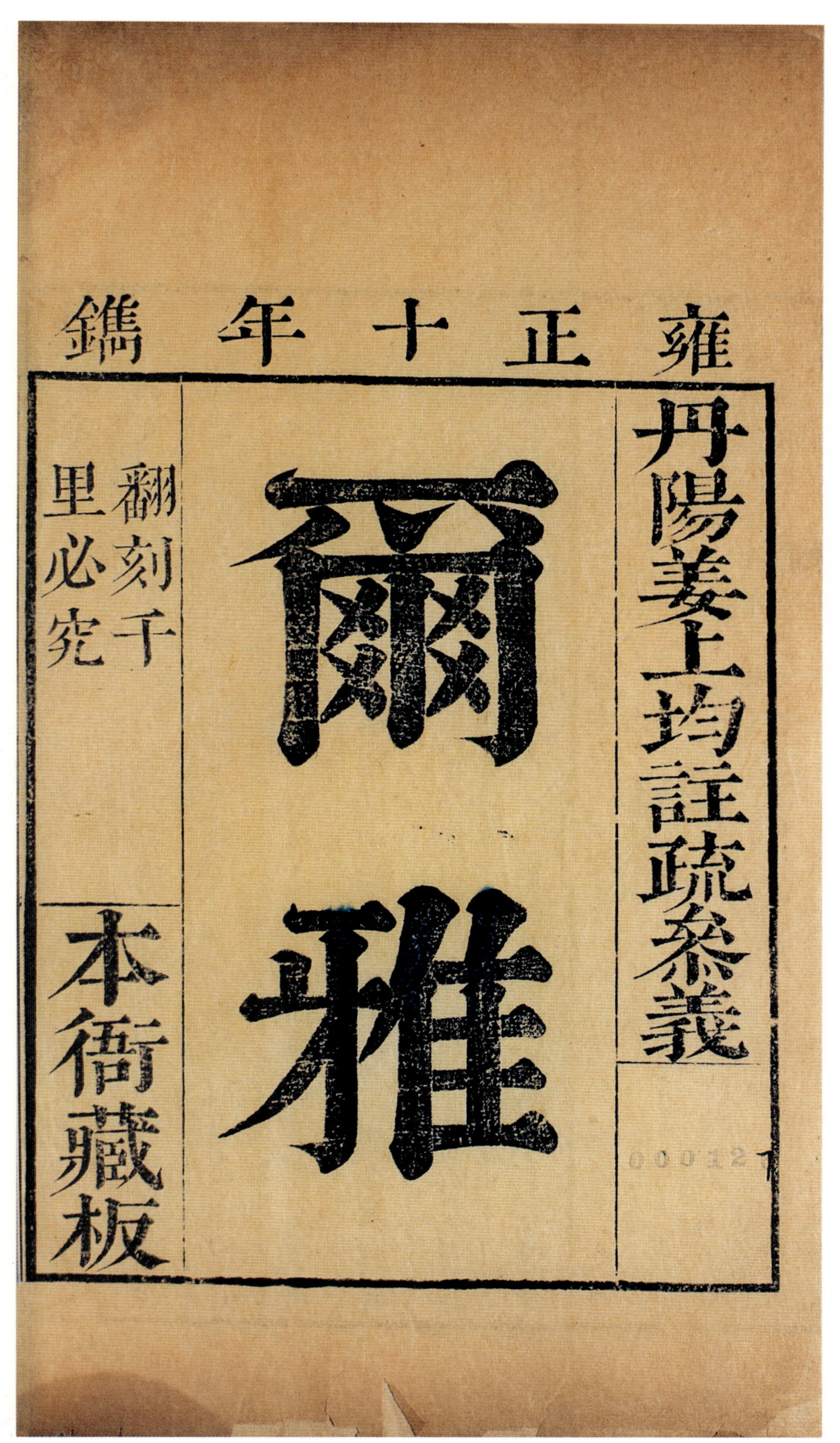

清雍正十年（1732）寅清樓刻本

2冊。半葉10行，行25字，小字雙行同。白口，單黑魚尾，四周單邊。框高20.3厘米，寬15.3厘米。

爾雅注疏參義六卷　（清）姜兆錫　撰　（圖2）

爾雅卷之一　邢昺曰爾近也雅正也言其近而取正也　姜兆錫詮疏參義

釋詁第一　疏曰釋解也詁古也古今異言解之使人知也釋言則釋詁之分故序篇總云釋詁釋言通古今字之異言也此篇相傳以爲周公作但其文或有在周公之後有先儒多疑之或曰仲尼子夏所增足也或曰當周公時有其文今無者或已散亡也然則詮所引書詩之文非皆周公所釋若言胡不承權輿緇衣之蓆兮此秦康鄭武之詩在周公之後明矣蓋郭氏援據以成其義也其諸篇所次先作者居前增益者居後作非一時故題次無定例云愚按爾雅非先聖之原書而疏於此篇獨信爲周公作故言詮所引周公以後之文乃郭氏援據成義初非周公當日之所釋而其所釋者今或亡也今考篇中如權輿字蓆字謂周公時或別有其文猶可若終風詩刺衛莊之謔浪笑敖閟宮詩頌魯僖之黃髮兒齒皆成句全文似難謂周公時亦恰有是成文則此篇亦有非周公作者雜之與餘詳各篇各條

初哉首基肇祖元胎俶落權輿始也　俶昌叔反○此釋初哉以下皆爲始之義也詮曰哉書康誥云哉生魄叙詩既醉云令終有俶落詩訪落云訪予落止權輿秦風云胡不承權輿疏曰初說文從衣從刀衣服之始哉說文古

禮記章義十卷 （清）姜兆錫 撰 （圖1）

雍正十年鐫

丹陽姜上均章義

禮記

翻刻千里必究

拙刻檢點恐有未盡 懇 有道政示疎誤 俯成聞過則喜之義

本衙藏板

清雍正十年（1732）寅清樓刻本

8冊。半葉10行，行25字，小字雙行同。白口，單黑魚尾，四周單邊。框高20.2厘米，寬15.5厘米。

禮記卷之一

姜兆錫章義

曲禮上第一 經曰曲禮三千言節目委曲其多如是也此蓋古禮經之篇名而作記者雜綴其文居首故即以名篇後人以編簡多又分爲上下云○張子曰物我兩盡自曲禮入朱子曰古者八歲入小學若曲禮少儀內則弟子職諸篇乃小學之支流餘裔也

曲禮曰毋不敬儼若思安定辭安民哉 毋禁止辭程子曰主一之謂敬無適之謂一朱子曰毋不敬是統言主宰處也儼若思敬者之貌安定辭敬者之言安民則敬者之效也此乃修身之要爲政之本君子修己以敬而其效至於安人安百姓蓋以是也○北溪陳氏曰敬者一心之主宰萬事之本人心出入無時莫知其鄉惟敬則心存萬理便森然於中古人謂敬者德之聚此也范氏曰經禮三百曲禮三千可以一言蔽之曰毋不敬黄氏曰曲禮篇爲禮記之首而毋不敬句爲曲禮之首蓋敬者禮之綱領也毋不敬者謂身心內外不可使有一毫之不敬也

○敖不可長欲不可從志不可滿樂不可極 敖去聲長上聲從縱同樂音洛○此章與丹書相表裏敖不可長所謂敬吉而怠滅也欲不可

禮記曲禮上 卷一 一

禮記章義十卷 （清）姜兆錫 撰 （圖2）

家語十卷　（清）姜兆錫　正義

家語卷之一

姜兆錫正義　男允重 允遠 校

相魯第一　此篇叙孔子自為中都宰，而因為司空司寇，以相魯政之本末也。故以相魯名篇。凡三章。

孔子初仕為中都宰，制為養生送死之節。○中都，魯邑也。長幼異食，強弱異任，男女別塗，路無拾遺，器不雕偽。異食，如禮所謂異粻。異任，如頒白者不負戴於道路之類。雕，刻鏤。偽，緣飾也。此以上養生也。為四寸之棺，五寸之槨，因丘陵為墳，不封不樹。不封，不築墳也。不樹，不植木也。此以上送死也。行之一年，而四方之諸侯則焉。四，一作西，非。○則，式也，猶言式之也。欽定公謂孔子曰：「學子此法以治魯國，何如？」孔子對曰：「雖天下可乎，何但魯國而已哉！」此法，承上文而言。○此章，叙孔子為中都宰之事也。

家語　相魯　卷一　一　寅清樓

清雍正十一年(1733)寅清樓刻本

3冊。半葉9行，行25字，小字雙行同。白口，雙對黑魚尾，四周單邊。框高18.4厘米，寬13.3厘米。

儀禮經傳注疏參義内編二十三卷外編五卷首一卷 （清）姜兆錫 撰 （圖1）

清乾隆元年（1736）寅清樓刻本

16冊。半葉10行，行25字，小字雙行同。白口，單黑魚尾，四周單邊。框高20.4厘米，寬15.2厘米。

儀禮經傳內編卷一　　姜兆錫註疏參義

綱領　周禮大宗伯之職掌建邦之天神地示人鬼之禮以佐王建保邦國按下文宗伯總掌五禮而首止言天神地示人鬼之禮者禮以祭爲大舉重而言也

以吉禮事邦國之鬼神示以禋祀祀昊天上帝以實柴祀日月星辰以槱燎祀司中司命飌師雨師以血祭祭社稷五祀五嶽以貍沈祭山林川澤以疈辜祭四方百物以肆獻祼享先王以饋食享先王以祠春享先王以禴夏享先王以嘗秋享先王以烝冬享先王諸禮多以綱統目吉禮之類十有二第皆舉其目也其綱蓋天神地示人鬼三者約之而餘以類推與賓禮畧如之

以凶禮哀邦國之憂以喪禮哀死亡以荒禮哀凶札以弔禮哀

儀禮經傳注疏參義内編二十三卷外編五卷首一卷（清）姜兆錫 撰（圖2）

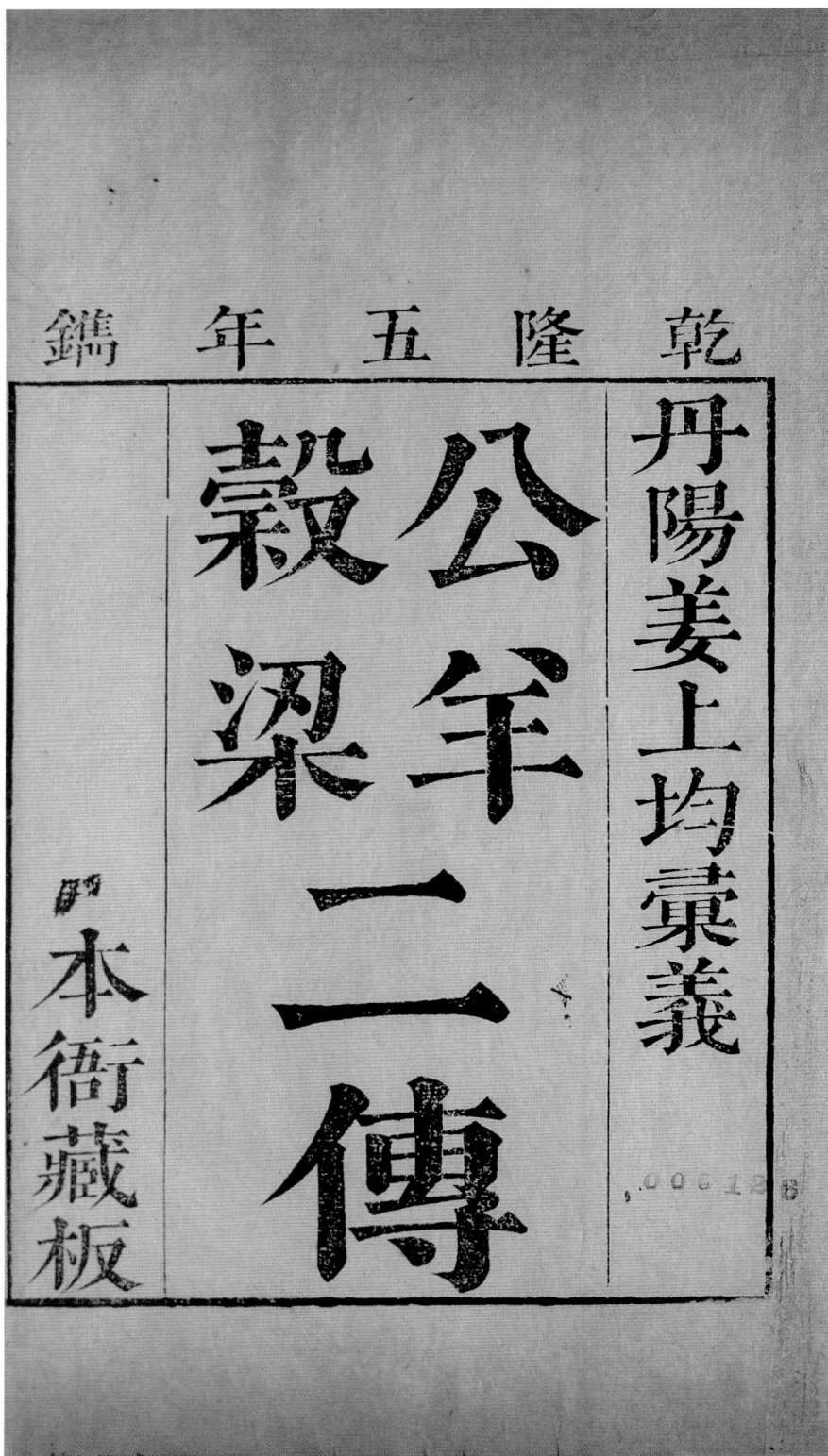

春秋公羊穀梁諸傳彙義十二卷　（清）姜兆錫 撰（圖1）

清乾隆五年（1740）寅清樓刻本

6册。半葉10行，行25字，小字雙行同。白口，單黑魚尾，四周單邊。框高20.2厘米，寬15.2厘米。

乾隆五年鐫

丹陽姜上均彙義

公羊穀梁二傳

本衙藏板

春秋公羊穀梁二傳附左氏傳

姜兆錫彙義

隱公 名息姑惠公之子也母孟子生母聲子

元年已未 春王正月 正音政或音征非後放此○左傳元年春王周正月不書即位攝也○按句理王周二字成文猶今言
皇清云攝者即二傳所謂讓而成公意志者也

〔公羊〕名高齊人受經于子夏為經作傳說題詞云傳春秋者公羊高是也戴宏序云子夏傳公羊高高子平平子地地子敢敢子壽遞傳之至景帝時壽乃與弟子齊人胡毋子都著于書

元年者何君之始年也春者何歲之始也王者孰謂謂文王也曷為先言王而後言正月王正月也何言乎王正月大一統也 此首發書春王正月之義也正月朱子謂周正建子之月是也加王于正月者尊王也傳以王為文王者註謂文王為周始受命之王孔子將陳新王受命制正月故假文王以為法也然按文王本未嘗受命改元則王乃指時王言之傳義蓋誤大者大之也疏謂王者受命制正月以統天下故大而書之也

御製揀魔辨異録八卷 （清）世宗胤禛 撰

清雍正十一年（1733）内府刻本

4冊。半葉10行，行20字，小字雙行同。白口，單黑魚尾，四周單邊。框高17.5厘米，寬13厘米。

御製揀魔辨異錄卷一

魔忍曰，佛不云乎，吾有正法眼藏，涅槃妙心，實相無相，微妙法門，付囑摩訶大迦葉。夫涅槃妙心，即吾人本具之廣大心體也，正法眼藏，即雙明雙暗，同死同生之金剛眼也，心即眼，眼即心，實相而無相者也，如國之印璽然，無前際，無後際，無中際，一印而文理備焉。

若欲徵心。則雖豎窮三際。橫亘十方。猶徵不盡。豈未讀楞嚴七處徵心耶。可惜世尊於百萬人天中拈出一花。不在內。不在外。不在中間。直指人心。見性成佛。却被魔忍吾人本具之廣大心體一句鈍置煞了也。盡大地是一隻眼。乃以正法眼藏爲雙明雙暗同死同生之金剛眼。豈止認奴作郎。明暗生死。如何又是

揀魔辨異錄　卷一　一

硃批諭旨不分卷 （清）世宗胤禛 撰 （清）鄂爾泰 （清）張廷玉 輯

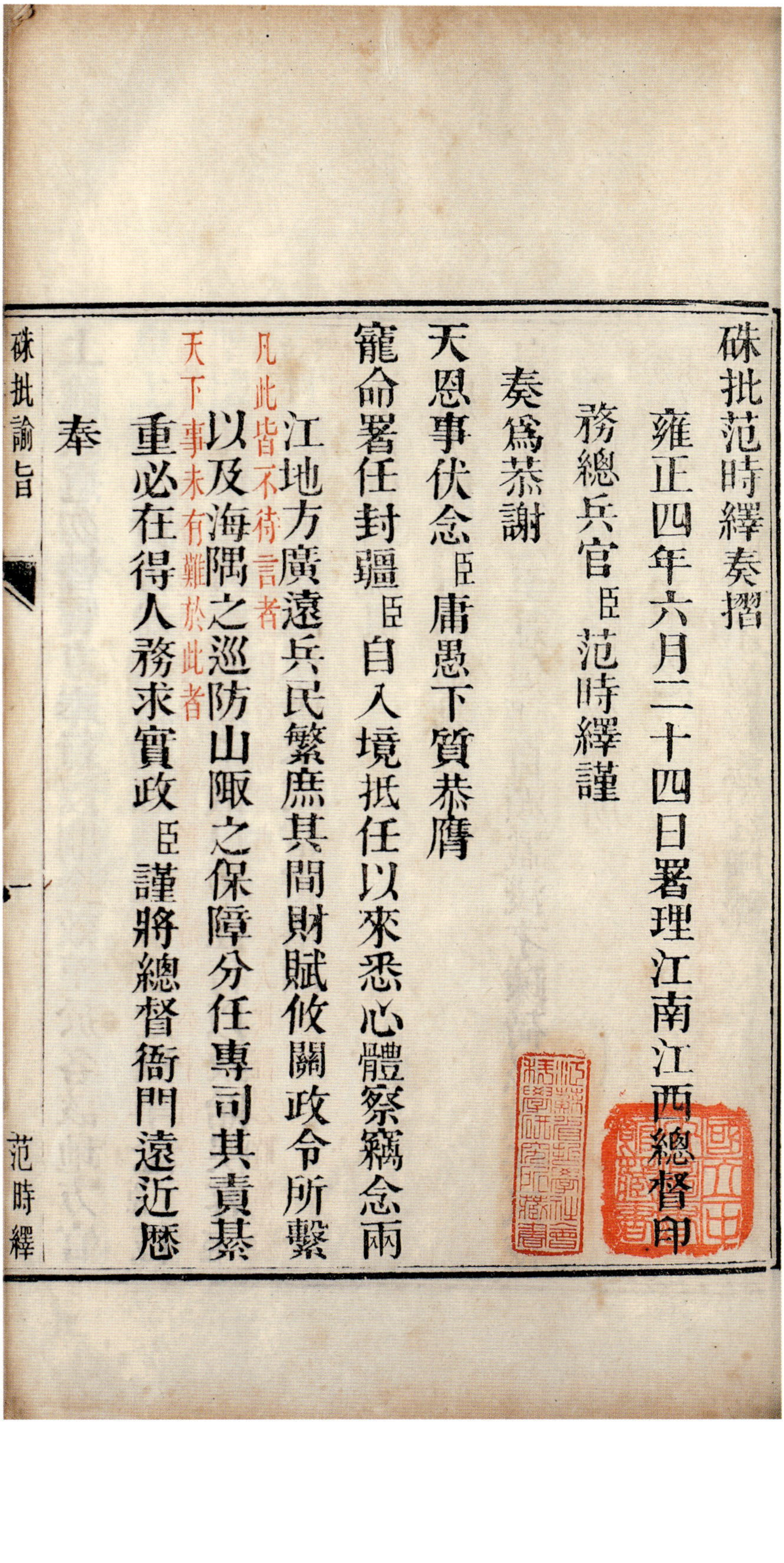
硃批范時繹奏摺
雍正四年六月二十四日署理江南江西總督印
務總兵官臣范時繹謹
奏爲恭謝
天恩事伏念臣庸愚下質恭膺
寵命署任封疆臣自入境抵任以來悉心體察竊念兩
江地方廣遠兵民繁庶其間財賦攸關政令所繫
以及海隅之巡防山陬之保障分任專司其責綦
重必在得人務求實政臣謹將總督衙門遠近歷
凡此皆不待言者
天下事未有難於此者
奏
硃批諭旨 一 范時繹

清木活字朱墨套印本

112册。半葉10行，行21字。白口，單黑魚尾，四周雙邊。框高20.6厘米，寬16.2厘米。

西湖志四十八卷　（清）李衛 等修　（清）傅王露 等纂

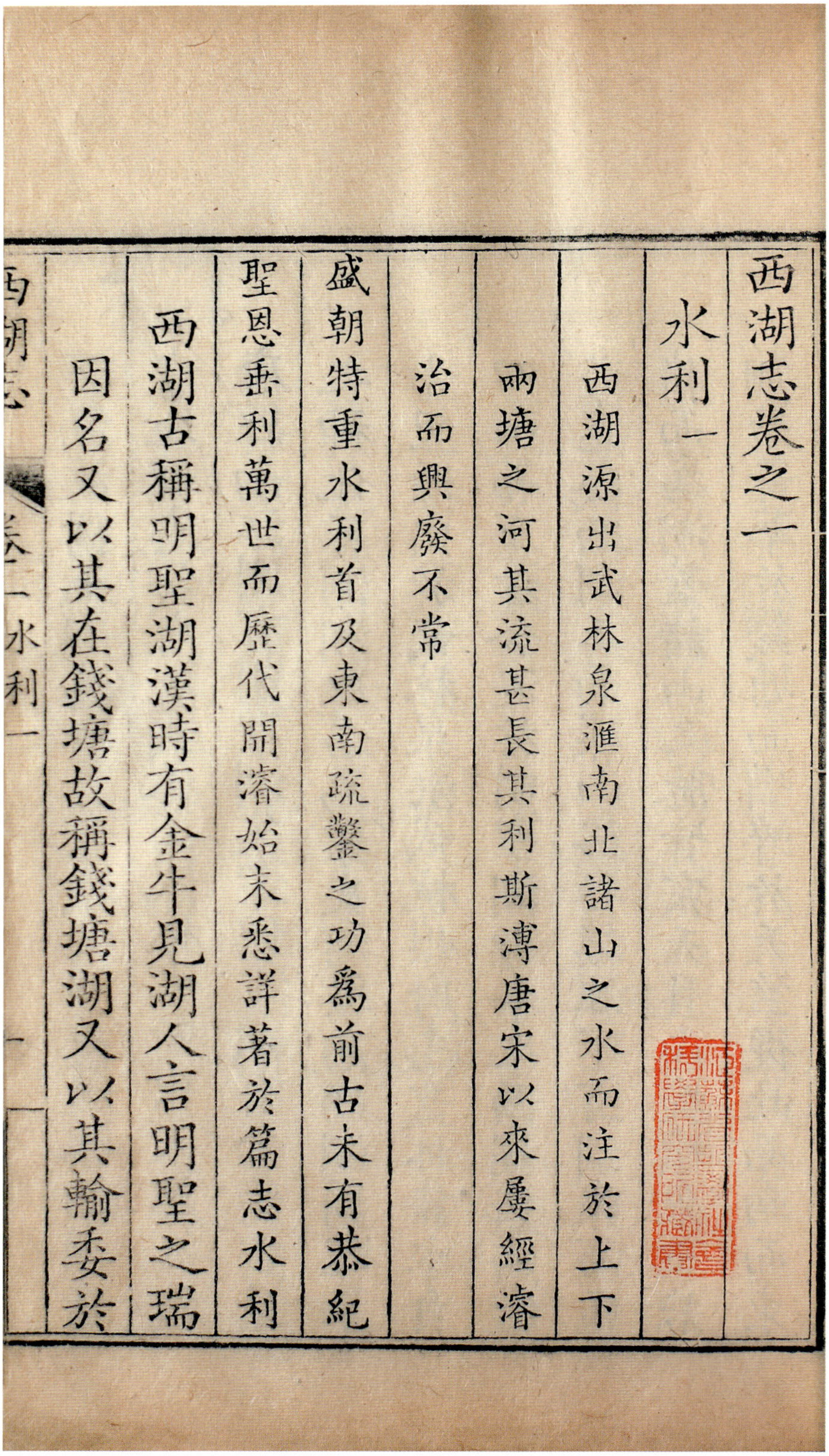

西湖志卷之一
水利一
西湖源出武林泉滙南北諸山之水而注於上下
兩塘之河其流甚長其利斯溥唐宋以來屢經濬
治而興廢不常
盛朝特重水利首及東南疏鑿之功爲前古未有恭紀
聖恩垂利萬世而歷代開濬始末悉詳著於篇志水利
西湖古稱明聖湖漢時有金牛見湖人言明聖之瑞
因名又以其在錢塘故稱錢塘湖又以其輸委於
西湖志　卷之一　水利　一

清雍正十三年（1735）兩浙鹽驛道庫刻乾隆重修本

存四十六卷（一至十一、十四至四十八），19册。半葉9行，行21字，中字單行同，小字雙行同。下黑口，單黑魚尾，四周雙邊。框高19.8厘米，寬14.5厘米。

論語集注考證十卷前一卷 （宋）金履祥 撰

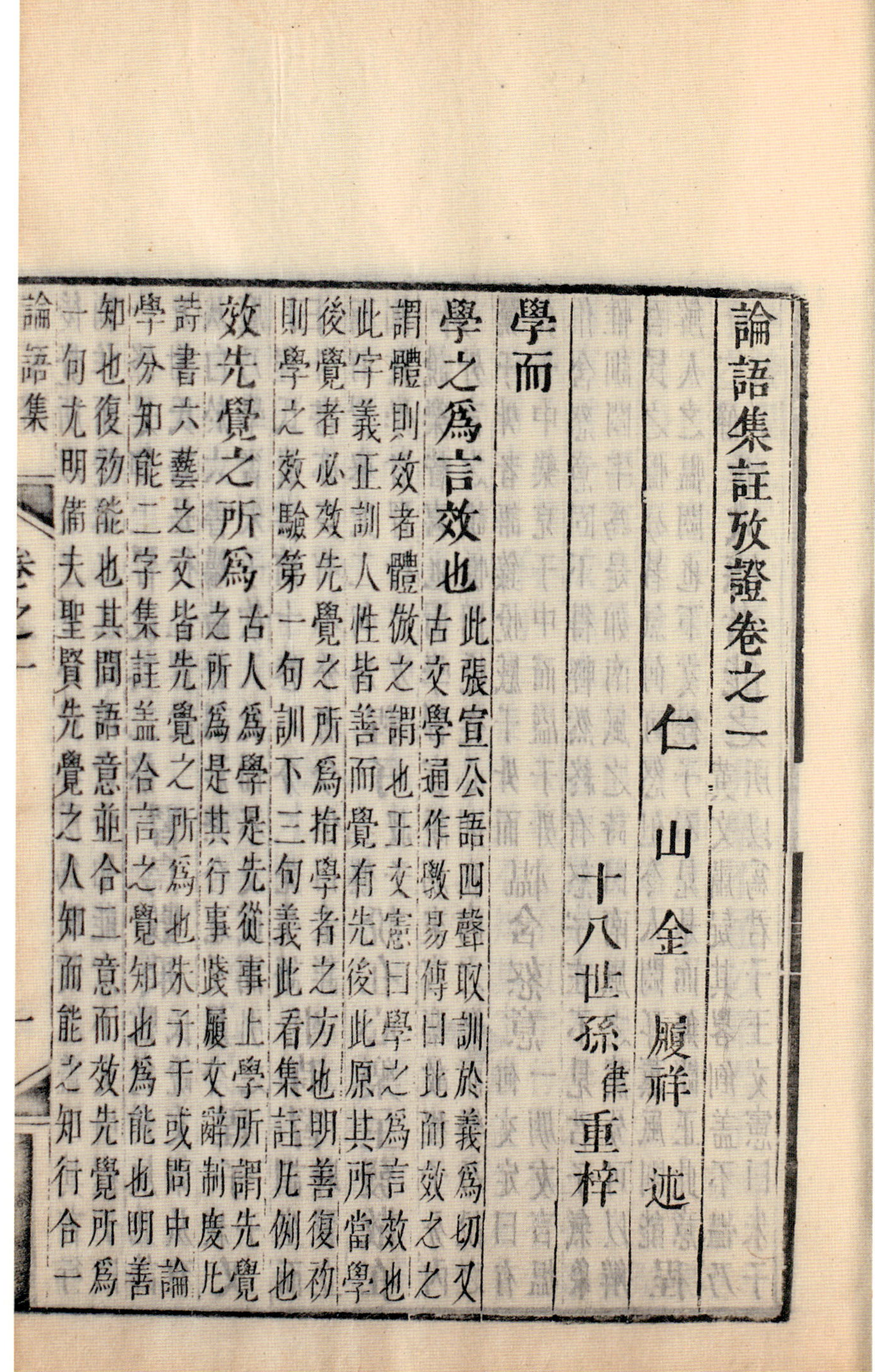
論語集註攷證卷之一

仁山金履祥述

十八世孫律重梓

學而

學之爲言效也 此張宣公語四聲取訓於義爲切又古文學通作斆易傳曰比而效之之謂體則效者體傚之謂也王文憲曰學之爲言效也此字義正訓人性皆善而覺有先後此原其所當學後覺者必效先覺之所爲指學者之方也明善復初則學之效驗第一句訓下三句義此看集註凡例也

效先覺之所爲 古人爲學是先從事上學所謂先覺之所爲是其行事踐履文辭制度凡詩書六藝之文皆先覺之所爲也朱子于或問中論學分知能二字集註蓋合言之覺知也爲能也明善知也復初能也其間語意並合二意而效先覺所爲一句尤明備夫聖賢先覺之人知而能之知行合一

論語集　卷之一　一

清雍正金律刻本

2册。半葉10行，行20字，小字雙行同。下黑口，雙對黑魚尾，左右雙邊。框高16.7厘米，寬12.4厘米。

孟子集注考證七卷前一卷 （宋）金履祥 撰

孟子集註攷證卷之一

仁山　金　履祥　述

十八世孫律重梓

梁惠王上

梁惠王魏武侯子名罃周烈王五年武侯薨無太子公子罃與公仲緩爭立六年罃爲魏侯都大梁周顯王二十九年秦公孫鞅大破魏軍魏獻河西之地于秦以和魏都安邑至此與秦界河廹不可都故徙大梁今開封府祥符縣地僭稱王呂氏大事記按戰國策周顯王十六年魏拔趙邯鄲服十二諸侯遂稱王當時諸侯多已稱王諡曰惠竹書記年稱惠成王又莊子文惠君崔氏司馬註皆云即梁惠王史記魏世家三十五年周顯王之三十五年卑禮厚幣以招賢者而孟軻至梁按鄒氏聞見後錄人有非孟者謂孟子起頭便不可

孟子集　卷之一　一

清雍正金律刻本

1册。半葉10行，行20字，小字雙行同。下黑口，雙對黑魚尾，左右雙邊。框高16.8厘米，寬12.5厘米。

樂善堂全集四十卷目錄四卷　（清）高宗弘曆　撰　（圖一）

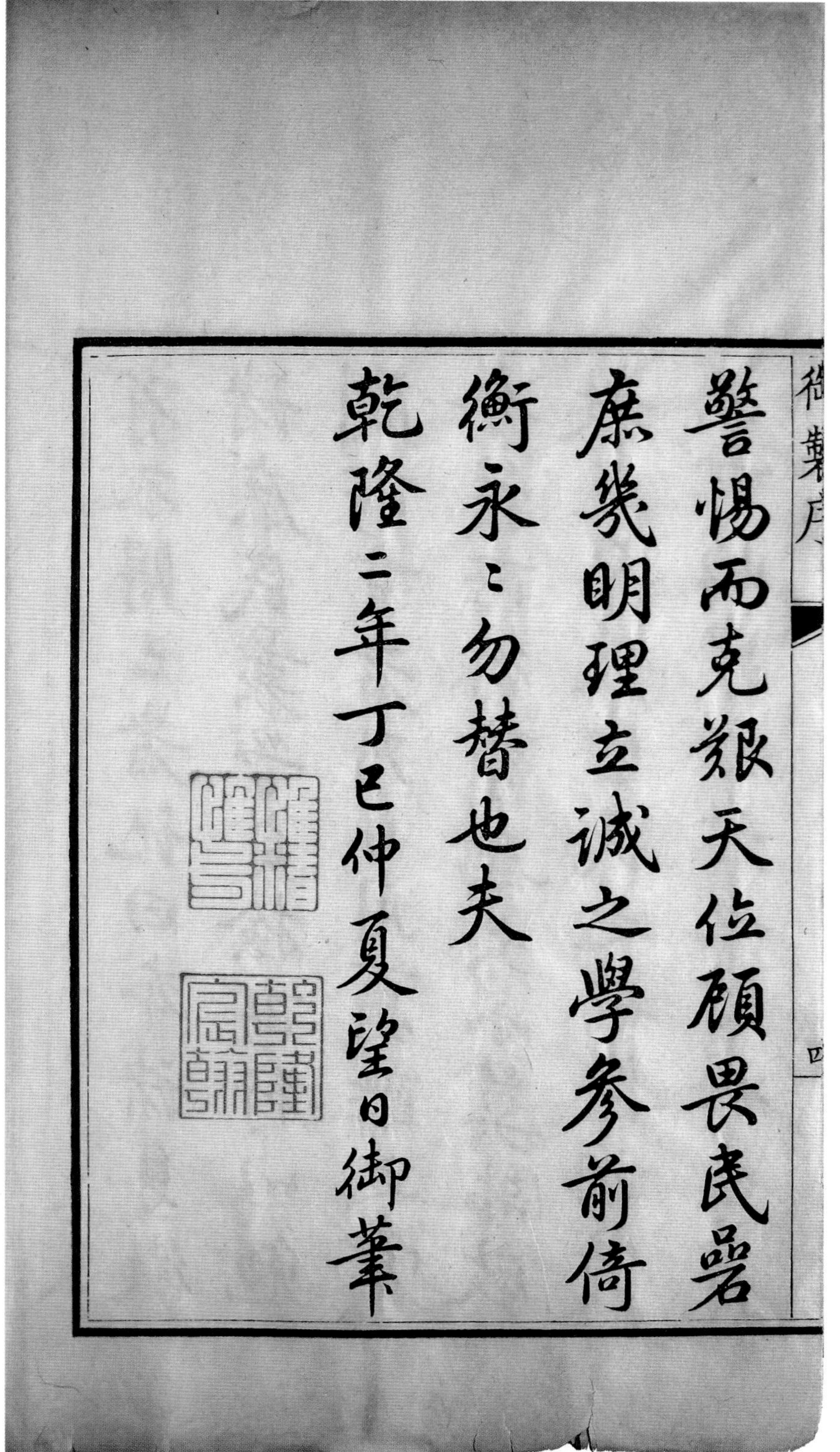

警惕而克艱天位顧畏民嵒
庶幾明理立誠之學參前倚
衡永永勿替也夫
乾隆二年丁巳仲夏望日御筆

清乾隆二年（1737）内府刻本

缺二卷（三十三至三十四），23册。半葉7行，行18字。白口，單黑魚尾，四周雙邊。框高19.3厘米，寬14.1厘米。

樂善堂全集四十卷目録四卷　（清）高宗弘曆　撰　（圖2）

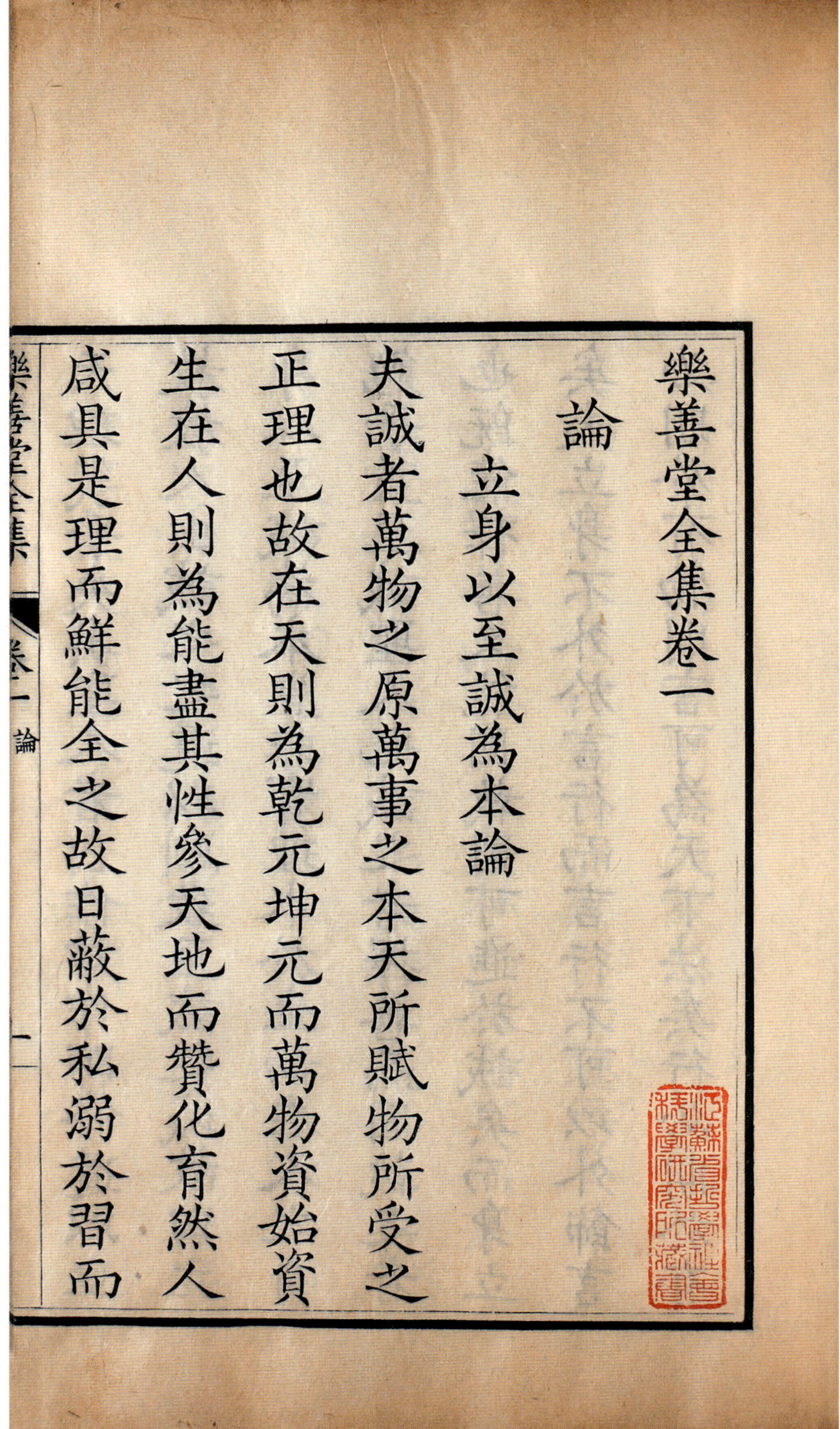
樂善堂全集卷一
論
立身以至誠為本論
夫誠者萬物之原萬事之本天所賦物所受之正理也故在天則為乾元坤元而萬物資始資生在人則為能盡其性參天地而贊化育然人咸具是理而鮮能全之故日蔽於私溺於習而

樂善堂全集　卷一　論　一

【乾隆】江南通志二百卷首四卷

（清）尹繼善 等修 （清）黄之雋 等纂

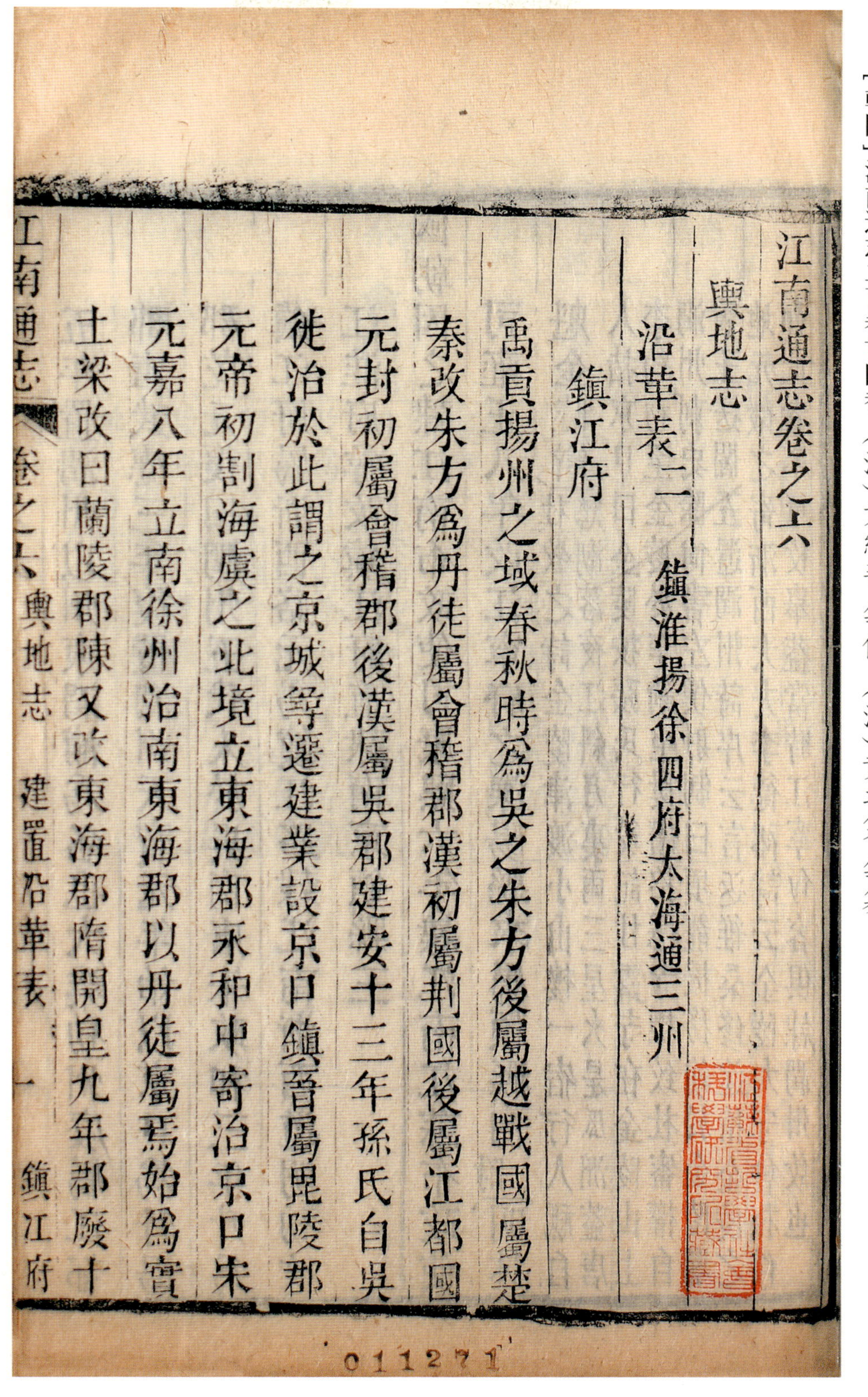
江南通志卷之六

輿地志

沿革表二　鎮淮揚徐四府太海通三州

鎮江府

禹貢揚州之域春秋時爲吳之朱方後屬越戰國屬楚
秦改朱方爲丹徒屬會稽郡漢初屬荆國後屬江都國
元封初屬會稽郡後漢屬吳郡建安十三年孫氏自吳
徙治於此謂之京城尋遷建業設京口鎮晉屬毘陵郡
元帝初割海虞之北境立東海郡永和中寄治京口宋
元嘉八年立南徐州治南東海郡以丹徒屬焉始爲實
土梁改曰蘭陵郡陳又改東海郡隋開皇九年郡廢十

江南通志　卷之六　輿地志　建置沿革表　一　鎮江府

清乾隆二年（1737）刻本

缺四十二卷（一至三、八至十二、六十三至六十六、一百二至一百二十六、一百七十八至一百八十一，首一卷），62册。半葉11行，行23字，小字雙行同。白口，單黑魚尾，左右雙邊。框高20.2厘米，寬14.9厘米。

春秋穀梁注疏二十卷附考證　（晉）范甯　集解　（唐）陸德明　音義　（唐）楊士勛　疏

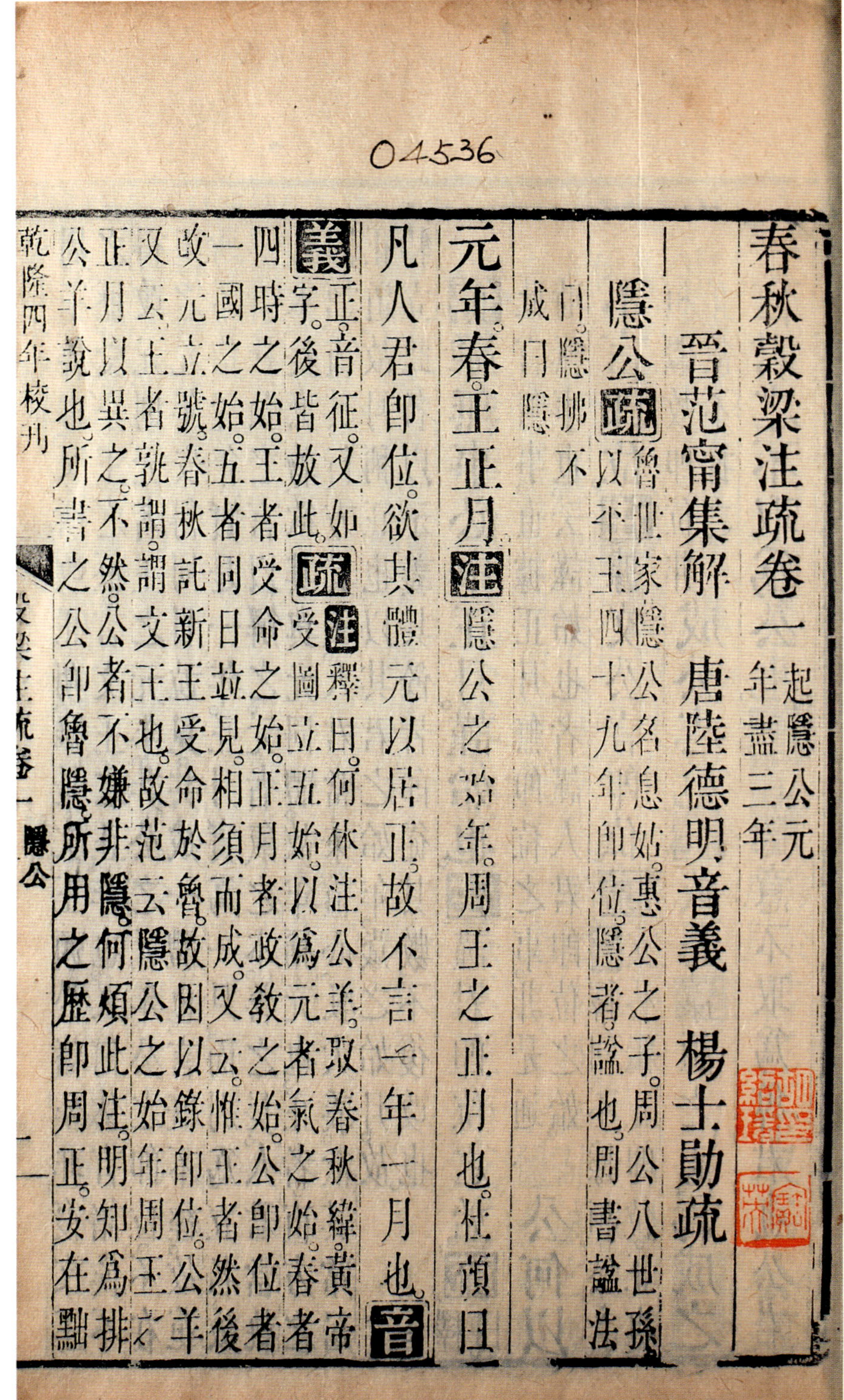

春秋穀梁注疏卷一 起隱公元年盡三年

晉范甯集解 唐陸德明音義 楊士勛疏

隱公【疏】魯世家隱公名息姑惠公之子周公八世孫以平王四十九年即位隱者謚也周書謚法曰隱拂不成曰隱

元年春王正月【注】隱公之始年周王之正月也杜預曰凡人君即位欲其體元以居正故不言一年一月也【音義】正音征又如字後皆放此【疏】【注】釋曰何休注公羊取春秋緯黃帝受圖立五始以爲元者氣之始春者四時之始王者受命之始正月者政教之始公即位者一國之始五者同日並見相須而成又云惟王者然後改元立號春秋託新王受命於魯故因以錄即位公羊又云王者孰謂謂文王也故范云隱公之始年周王之正月以異之不然公者不嫌非隱何煩此注明知爲排公羊說也所書之公即魯隱所用之歷即周正安在黜

乾隆四年校刊　穀梁注疏卷一　隱公　一

清乾隆四年（1739）刻十三經注疏本

6册。半葉10行，行21字，小字雙行同。白口，單黑魚尾，左右雙邊。框高22.1厘米，寬15.3厘米。

國朝畫徵録三卷明人附録一卷續録二卷 （清）張庚 撰

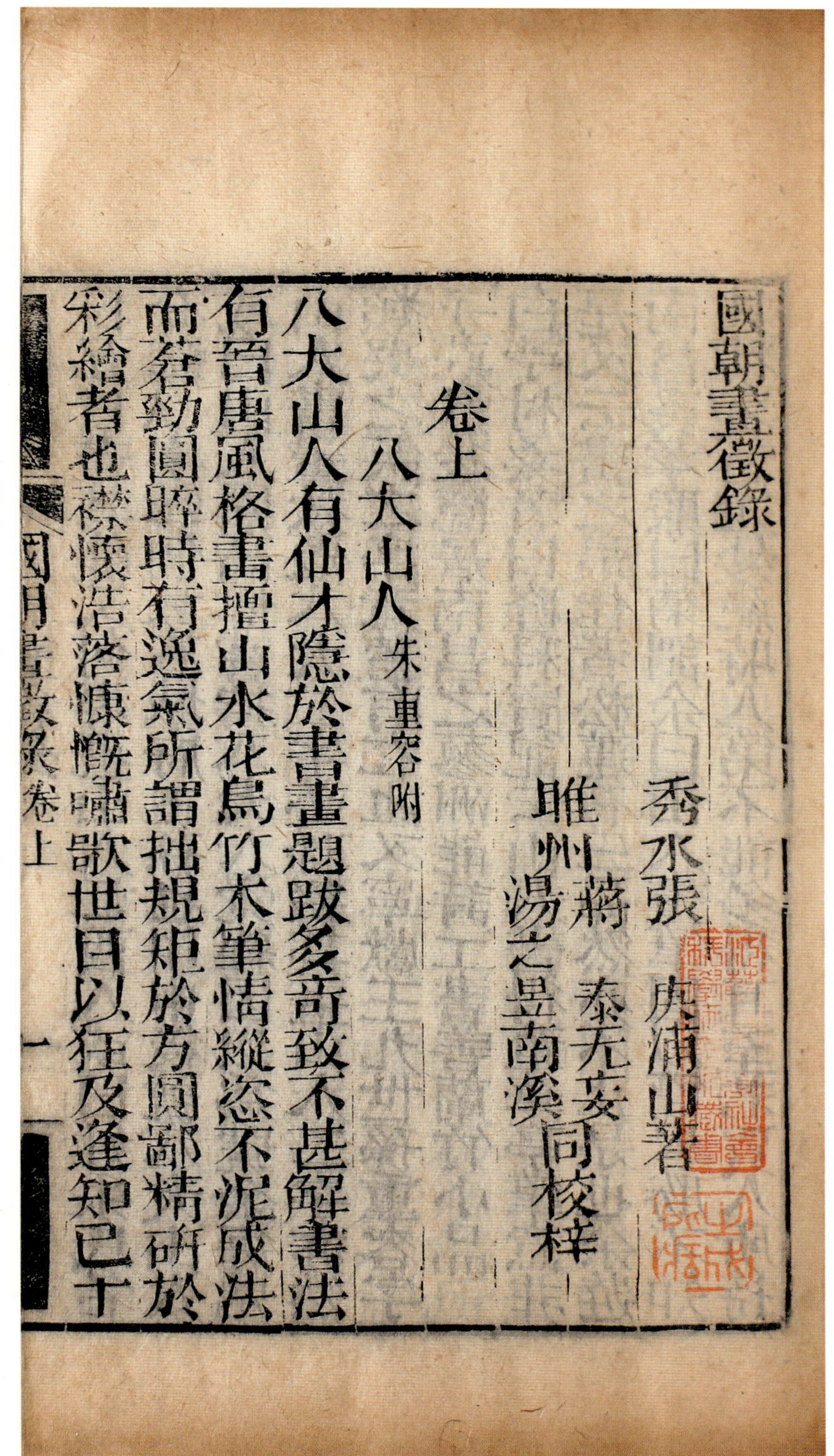

清乾隆四年（1739）蔣泰、湯之昱刻本

2冊。半葉10行，行21字，小字雙行同。上下黑口，單黑魚尾，四周單邊。框高18.6厘米，寬13.2厘米。

明詩別裁集十二卷　（清）沈德潛　（清）周凖　輯

清乾隆四年（1739）刻本

4册。半葉10行，行19字，小字雙行29字。白口，單黑魚尾，左右雙邊。框高17.4厘米，寬13.8厘米。

明詩别裁集卷一

長洲　沈德潛確士　周凖欽萊　同輯

劉基　基字伯温青田人元進士洪武中以佐命功封誠意伯後爲胡惟庸毒死正德中追謚文成○元季詩都尚辭華文成獨標高格時欲追逐杜韓故超然獨勝允爲一代之冠○樂府高於古詩古詩高於近體五言近體又高於七言

走馬引

天冥冥雲濛濛當天白日中貫虹壯士拔劒出門去手提讐頭擲草中擲草中血漉漉追兵夜至深谷伏精誠感天天心哀太一乃遣天馬從天來揮霍雷電揚風埃壯士呼天馬馳橫行白晝吏不敢

尊道堂詩鈔八卷別集六卷 （清）王材任 撰 （清）陳師晉 輯

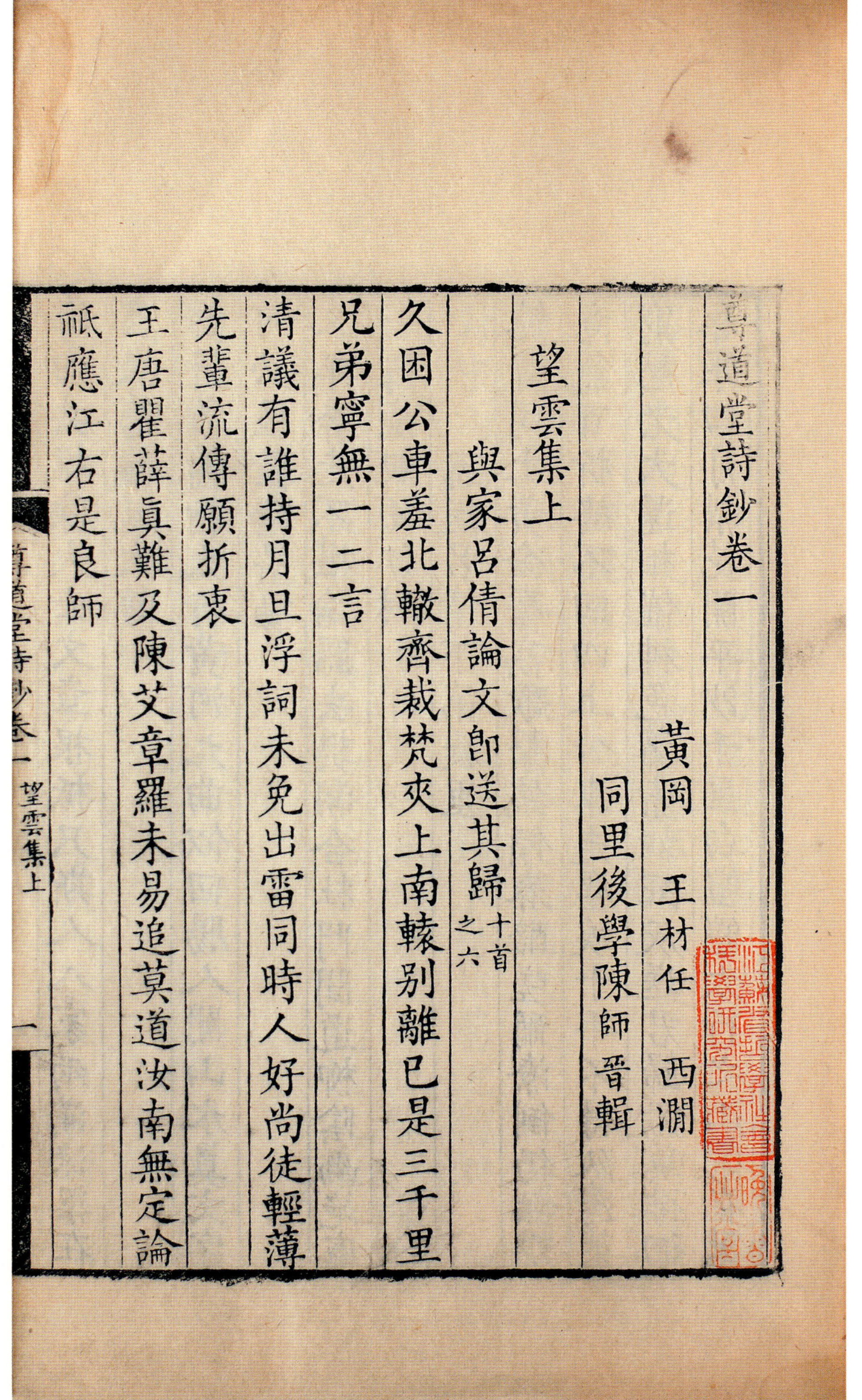

尊道堂詩鈔卷一

黄岡 王材任 西澗

同里後學陳師晉輯

望雲集上

與家呂倩論文郎送其歸十首之六

久困公車羞北轍齊裁梵夾上南轅别離已是三千里兄弟寧無一二言

清議有誰持月旦浮詞未免出雷同時人好尚徒輕薄先輩流傳願折衷

王唐瞿薛真難及陳艾章羅未易追莫道汝南無定論祇應江右是良師

清乾隆四年（1739）刻本

4冊。半葉11行，行21字，小字雙行。上下黑口，單黑魚尾，左右雙邊。框高18.9厘米，寬14.4厘米。

龍虎山志十六卷 （清）婁近垣 輯

清乾隆五年（1740）棲碧堂刻增修本

4册。半葉10行，行21字。白口，單黑魚尾，左右雙邊。框高17.6厘米，寬13.8厘米。

龍虎山志卷二
妙正真人婁近垣三臣重輯　徒惠遠謨虗中校
山水
山澤通氣融結秀英含珠蘊玉猶見光榮仙真挺
出彌顯地靈雖殊嶽瀆差擬蓬瀛仙真窟宅誌以
待徵志山水
龍虎山在江西廣信府貴溪縣西南八十里之仁福鄉
于天官斗牛之分野星紀之次也其地三代爲揚州之
域春秋戰國迭爲吴楚地秦併天下屬番縣漢屬豫章
郡之餘干隋唐間屬雄石鎮唐上元元年置信州永泰
龍虎山志　卷二　山水　一

沽上題襟集八卷 （清）查爲仁 （清）查學禮 輯

沽上題襟集

山陰 劉文煊 紫仙

丁字沽晚歸用常蘊州乘月過西郊渡韵

永日川上游曰歸時及暮新月出林扃微雲隱津渡過目迹已陳清景偶然遇褱中寄幽賞境外延冥悟節移花下影風送草閒步暝色帶田廬清輝散原樹逝者諒難留何期愜心素

題惲桮長畫冊四首

物外蕭騷各一枝芳心勁節兩相知祇愁樂府裁横笛吹落關山細雨時 梅花竹枝

清乾隆六年（1741）刻本

2冊。半葉10行，行22字，小字雙行24字。上下黑口，單黑魚尾，左右雙邊。框高18厘米，寬13.6厘米。

【江蘇無錫隆亭】華氏宗譜二十四卷 （清）華希閔 （清）華孳亨 重輯

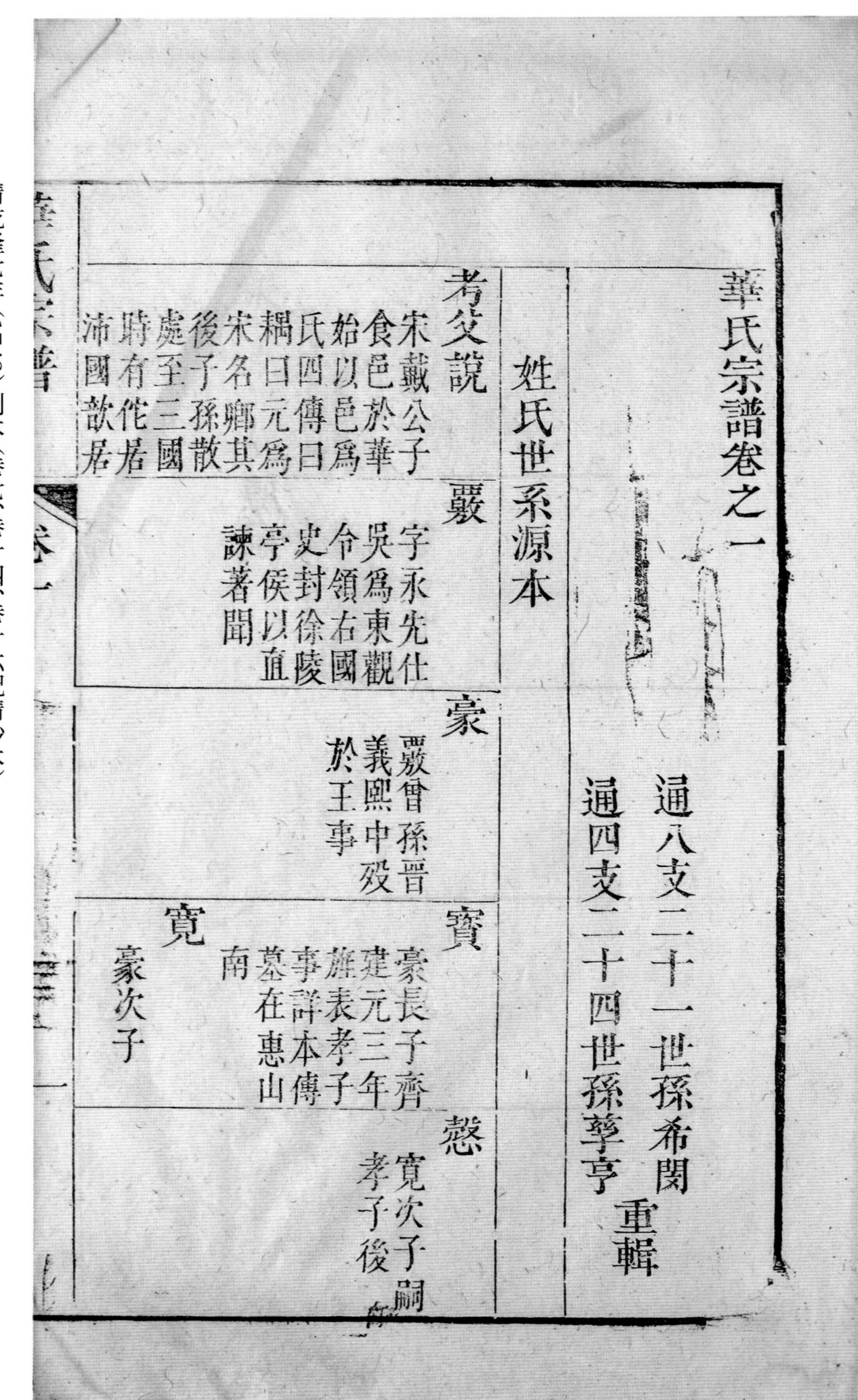

華氏宗譜卷之一

通八支二十一世孫希閔
通四支二十四世孫孳亨 重輯

姓氏世系源本

考父說 宋戴公子食邑於華始以邑爲氏四傳曰耦曰元爲宋名卿其後子孫散處至三國時有佗居沛國歆居

覈 字丞先仕吳爲東觀令領右國史封徐陵亭侯以直諫著聞

豪 覈曾孫晉義熙中歿於王事

寶 豪長子齊建元三年旌表孝子事詳本傳墓在惠山南

寬 豪次子

愨 寬次子孝子後嗣

清乾隆七年（1742）刻本（卷七、卷十四、卷十六配清抄本）
缺九卷（二至三、六上、十五、二十至二十四），16冊。半葉11行，行約26字，小字雙行27字。白口，單黑魚尾，四周單邊。框高22.7厘米，寬14.7厘米。

尚書古文疏證八卷　（清）閻若璩　撰　朱子古文書疑一卷　（清）閻詠　輯

清乾隆十年（1745）眷西堂刻本

缺一卷（三），8 册。半葉 11 行，行 20 字，小字雙行同。白口，單黑魚尾，左右雙邊。框高 18.7 厘米，寬 14.7 厘米。

尚書古文疏證卷一

太原閻若璩百詩撰

平陰朱續晫近堂梓

第一

漢書儒林傳孔氏有古文尚書孔安國㠯今文字讀之因㠯起其家逸書得十餘篇蓋尚書兹多於是矣藝文志古文尚書者出孔子壁中武帝末魯共王壞孔子宅得古文尚書及禮記論語孝經凡數十篇皆古字孔安國者孔子後也悉得其書以考二十九篇得多十六篇安國獻之遭巫蠱事未列於學官楚元王傳魯恭王壞孔子宅欲㠯爲宫而得古文於壞壁之中逸禮有三十九書十六篇天漢之後孔安國獻

尚書古文疏證卷一　眷西堂

四書朱子本義匯參四十三卷首四卷　（清）王步青 輯

大學章句本義匯參卷之一

金壇後學王步青輯　子士鼇編　孫維甸尚畲　乃昀爾畯　校

大學 大舊音泰今讀如字

子程子曰大學孔氏之遺書而初學入德之門也於今可見古人爲學次第者獨賴此篇之存而論孟次之學者必由是而學焉則庶乎其不差矣〔龜山楊氏曰〕大學一篇聖學之門戶其取道至徑故二程多令初學讀之〇〔語類〕某要人先讀大學以定其規模次讀論語以立其根本次讀孟子以觀其發越次讀中庸以求古人微妙處大學一篇有等級次第總作一處易曉宜先看論語却實但言語散見初看亦難孟子有感激興發人心處中庸難讀看三書後方宜讀之〇先看大學次論孟次中庸果然下工夫句句字字涵泳切已看得透

大學章句本義匯參　卷一　一　敦復堂

清乾隆十年（1745）敦復堂刻本

24册。半葉9行，行23字，小字雙行同。白口，單黑魚尾，四周單邊。框高20.1厘米，寬14.5厘米。

望溪集不分卷 （清）方苞 撰 （清）王兆符 （清）程崟 輯

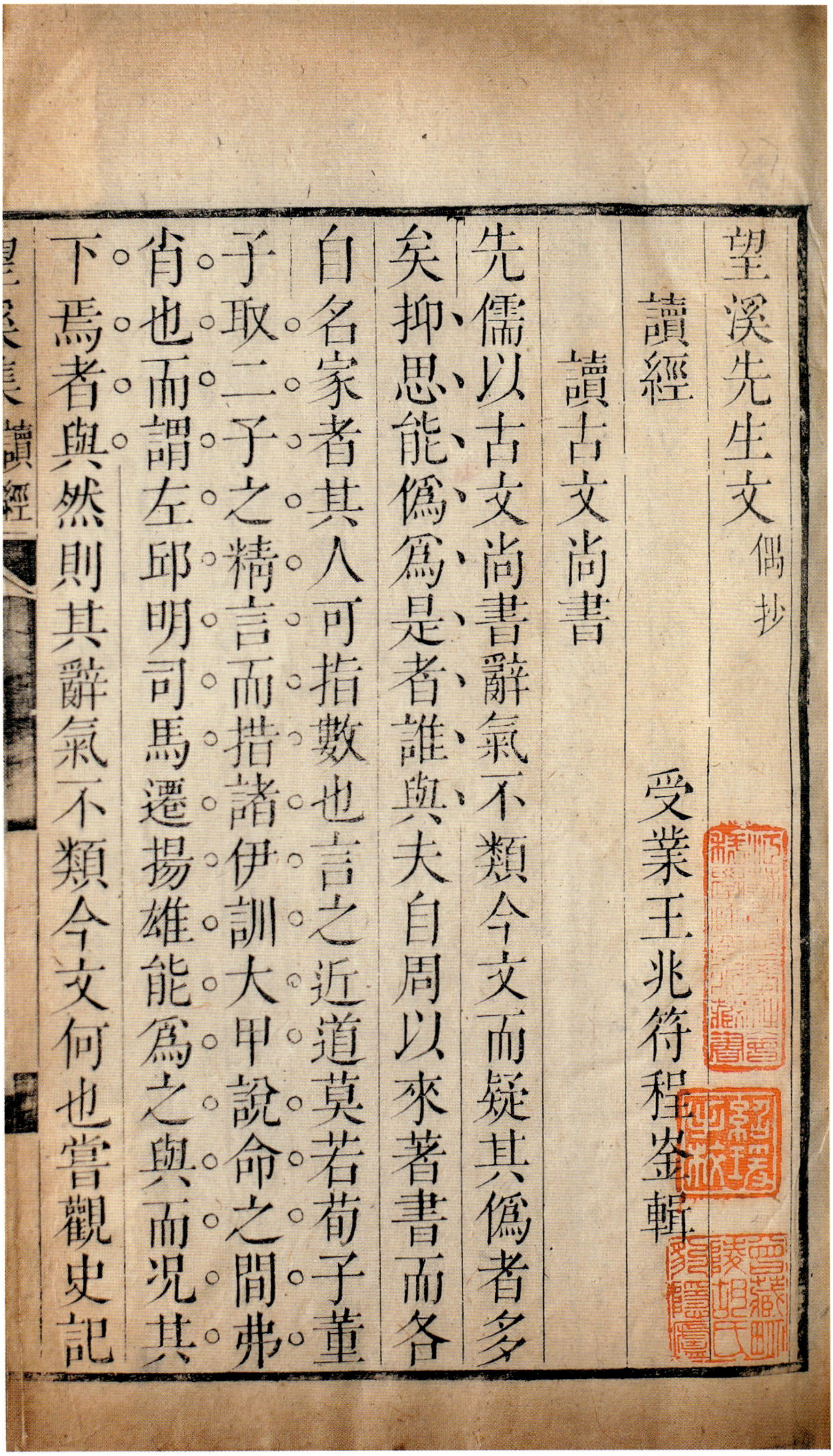
望溪先生文偶抄

讀經

讀古文尚書

受業王兆符程崟輯

先儒以古文尚書辭氣不類今文而疑其僞者多矣抑思能僞爲是者誰與夫自周以來著書而各自名家者其人可指數也言之近道莫若荀子董子取二子之精言而措諸伊訓大甲說命之間弗肖也而謂左邱明司馬遷揚雄能爲之與而況其下焉者與然則其辭氣不類今文何也嘗觀史記

望溪集 讀經

清乾隆十一年（1746）程崟刻本

12冊。半葉9行，行19字，小字雙行同。中黑口，單黑魚尾，左右雙邊。框高20.4厘米，寬14.1厘米。

春秋大事表五十卷春秋輿圖一卷附録一卷　（清）顧棟高輯　（圖一）

清乾隆十三年至十四年（1748—1749）萬卷樓刻本

20冊。半葉11行，行25字，小字雙行40字（輿圖小字雙行38字）。白口，無魚尾，四周單邊。框高21.8厘米，寬15.3厘米。

春秋時令表卷一

錫山 顧棟高復初 輯
婁縣受業 [illegible] 參

經文

隱元年春王正月

左傳王周正月
孔氏穎達曰夏以建寅之月爲正商以建丑之月爲正周以建子之月爲正月改則春移
朱子曰劉質夫以春字爲夫子所加但魯史本謂之春秋則似原有此字又曰文定

隱六年冬宋人取長葛

左傳秋宋人取長葛
劉氏敞曰左氏作秋杜云秋取冬來告非也左傳日月與經不同者多或丘明作書雜取當時諸侯史策有用夏正者有用周正者故經所云冬傳謂之秋也據劉氏之說則當時諸侯亦不

隱九年三月癸酉大雨震電庚辰大雨雪

漢書五行志劉向以爲周三月夏正月也雷電未可以發既已發則雪不當復降皆失節故謂之異
汪氏克寬曰或謂春

桓四年春正月公狩于郎

左傳書時禮也
杜註冬獵曰狩周之春夏之冬也田狩皆夏時也
公羊傳冬曰狩常事不書此何以書譏遠也
張氏吕寧曰周春正月夏十一月也冬曰狩不以不時書以譏

桓六年秋八月壬午大閱

胡傳周禮仲冬教大閱書八月不時
張氏吕寧曰周八月夏六月也故曰不時

太湖備考十六卷首一卷（清）金友理 纂 湖程紀略一卷（清）吴曾 撰

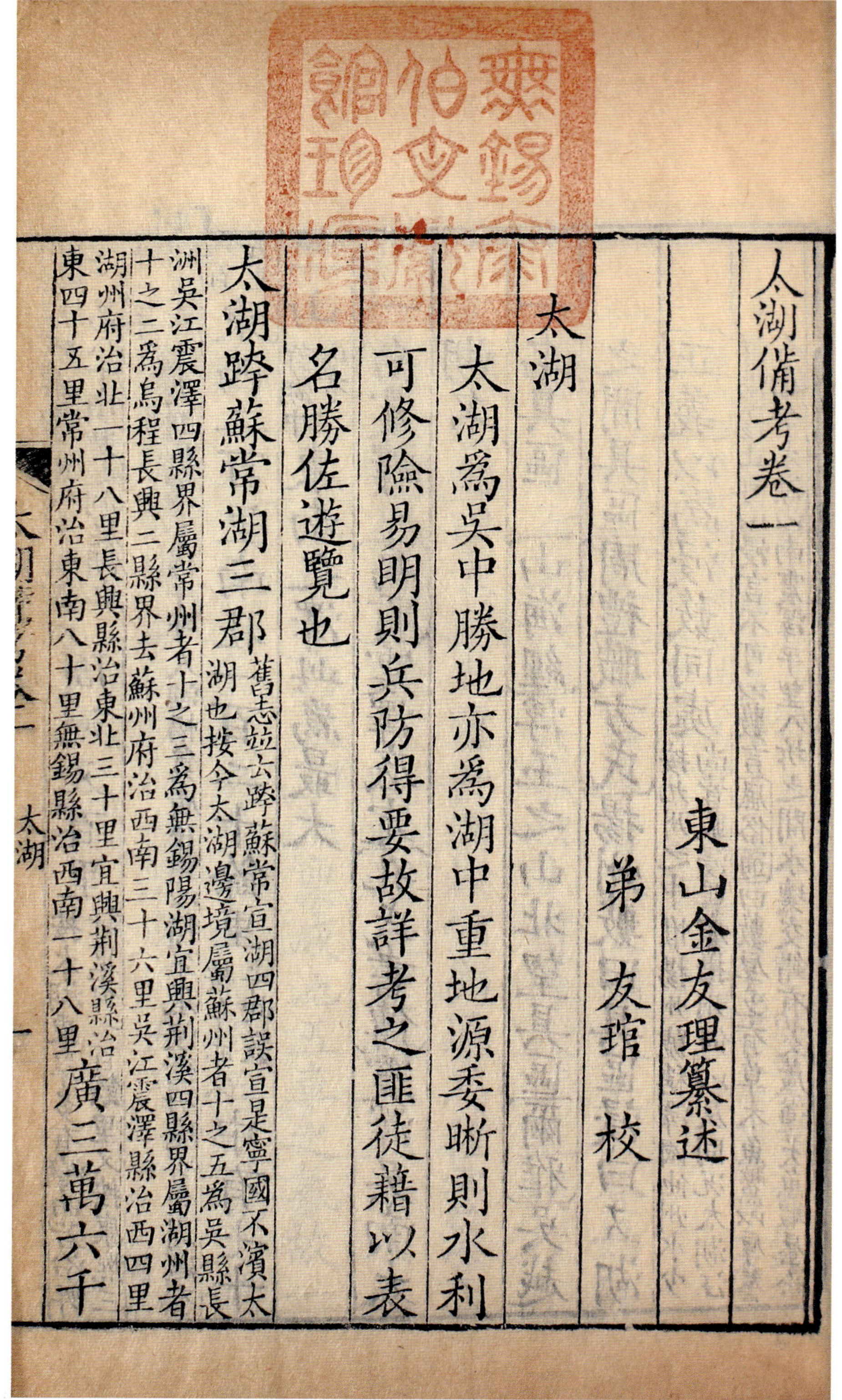

太湖備考卷一

東山金友理纂述

弟 友瑄 校

太湖

太湖爲吳中勝地亦爲湖中重地源委晰則水利可修險易明則兵防得要故詳考之匪徒藉以表名勝佐遊覽也

太湖跨蘇常湖三郡 舊志竝云跨蘇常宣湖四郡誤宣是寧國不濱太湖也按今太湖邊境屬蘇州者十之五爲吳縣長洲吳江震澤四縣界屬常州者十之三爲無錫陽湖宜興荊溪四縣界屬湖州者十之二爲烏程長興二縣界去蘇州府治西南三十六里吳江震澤縣治西四里湖州府治北一十八里長興縣治東北三十里宜興荊溪縣治東四十五里常州府治東南八十里無錫縣治西南一十八里廣三萬六千

太湖備考卷一 太湖 一

清乾隆十五年（1750）藝蘭圃刻本

8册。半葉10行，行21字，小字雙行31字。白口，單黑魚尾，左右雙邊。框高18.4厘米，寬13.5厘米。

金詩選四卷元詩選六卷元詩選補遺一卷 （清）顧奎光 選輯 （圖一）

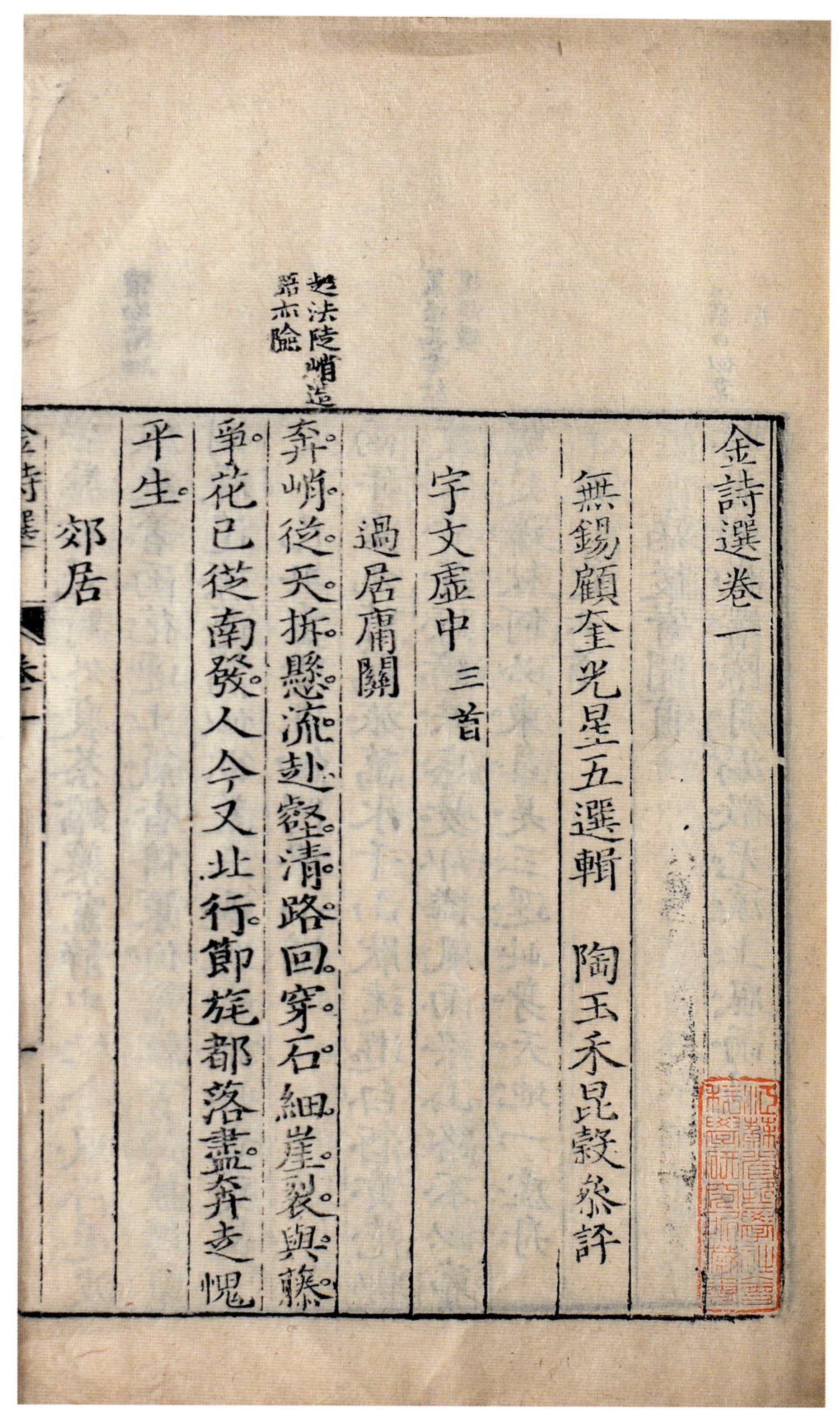

金詩選卷一

無錫顧奎光星五選輯　陶玉禾昆穀參評

宇文虛中　三首

過居庸關

起法陡峭造語亦險

奔峭從天拆懸流赴壑清路回穿石細崖裂與藤爭花已從南發人今又北行節旄都落盡奔走愧平生

郊居

清乾隆十六年(1751)刻本

6冊。半葉10行，行19字，小字雙行同。白口，單黑魚尾，左右雙邊。框高16.2厘米，寬13.2厘米。

金詩選四卷元詩選六卷元詩選補遺一卷 （清）顧奎光 選輯 （圖2）

元詩選卷一

無錫顧奎光星五選輯　陶瀚昆謀　參評
陶玉禾昆穀

元文宗一首

自集慶路入正大統途中偶吟

穿了羇衫便著鞭一鈎殘月柳梢邊二三點露滴如雨六七個星猶在天犬吠竹籬人過語雞聲茅店客驚眠須臾捧出扶桑日七十二峰都在前

真景本色不雕飾而饒詩意賦早行者無以踰之結語尤見帝王景象

元詩選　卷一

武夷山志二十四卷首一卷（清）董天工 撰（圖1）

武夷山志卷之一

武夷董天工典齋編集 男薊勃校刊

總志上

武夷本爲仙窟一山一水一木一石水貫山行山挾水轉然其間琳宮梵宇鳥革翬飛自紫陽書院一開而臺亭莊館接武而興山則爲峯爲巖爲石爲壇爲嶂爲岫爲島爲嶺爲岡爲崍爲洞爲窩爲窠爲巃爲塢爲坑爲淵爲坪爲崖爲川爲原爲坡爲窟爲石門爲林爲園水則爲江爲湖爲溪爲灘爲潭爲澗爲泉爲池爲沼爲塘爲井建造則爲書院爲祠爲堂爲殿爲道院爲觀爲廟爲菴爲寺爲書堂

武夷山志 卷之一 總志上 一

清乾隆十六年（1751）刻本

存十五卷（一至七、十一至十六、二十、首一卷），6册。半葉10行，行22字，小字雙行同。白口，單黑魚尾，左右雙邊。框高18.8厘米，寬13.9厘米。

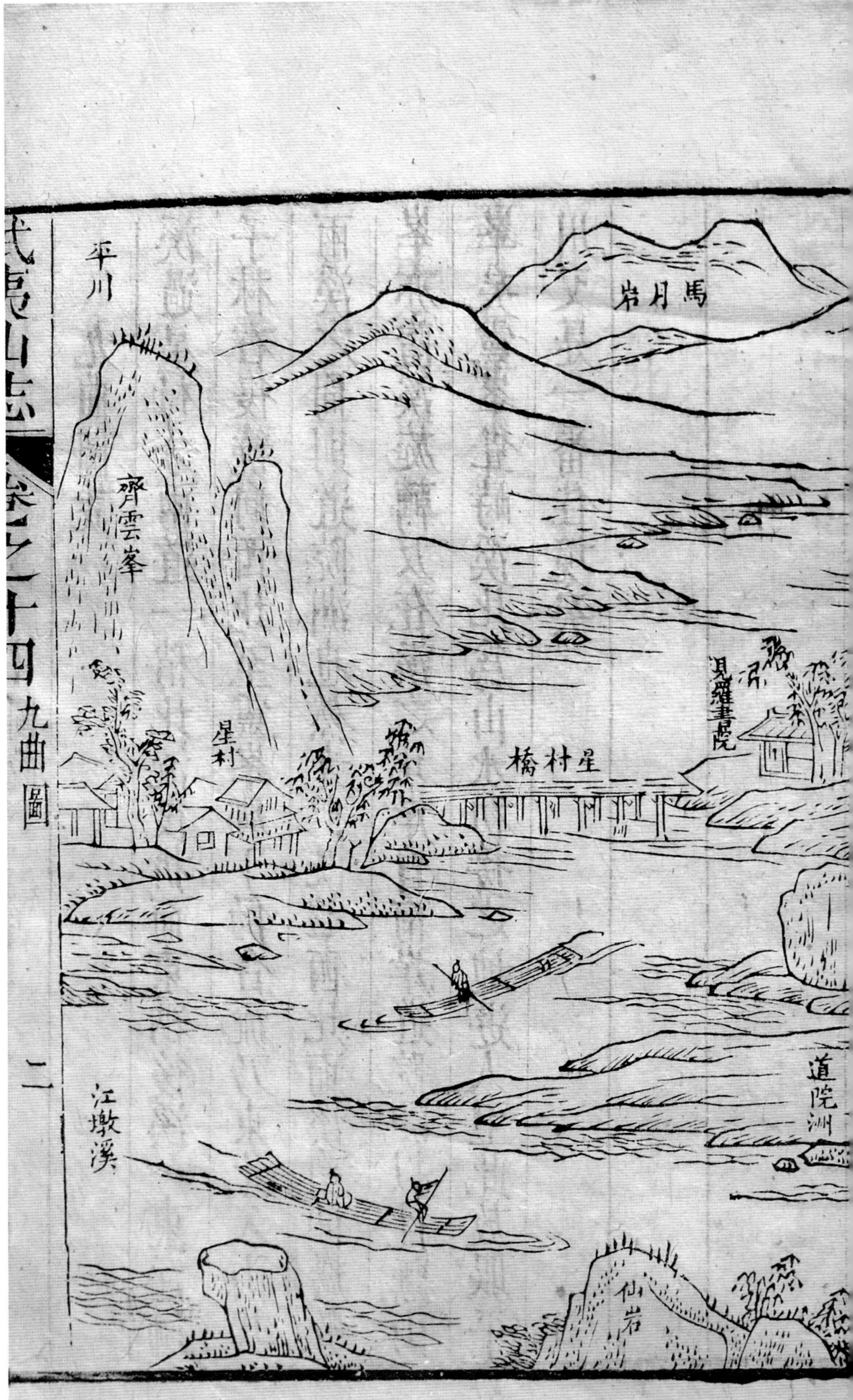

武夷山志
卷之二十四
九曲圖
二
平川
馬月岩
齊雲峯
星村
星村橋
見羅書院
道院洲
江墩溪
仙岩

武夷山志二十四卷首一卷（清）董天工 撰（圖2）

史通通釋二十卷 （清）浦起龍 釋 舉例一卷 （清）蔡焯 撰 舉要一卷 （清）浦起龍 撰 附録新唐書劉知幾本傳一卷

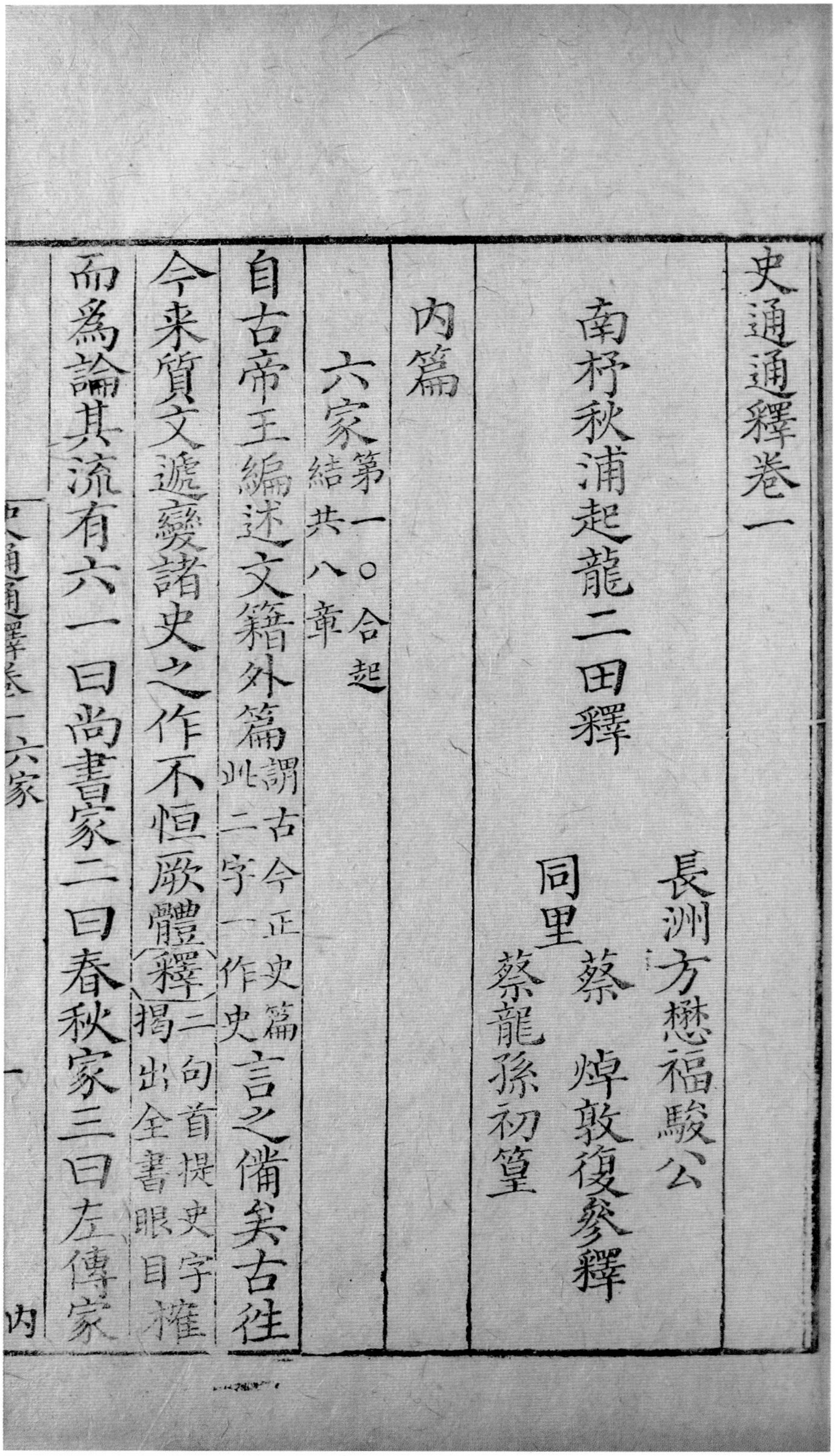

清乾隆十七年（1752）梁溪浦氏求放心齋刻本

12 册。半葉 9 行，行 22 字，小字雙行同。白口，無魚尾，左右雙邊。框高 18.8 厘米，寬 13.3 厘米。

水經注四十卷 （北魏）酈道元 撰 （圖1）

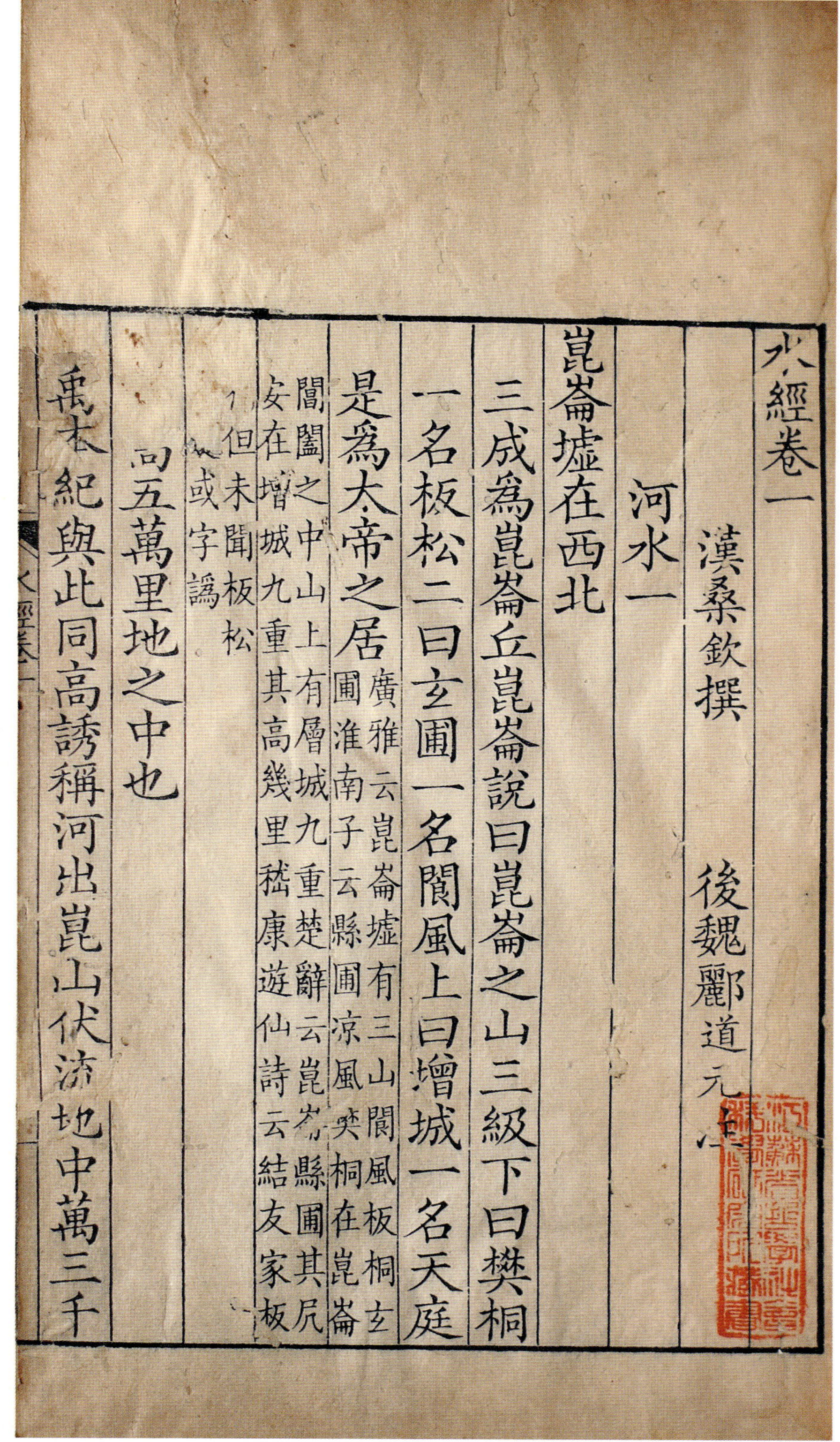

清乾隆十八年（1753）黄晟槐蔭草堂刻本

12冊。半葉11行，行21字，小字雙行同。上下黑口，單黑魚尾，四周單邊。框高17.9厘米，寬13.7厘米。

水經注四十卷（北魏）酈道元 撰（圖2）

説鈴抄八卷（清）華繼 輯

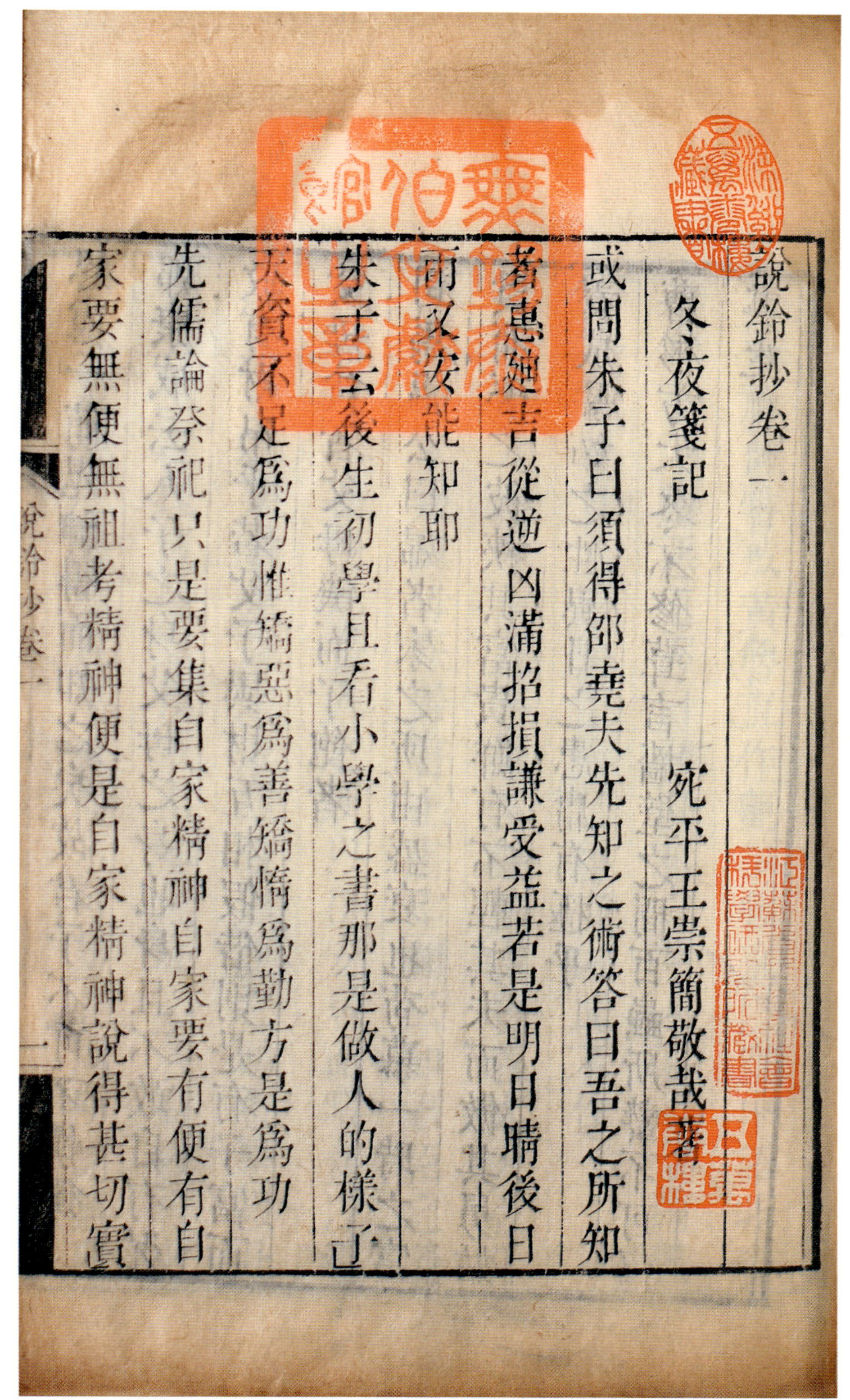

說鈴抄卷一

冬夜箋記　宛平王崇簡敬哉著

或問朱子曰須得邵堯夫先知之術答曰吾之所知者惠迪吉從逆凶滿招損謙受益若是明日晴後日雨又安能知耶

朱子云後生初學且看小學之書那是做人的樣子

夫貧不足爲功惟矯惡爲善矯惰爲勤方是爲功

先儒論祭祀只是要集自家精神自家要有便有自家要無便無祖考精神便是自家精神說得甚切實

清乾隆保元堂刻本

4冊。半葉9行，行20字。上下黑口，單黑魚尾，左右雙邊。框高17.7厘米，寬13.7厘米。

金山志十卷宸翰一卷金山志圖一卷 （清）盧見曾 纂

清乾隆二十七年（1762）雅雨堂刻重修本

4冊。半葉10行，行21字，小字雙行同。白口，單黑魚尾，左右雙邊。框高18.1厘米，寬14.3厘米。

金山志卷第一

山水

金山在鎮江府城西北楊子江中自城至山五里

脉接長山迤邐爲五州山至下鼻浦入江突爲

此山道藏記始名浮玉言玉京諸峯浮而至者

宋周必大雜志言此山大江環繞每風濤四起

勢若飛動故南朝謂之浮玉山一名氐父山又

名獲符山元和郡縣圖志氐父山在縣西北十

里晉破苻堅獲氐俘置此山下因名又名伏牛

山唐志潤州貢伏牛山銅器又九域志唐時有

金山志　卷一　一　雅雨堂

經言拾遺十四卷 (清)徐文靖 撰

經言拾遺卷之一

當塗 徐文靖位山學、

侄堉毛大鵬雲翼訂

周易卦爻上

乾元亨利貞 唐孔氏曰此乾卦本以象天何不謂之天而謂之乾乾者天者定體之名乾者體用之稱故說卦云乾健也言天之體以健爲用聖人作易本以教人欲使人法天之用不法天之體故名乾不名天也

靖按文王作易以明天道首曰乾元亨利貞王弼略例曰凡體具四德者則轉以勝者爲先故曰元亨利貞也邢璹注曰元爲生物之始春也亨爲合聚於物夏也利爲和諧於物秋也貞能幹濟於物

經言拾遺 卷之一 一

清乾隆二十一年(1756)當塗徐氏志寧堂刻徐位山六種本

2冊。半葉9行,行20字,小字雙行同。白口,單黑魚尾,左右雙邊。框高19.2厘米,寬13.1厘米。

鐵網珊瑚二十卷 （明）都穆 撰

清乾隆二十三年（1758）都肇斌刻本

4冊。半葉10行，行22字，小字雙行同。白口，單黑魚尾，左右雙邊。框高17.1厘米，寬13.5厘米。

鐵網珊瑚卷之一

太僕少卿吳郡都穆

鹽鐵論

鹽鐵論十卷凡六十篇漢廬江太守丞汝南桓寛次公撰

按鹽鐵之議起昭帝之始元中詔問賢良文學皆對願罷

郡鹽鐵與御史大夫桑弘羊相詰難而鹽鐵牢不果罷至

宣帝時寛推衍增廣成一家言其書在宋嘗有板刻歷歲

既久寖以失傳人亦少有知者新塗涂君知江陰之明年

令行禁止百廢俱與新民之暇手校是書仍捐俸刻之使

學者獲見古人文字之全而其究治亂抑貨利以禆國家

鐵網珊瑚　卷之一　一

賦彙録要二十八卷補遺一卷外集一卷　（清）吴光昭　箋略　（清）陳書　輯　補題注一卷

賦彙録要卷之一

秀水吳光昭箋畧　門人陳書仝輯

天象上

天地賦

懸象成文列宿有章三辰燭耀五緯重光河漢委蛇而帶天虹蜺偃蹇於昊蒼望舒弭節於九道羲和正轡於中黃衆星回而環極招搖運而指方白虎峙踞於參井青龍垂尾於氐房元龜匿首於女虛朱鳥奮翼於星張帝皇正坐於紫宮輔臣列位於文昌垣屏絡繹而珠連

賦彙録要卷一　天象　一

清乾隆二十三年（1758）汲古齋刻本

12册。半葉10行，行21字，小字雙行同。上下黑口，雙對黑魚尾，左右雙邊。框高17.3厘米，寬12.8厘米。

漁洋山人精華録會心偶筆六卷

（清）王士禛 撰 （清）伊應鼎 編述

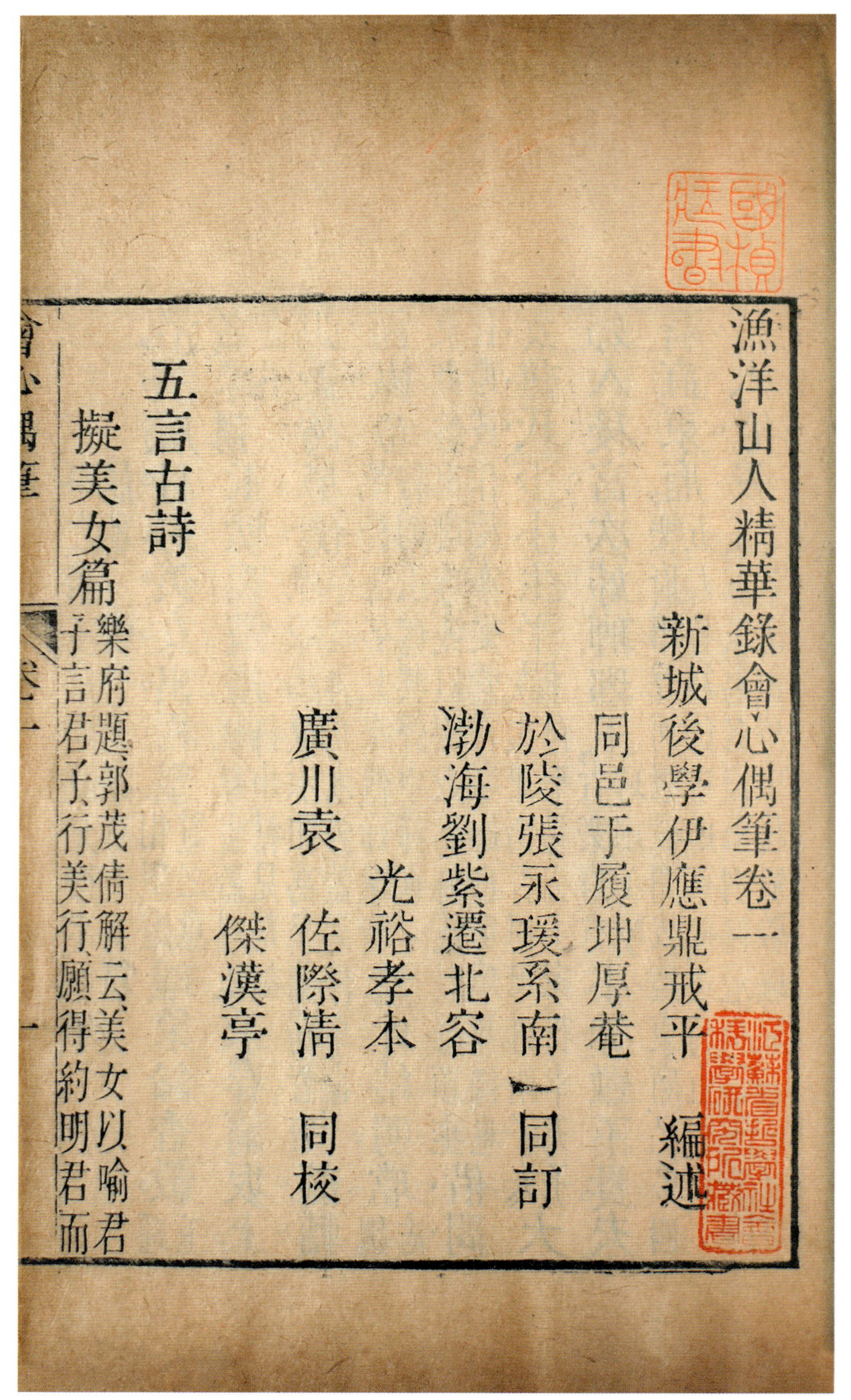
漁洋山人精華録會心偶筆卷一
新城後學伊應鼎戒平 編述
同邑于履坤厚菴
於陵張永瑗系南 同訂
渤海劉紫還北容
光裕孝本
廣川袁佐際清 同校
傑漢亭
五言古詩
擬美女篇樂府題郭茂倩解云美女以喻君子言君子行美行願得約明君而

清乾隆二十四年（1759）新城伊氏刻本

4册。半葉10行，行19字，小字雙行同。白口，單黑魚尾，四周單邊。框高17.3厘米，寬13.5厘米。

帶經堂詩話卷一

漁洋山人

綜論門一

源流類

李白云興寄深微五言不如四言七言又其靡也此獨謂三百篇耳若後來韋孟等作有何興寄但如嚼蠟耳風雅中如燕燕于飛差池其羽我來自東零雨其濛鸛鳴于垤婦歎于室昔我往矣楊柳依依今我來思雨雪霏霏蕭蕭馬鳴悠悠旆旌其新孔嘉其舊如之何等句後千萬世縱有能言更從何處着筆耶 香祖筆記　弁錄七

池北偶談 予六七歲始入鄉塾受詩誦至燕燕綠衣等篇便覺棖觸欲涕亦不自知其所以然稍長遂頗悟興觀羣怨之古宋

清乾隆二十七年（1762）刻五十四年（1789）增刻本

6冊。半葉12行，行23字，小字雙行34字，上下黑口，單黑魚尾，左右雙邊。框高18.7厘米，寬13.9厘米。

闕里文獻考一百卷首一卷末一卷 （清）孔繼汾 撰

闕里文獻考卷一

世系第一之一

至聖先師孔子諱丘字仲尼本姓子氏殷之裔也昔黃帝二十五子其得姓者十四人元囂得姓己氏元囂及子蟜極皆不得在位至孫帝嚳承顓頊有天下是爲高辛氏契帝嚳子也佐禹治水有功舜命爲司徒敷五教封於商賜姓子氏契卒子昭明立昭明卒子相土立相土卒子昌若立昌若卒子曹圉立曹圉卒子冥立冥卒子振立振卒子微立微字上甲其母以甲日生故也商家生子以日爲字蓋自微始微卒子報丁立報丁卒子報乙立報乙卒子報丙立報丙卒子主壬立主壬卒子主癸立主癸卒子天乙立天乙名履伐夏有天下國號商是爲成湯湯太子太丁之子太甲克修祖德廟號太宗太甲生太庚太庚生太戊太戊廟號中宗生河亶甲河亶甲生祖乙祖乙生祖辛祖辛生祖丁祖丁生小乙小乙生武丁武丁廟號高宗生祖

闕里文獻考卷一 世系一 一

清乾隆二十七年（1762）刻本

8冊。半葉13行，行26字，小字雙行同。上下黑口，雙順黑魚尾，左右雙邊。框高19厘米，寬14.8厘米。

四書一貫講十九卷 (清)顧天健 撰 松陽劄記一卷 (清)陸隴其 (清)陸公鏐 撰 (清)顧天健 輯

四書一貫講

同里陸稼書 陸蒿菴 兩先生鑒定

孟子 朱熹集註

梁惠王章句上

凡七章

孟子見梁惠王

梁惠王魏侯罃也都大梁僭稱王謚曰惠史記惠王三十五年卑禮厚幣以招賢者而孟軻至梁

王曰叟不遠千里而來亦將有

孟子卷之一

當湖顧天健惕承著

男 麒錫作三

孫 嗣績 堃懷

曾孫 廷棟隆吉 廷餘汝霖

元孫 丕烈 顯烈 仝較訂

此章揭仁義以闢功利爲善正梁王意仁義是孟子一生學問即爲經濟甚重而先闢利者以戰國之君中於利已深牢牢以仁義挽回必不見信故反復指陳利害以曲引於仁義何必曰利二句爲主冒下下兩節申明之末節結應起處前虛後實王言利字是虛字孟子借以作利害之利以闢之○仁義乃治天下之大道而敗之者利也戰國時君大夫士惟知圖利何況庶人惟孟子抱仁義之學欲以濟世而無如時君不知尊信故以

清乾隆二十八年(1763)啓後堂刻本

存八卷(孟子卷一至卷七、松陽劄記一卷),8册。兩欄,白口,單黑魚尾,四周單邊。框高25厘米,寬14厘米。

清河書畫舫十二卷（明）張丑 撰（圖1）

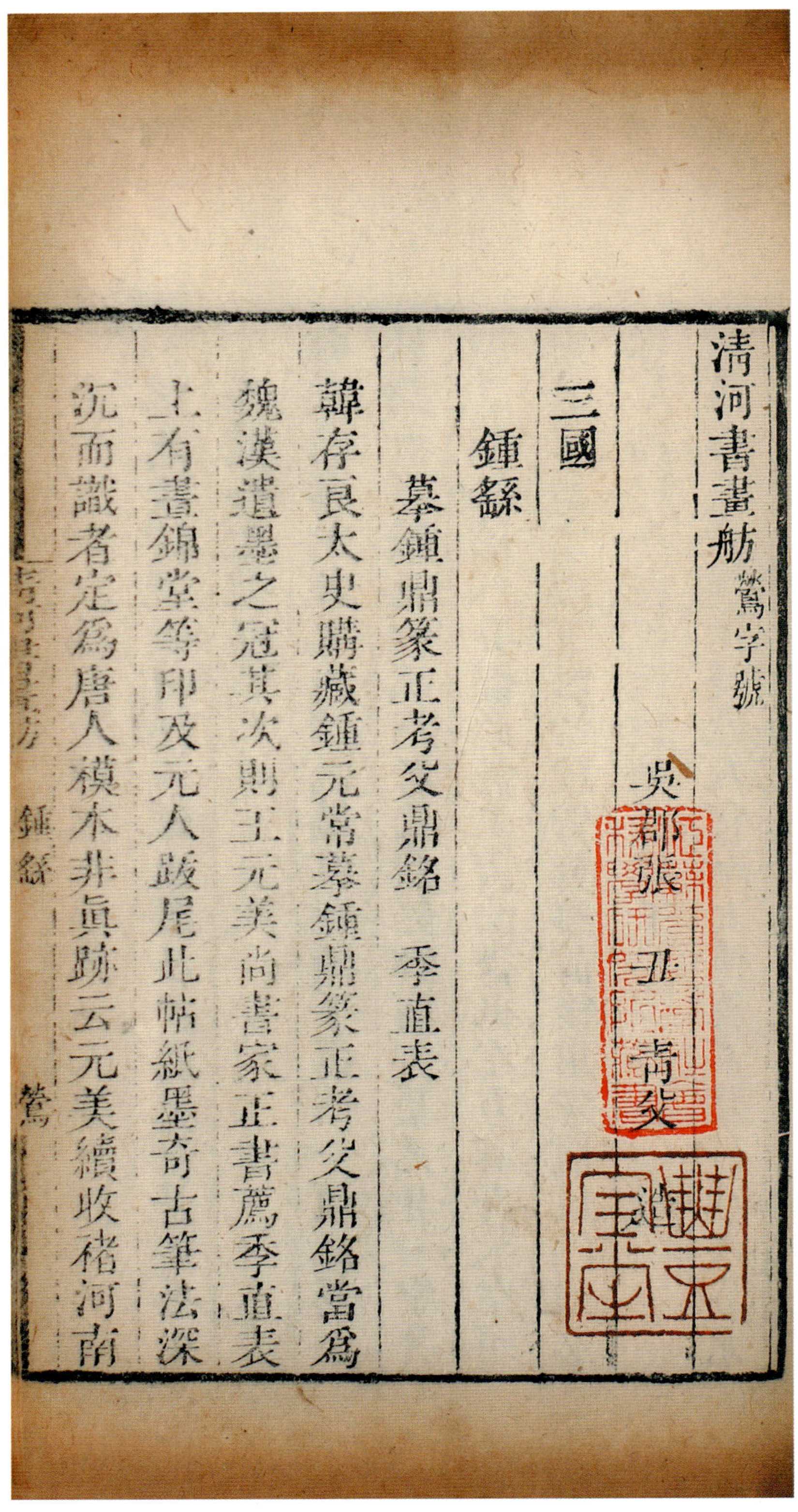

清河書畫舫 鶯字號

吳郡張丑青父

三國

鍾繇

摹鍾鼎篆正考父鼎銘　季直表

韓存良太史購藏鍾元常摹鍾鼎篆正考父鼎銘當爲魏漢遺墨之冠其次則王元美尚書家正書薦季直表上有畫錦堂等印及元人跋尾此帖紙墨奇古筆法深沉而識者定爲唐人模本非真跡云元美續收褚河南

清河書畫舫　鍾繇　鶯

清乾隆二十八年（1763）吴長元池北草堂刻本

缺一卷（七），11册。半葉9行，行22字，小字雙行同。上下黑口，無魚尾，左右雙邊。框高13.8厘米，寬9.9厘米。

清河書畫舫十二卷 （明）張丑 撰 （圖2）

清河書畫舫 嘴字號

吴郡張丑青父 述

晋

王羲之

東方朔畫像贊 破羌帖 此事帖 快雪時晴帖 二謝帖 官奴帖 月半帖 思想帖 得告帖 眠食帖

附 楊漢公臨十七帖 唐模蘭亭序 趙摹一帖三段 釋懷仁一帖二段

東方朔畫像贊相傳逸少眞蹟乃永和十二年五月十

清河書畫舫 王羲之 嘴

稽古日鈔八卷 （清）張方湛 等輯 （圖1）

乾隆二十九年鐫

彭芝庭鑑定

稽古日鈔

秋曉山房藏板

000032

清乾隆二十九年（1764）秋曉山房刻本

2册。半葉11行，行24字，小字雙行同。白口，單黑魚尾，左右雙邊。框高17.6厘米，寬12.8厘米。

稽古日鈔卷一

長洲彭芝庭先生鑒定

震澤郁　文澄齋

震澤張方湛玉川

震澤王逸虬繞九　同輯

元和蔣　煇廷宣

華亭董　榛賡雲

震澤陳汝樹庭嘉　校訂

易經

古今易　易有古今之分漢費直本初畫全卦再畫本卦爻畫覆卦繫以彖爻與用九用六之辭後以一傳字加彖傳之首

清乾隆三十年（1765）寧州緝香堂刻本

存三十六卷（正集卷一至卷十一，外集二十四卷、首一卷），11册。半葉9行，行20字，小字雙行同。白口，單黑魚尾，左右雙邊。框高21.8厘米，寬15.6厘米。

宋黄文節公文集卷第二

五言古

次韻答邢惇夫 元祐元年秘書省作按實録有云是年正月起居舍人邢恕推發遺隨州惇夫名居實乃恕之子也是時奉親以行惇夫有詩相寄因次其韻隨州即漢東

為山不能山過在一簣止渥洼騏驎兒墮地志千里岷江初濫觴入楚乃無底將升聖人堂道固有廡陛邢子好少年如世有源水方求無津涯不作蛙井喜兒中兀老蒼趣造甚奇異過闔王公門袖中有漫刺

山谷全書　卷之二　五古

山谷全書　卷之一　正集

姮娥攜青女一笑粲萬瓦懷我金玉人幽獨秉大雅
古來絕朱絃蓋為知音者同牀有不察而況子在野
獨立占少微長懷何由寫

集卷之一終　緝香堂後學宣　訂

典制類林四卷 （清）唐式南 編

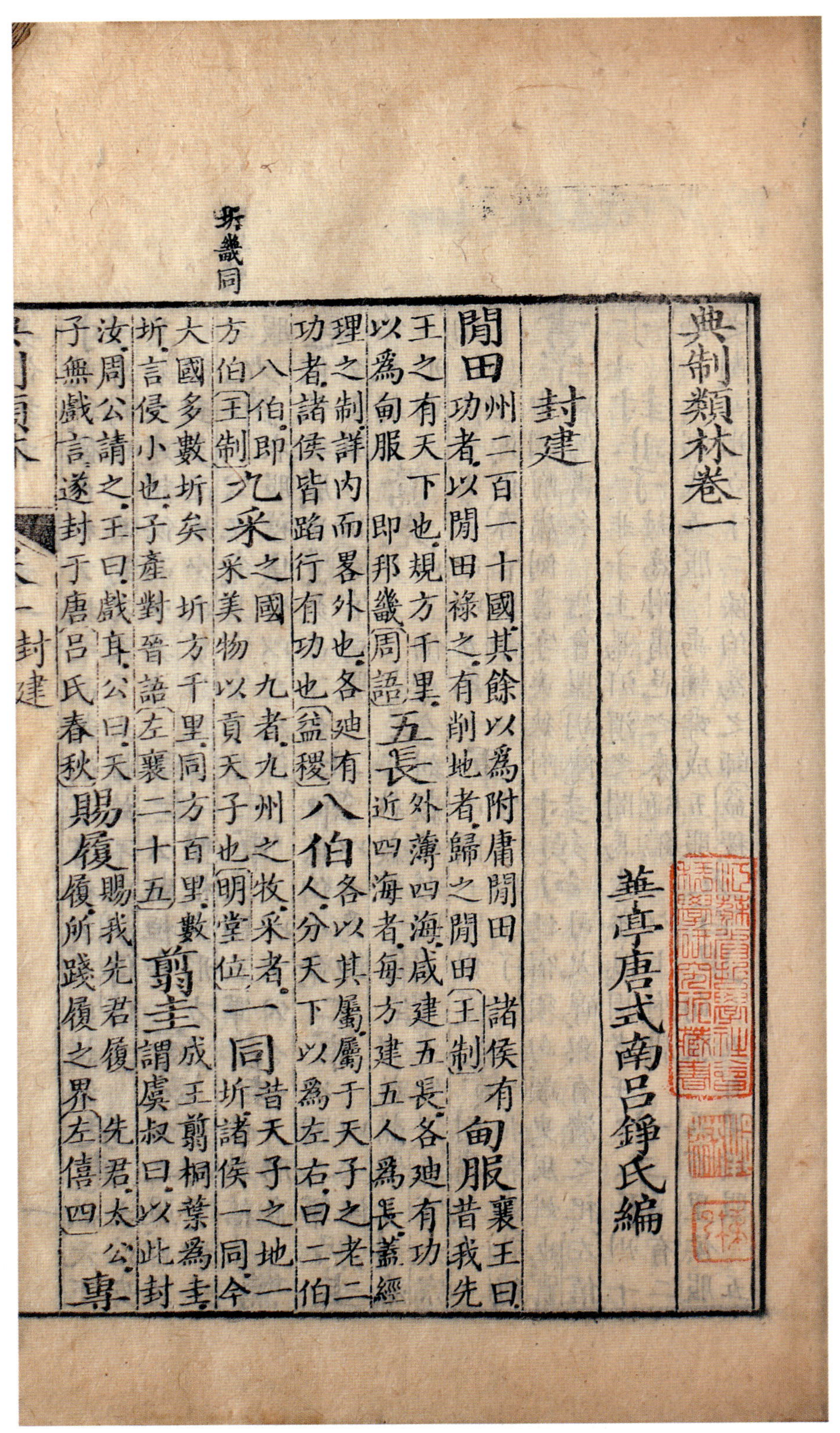

圻畿同

典制類林卷一

封建　　華亭唐式南呂錚氏編

閒田州二百一十國其餘以爲附庸閒田　諸侯有功者以閒田祿之有削地者歸之閒田〔王制〕甸服襄王曰昔我先

王之有天下也規方千里以爲甸服　即邦畿〔周語〕五長外薄四海咸建五長各迪有功近四海者每方建五人爲長蓋經

理之制詳內而畧外也各迪有功者諸侯皆蹈行有功也〔益稷〕八伯各以其屬屬于天子之老二人分天下以爲左右曰二伯

八伯即方伯〔王制〕九采之國　九者九州之牧采者采美物以貢天子也〔明堂位〕一同昔天子之地一圻諸侯一同今

大國多數圻矣　圻方千里同方百里數圻言侵小也子產對晉語〔左襄二十五〕翦圭成王翦桐葉爲圭謂虞叔曰以此封

汝周公請之王曰戲耳公曰天子無戲言遂封于唐〔呂氏春秋〕賜履賜我先君履　先君太公履所踐履之界〔左僖四〕專

清乾隆三十年（1765）敬直堂刻本

2冊。半葉9行，行25字，小字雙行同。白口，單黑魚尾，左右雙邊。框高17.8厘米，寬12.8厘米。

賦鈔箋略十五卷　（清）雷琳　（清）張杏濱　箋

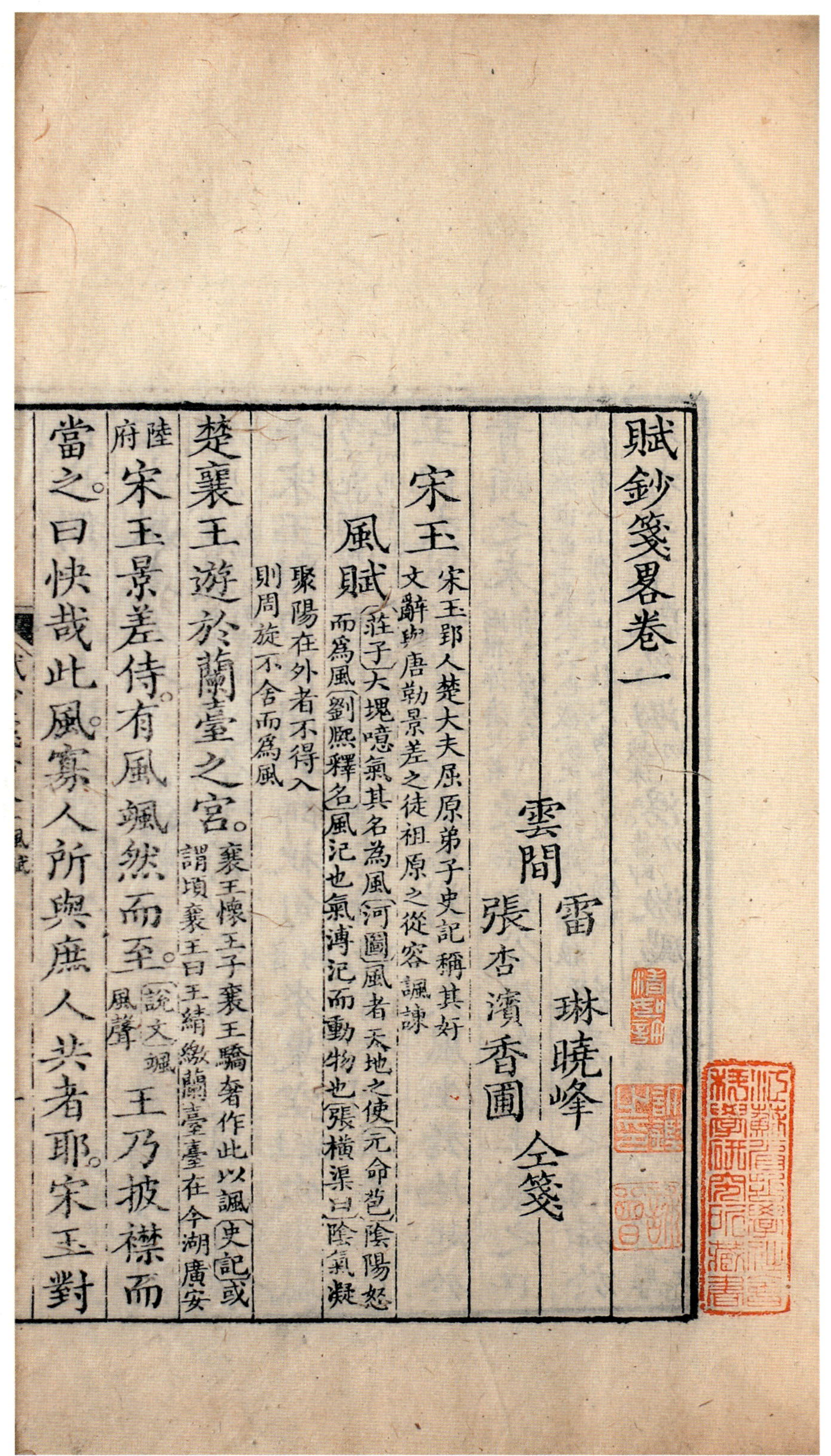

清乾隆三十一年（1766）刻本

6冊。半葉9行，行19字，小字雙行，字無定數。白口，單黑魚尾，左右雙邊。框高15.3厘米，寬11厘米。

國朝六家詩鈔八卷　（清）劉執玉 選

國朝六家詩鈔

錫山劉執玉復燕選　門人許庭堅麟石　鄒容成雲瞻參閱

宋琬　字玉叔別號荔裳山東萊陽人順治丁亥進士官四川按察使著有安雅堂集　荔裳早登仕籍中年爲怨家告訐逮繫請室故詩多沉痛語後以川臬入覲卒於京師全稿散失僅於安雅堂初刻及拾遺集中管窺一斑然氣骨風度已可見其大凡矣玆録其詩爲一卷

先大夫諱日萬壽寺禮佛因示諸生

依依簷際燕噭噭林間烏經營哺其兒毛傷尾畢逋人生非空桑二人誰則無匹庶有至性矧乃賢哲徒孝篤興甘泉感格良非誣羲和無停策倏忽及桑榆榮名一不早回首空嗟吁椎牛而祭墓不及酒一盂紫綍與丹

清乾隆三十二年（1767）刻本

6冊。半葉10行，行21字，小字雙行31字。下黑口，單黑魚尾，左右雙邊。框高17.9厘米，寬13.3厘米。

小桐廬詩草十卷 （清）袁景輅 撰

小桐廬詩草卷一

震澤袁景輅質中

古詩

大造毓萬物惟人為最靈形骸非金石何以無虛生古人三不朽庶留身後名鐘鼎任所遇德業無倖成寸陰當努力遙遙千載情

中庭欝嘉樹三月成綠陰上有雙棲鳥春風流好音時時至物自得人何戚其心木性隨曲直魚遊任浮沉隨遇無外欲至樂勿遠尋

褭褭嶺頭雲磊磊澗中石嶺雲始一綫彌漫成膏

清乾隆三十二年（1767）愛吟齋刻本

2冊。半葉10行，行19字，小字雙行同。白口，單黑魚尾，左右雙邊。框高16.6厘米，寬13.5厘米。

義門讀書記五十八卷 （清）何焯 撰 （清）蔣維鈞 編 （圖一）

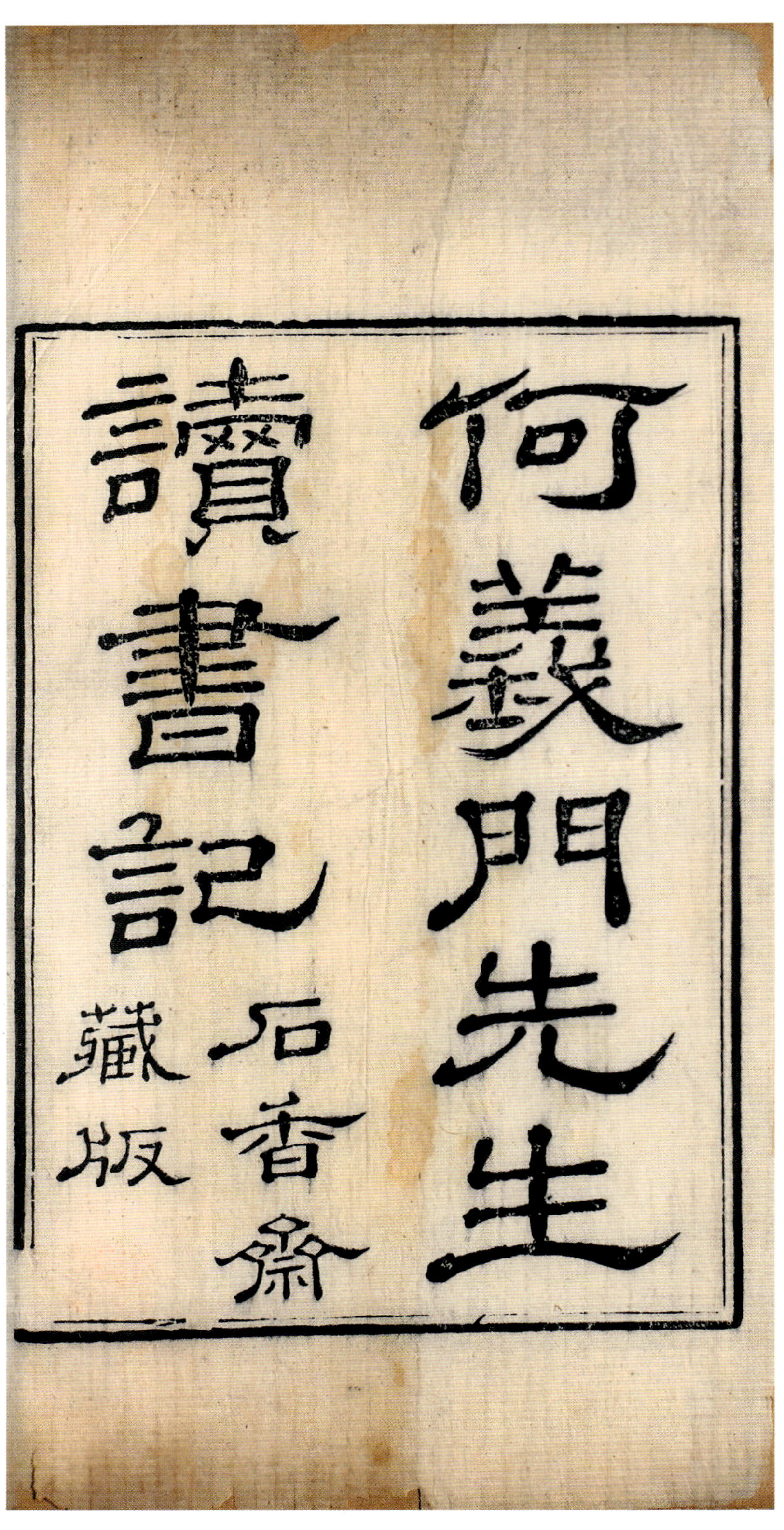

清乾隆三十四年（1769）蔣維鈞刻石香齋印本

12冊。半葉14行，行22字，小字雙行同。上下黑口，單黑魚尾，左右雙邊。框高14.7厘米，寬12厘米。

義門讀書記

四書　私箋本

第一卷　大學

長洲　何焯　屺瞻

聖經章第一節　語類云天之賦於人物者謂之命人與物受之者謂之性主於一身者謂之心有得於天而光明正大者謂之明德按此解明德比注更優　止字本在事物上說然必其本體無有不盡故能立事理當然之極則止至善自須兼體用乃是易艮背有不見之止體也又有止所之止用也又即是周子主靜人極之意

第二節　知止只是識得大段定靜安是入道之始一段涵養德性工夫有此基址然後可爲致知力行之本慮字則便是從致知做將去知所先後則條理脉絡一一分明前知止是嚮道而行此下便循途而至矣

定而后能靜　靜只是此心更不動搖走作非虛靜之謂

義門讀書記　四書　一

義門讀書記五十八卷　（清）何焯 撰　（清）蔣維鈞 編　（圖2）

善卷堂四六十卷 （清）陸繁弨 撰 （清）吴自高 注

善卷堂四六卷之一

武林陸繁弨拒石撰　桐城吴自高若山氏注

武進陳明善服旃校閲

序

柴氏古韻通序（杭州府志文苑傳）柴紹炳字虎臣錢唐人博極羣書爲文典麗宏博年三十有所感棄諸生賣藥於市益肆力於古文詞所著有翼望山人稿宗約家傳家誡其古韻通考尤爲精確卓然成一家言

原夫天籟發於鴻濛。（莊子）女聞人籟而未聞地籟女聞地籟而未聞天籟（又）雲將東遊過扶搖之枝而適遭鴻濛（注）鴻濛自然元氣也元音肇於遂古。（李華詩）黄鐘叩元音（屈原天問）

清乾隆三十五年（1770）陳明善刻本

4冊。半葉9行，行21字，小字雙行同。白口，單黑魚尾，左右雙邊。框高15.2厘米，寬11.8厘米。

浙江採集遺書總錄

甲集

易類

周易注一卷寫本

右吳糚林太守吳郡陸績撰按隋志作十五卷釋文序錄及新舊唐書俱作十三卷會通一卷朱彝尊曰陸氏注已亡今鹽邑志林載有一卷乃係抄撮陸氏釋文李氏集解二書爲之

周易元包五卷一名元命包刊本

右後周衛元嵩撰唐秘書監武功蘇源明傳國子

清乾隆三十九年（1774）王亶望刻本

缺二集（辛集、壬集），8册。半葉10行，行20字，小字雙行同。上下黑口，單黑魚尾，四周單邊。

框高18.2厘米，寬13厘米。

七修類稿五十一卷續稿七卷 （明）郎瑛 撰

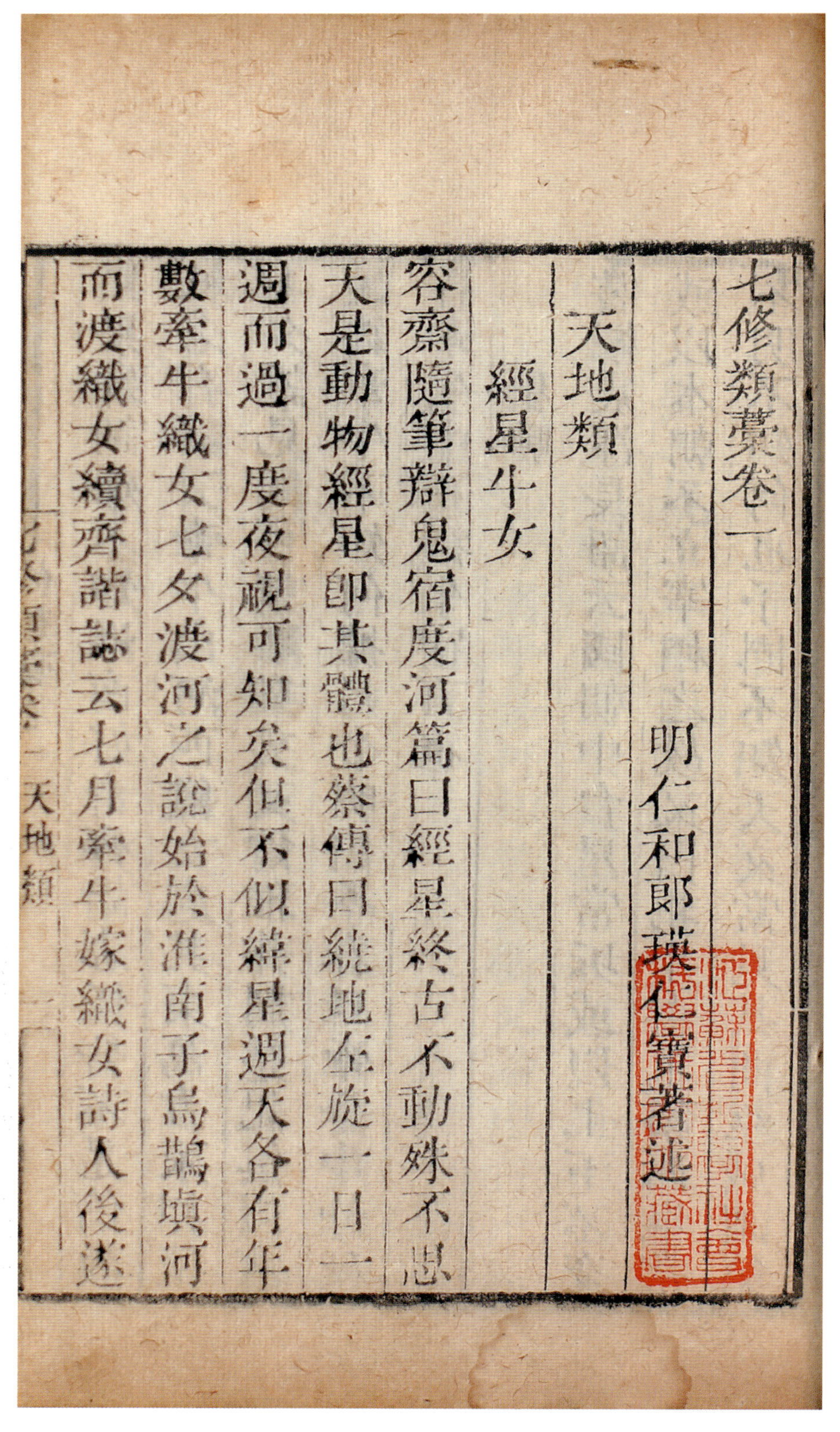
七修類藁卷一

明仁和郎瑛著

天地類

經星牛女

容齋隨筆辯鬼宿度河篇曰經星終古不動殊不思天是動物經星即其體也蔡傳曰繞地左旋一日一週而過一度夜觀可知矣但不似緯星週天各有年數牽牛織女七夕渡河之說始於淮南子烏鵲塡河而渡織女續齊諧誌云七月牽牛嫁織女詩人後遂

七修類藁卷一　天地類　一

清乾隆四十年（1775）周棨耕煙草堂刻本

16冊。半葉9行，行20字，小字雙行同。上下黑口，無魚尾，左右雙邊。框高13.3厘米，寬9.8厘米。

居士傳一

牟安支二竺闕孫謝傳

佛法之東自漢明帝始永平三年帝夢見神人身長丈六尺項有日光飛在殿前明日博問羣臣何神人也傳毅進曰臣按周書異記云昭王二十四年四月八日平旦時大風起宮殿民居震動其夜有五色光氣貫太微徧於四方作青赤色王問太史蘇由曰是何祥也對曰西方有大聖人降生後一千年聲教被此土王使鐫石記之瘞於南郊天祠前以年計之今一千一十年矣陛下所夢將是乎帝以爲然遣郎中蔡愔博士蔡景王遵等十有八人西訪其道至大月氏國遇迦葉摩騰竺法蘭持優塡王所造氎像并四十二章經而東遂與偕至洛陽帝爲立寺雍門外由是象教興焉其後王公

清乾隆四十一年(1776)刻本

3冊。半葉11行，行23字，小字雙行同。上下黑口，白魚尾，左右雙邊。框高19.1厘米，寬14.2厘米。

樊榭山房集十卷續集十卷文集八卷 （清）厲鶚 撰

樊榭山房文集卷第一

錢唐 厲鶚 太鴻

授衣賦以衣被蒼生既安且燠爲韻丙辰京師作

若夫泰風應律素顥遙飛日大火以次舍月西陸以揚輝驗寒氣兮總至願時服兮無違占四人之月令授重襺之温衣授必有所受也於焉敬天府之受衣之爲言依也以是念小民之依觀其義取亭身美稱在笥典枲呈材功裘告備嬪貢紀其匪頒縫人獻其歲事適百體於舒徐冀蟄蚳之暢遂少昊執矩法宮高拱以康深兒湯舉秋窮簷煦嫗而覆被爾乃九重有善政四海無寒鄉挾纊非可以戶給衣帛固由其力償蟲悽悽以語月雁嚦嚦以迎霜杼響停於前戶燈影映於鄰牆井宿絲而已湅火申綃而有光刀尺耀其摻手綫縷縈此迴腸將以貯八蠶之

清乾隆刻本

缺十卷（續集十卷），2册。半葉12行，行24字；樊榭山房集（詩集）小字雙行36字，文集小字雙行24字。白口，單黑魚尾，四周單邊。框高19.7厘米，寬13.7厘米。

【乾隆】濟寧直隸州志三十四卷首一卷圖一卷 （清）胡德琳 等修 （清）周永年 等纂 （清）王道亨 增修 （清）盛百二 增纂

濟寧直隸州志卷一

紀年

舊志以編年紀祥異而一州之大事不可一端盡也故用竹書之名首以紀年凡疆輿建置古蹟之所不及收者皆於是乎載之即分見於諸類而一州之大事所關亦並約而紀之如目有綱如衣有領一展卷而已瞭然矣

○周

平王五十年魯無駭帥師入極今魚臺有極亭魯隱公及戎盟于唐左氏杜注高平方與縣北武唐亭

濟寧直隸州志 卷一 紀年 一

清乾隆四十三年（1778）刻五十年（1785）增修本

存二十卷（卷一至卷十八、首一卷、圖一卷），10冊。半葉10行，行21字，小字雙行同。白口，單黑魚尾，左右雙邊。框高19.1厘米，寬14.7厘米。

玉谿生詩箋注三卷樊南文集箋注八卷　（唐）李商隱　撰　（清）馮浩　箋注　首一卷（圖1）

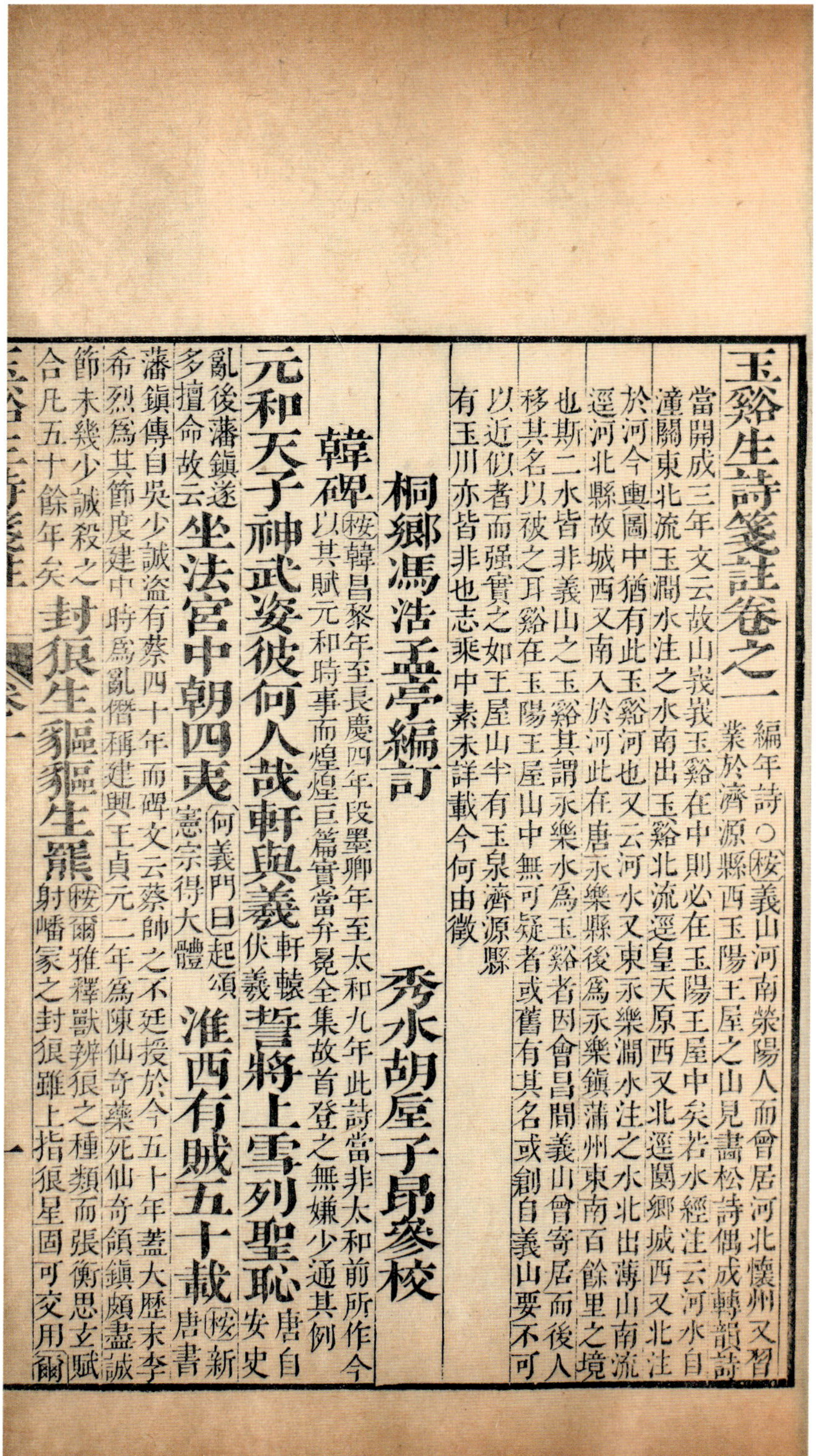

玉谿生詩箋註卷之一　編年詩○〔按〕義山河南滎陽人而曾居河北懷州又習業於濟源縣西玉陽王屋之山見書松詩偶成轉韻詩當開成三年文云故山峩峩玉谿在中則必在玉陽王屋中矣若水經注云河水自潼關東北流玉澗水注之水南出玉谿北流逕皇天原西又北逕閿鄉城西又北注於河今輿圖中猶有此玉谿河也又云河水又東永樂澗水注之水北出薄山南流逕河北縣故城西又南入於河此在唐永樂縣後爲永樂鎮蒲州東南百餘里之境也斯二水皆非義山之玉谿其謂永樂水爲玉谿者因會昌間義山曾寄居而後人移其名以被之耳谿在玉陽王屋山中無可疑者或舊有其名或創自義山要不可以近似者而强實之如王屋山中有玉泉濟源縣有玉川亦皆非也志乘中素未詳載今何由徵

桐鄉馮浩孟亭編訂　秀水胡屋子昂參校

韓碑〔按〕韓昌黎年至長慶四年段墨卿年至太和九年此詩當非太和前所作今以其賦元和時事而煌煌巨篇實當弁冕全集故首登之無嫌少通其例

元和天子神武姿彼何人哉軒與義軒轅伏羲誓將上雪列聖恥唐自安史亂後藩鎮遂多擅命故云坐法宮中朝四夷〔何義門曰〕起頌憲宗得大體淮西有賊五十載〔按〕新唐書藩鎮傳自吳少誠盜有蔡四十年而碑文云蔡帥之不廷授於今五十年蓋大歷末李希烈爲其節度建中時爲亂僭稱建興王貞元二年爲陳仙奇藥死仙奇領鎮頗盡誠節未幾少誠殺之合凡五十餘年矣封狼生貙貙生羆〔按〕爾雅釋獸辨狼之種類而張衡思玄賦射嶓冢之封狼雖上指狼星固可交用〔爾

玉谿生詩箋註　卷一　一

清乾隆德聚堂刻本

12册。半葉11行，行25字，小字雙行33字。白口，單黑魚尾，左右雙邊。框高18.5厘米，寬13.8厘米。

樊南文集箋註卷之一（梭漢書樊噲傳賜食邑杜之樊鄉顔師古曰杜縣之鄉也今曰樊川蓋在今西安府城南義山於開成五年移家關中必居樊川之南故自號樊南生）

桐鄉馮浩孟亭重訂　受業朱天鎬周望參校

表

代安平公華州賀聖躬痊復表（文苑英華原注文宗新書宰相世系表崔戎出博陵安平大房封安平縣公舊書傳崔戎字可大歷官至給事中改華州刺史舊書紀文宗太和七年閏七月以給事中崔戎爲華州刺史十二月聖體不康八年正月聖體痊平御太和殿見內臣御紫宸殿見羣臣舊書志華州上輔在京師東一百八十里梭唐制封爵每以其郡望被之故稱某公者既封則稱所封未封則稱郡望亦有以其現居之官稱之不出此三者舊書志下之達上其制有六曰表狀牋啓辭牒表上天子其近臣亦爲狀牋啓上皇太子然於其長亦爲之公文皆曰牒庶人言曰辭）

臣某言今月某日得本道進奏院報（新書百官志觀察使有進奏官一人梭華州刺史職同京牧京尹領潼關防禦鎮國軍使）以聖躬痊和右僕射平章事臣涯等（新書宰相表太和七年七月尙書右僕射王涯同中書門下平

玉谿生詩箋注三卷樊南文集箋注八卷　（唐）李商隱 撰　（清）馮浩 箋注　首一卷　（圖2）

玉谿生詩詳注三卷　（唐）李商隱　撰　（清）馮浩　箋注　首一卷

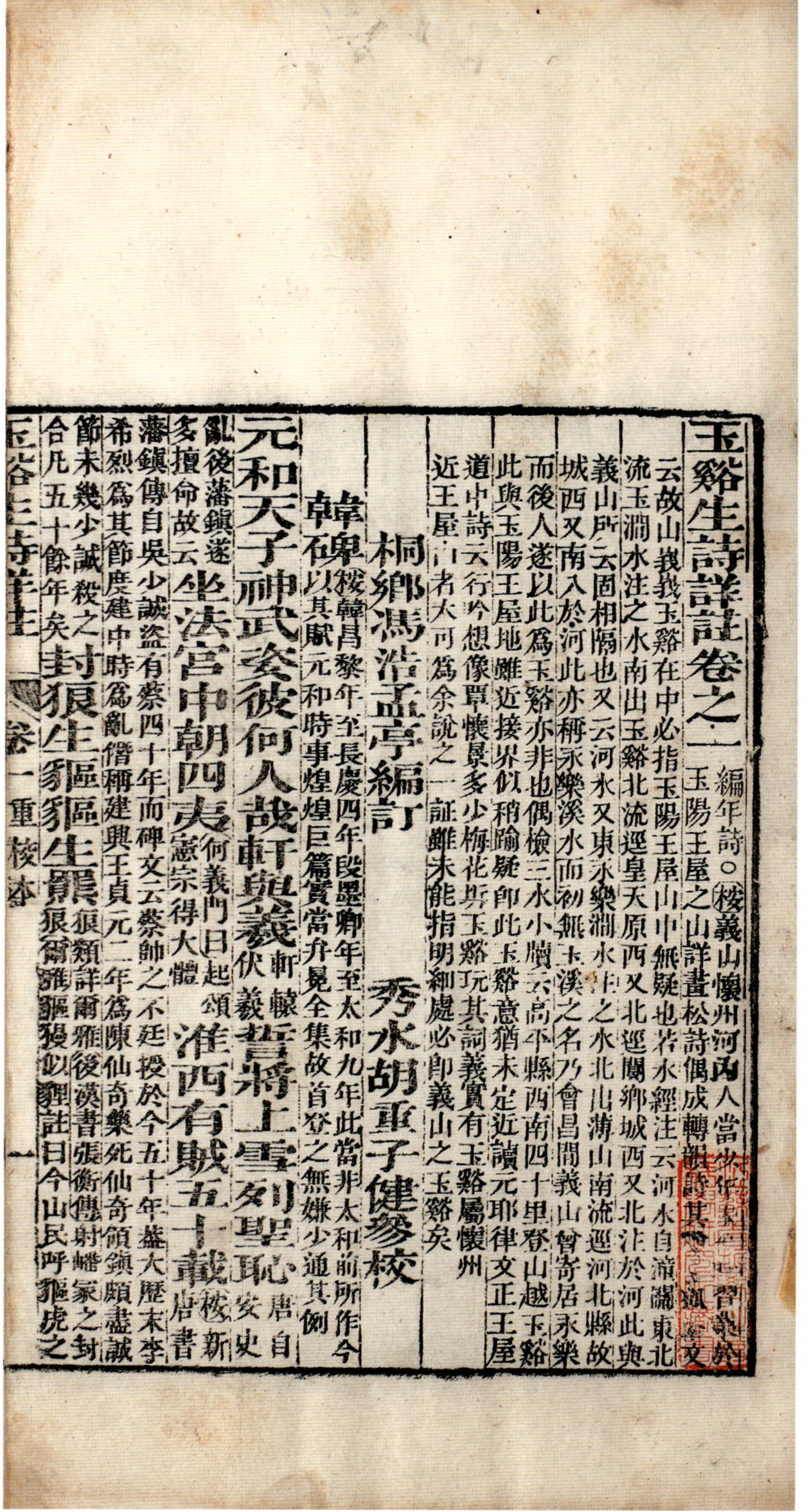
玉谿生詩詳註卷之一　編年詩○（按）義山懷州河内人嘗少[illegible]於玉陽王屋之山詳畫松詩偶成轉韻[illegible]其[illegible]文
云故山峩峩玉谿在中必指玉陽王屋山中無疑也若水經注云河水自[illegible]關東北
流玉澗水注之水南出玉谿北流逕皇天原西又北逕闅鄉城西又北注於河此與
義山所云固相隔也又云河水又東永樂澗水注之水北出薄山南流逕河北縣故
城西又南入於河此亦稱永樂溪水而初無玉溪之名乃會昌間義山曾寄居永樂
而後人遂以此爲玉谿亦非也偶檢三水小牘云高平縣西南四十里登山越玉谿
此與玉陽王屋地雖近接界似稍踰疑即此玉谿意猶未定近讀元耶律文正王屋
道中詩云行吟想像覃懷景多少梅花坼玉谿元其詞義實有玉谿屬懷州
近王屋[illegible]者大可爲余說之一証雖未能指明細處必即義山之玉谿矣
桐鄉馮浩孟亭編訂　秀水胡重子健參校
韓碑（按）韓昌黎年至長慶四年段墨卿年至太和九年此當非太和前所作今以其獻元和時事煌煌巨篇實當弁冕全集故首登之無嫌少通其例
元和天子神武姿彼何人哉軒與羲（軒轅伏羲）誓將上雪列聖恥（唐自安史亂後藩鎮遂多擅命故云）坐法宮中朝四夷（何義門曰起頌憲宗得大體）淮西有賊五十載（按新唐書
藩鎮傳自吳少誠盜有蔡四十年而碑文云蔡帥之不廷授於今五十年蓋大歷末李希烈爲其節度建中時爲亂僭稱建興王貞元二年爲陳仙奇樂死仙奇領鎮頗盡誠
節未幾少誠殺之合凡五十餘年矣）封狼生貙貙生羆（狼類詳爾雅後漢書張衡傳射𧕤豕之封狼爾雅貙獌似貍注曰今山民呼貙虎之
玉谿生詩詳註　卷一　重校本

清乾隆四十五年（1780）德聚堂刻嘉慶元年（1796）增刻重校本

4册。半葉11行，行25字，小字雙行33字。白口，單黑魚尾，左右雙邊。框高19厘米，寬14.5厘米。

白虎通四卷 （漢）班固 撰 白虎通義考一卷白虎通闕文一卷 （清）莊述祖 撰輯 白虎通校勘補遺一卷 （清）盧文弨 撰

白虎通卷第一上

漢元武司馬班固等奉詔撰

爵

天子者爵稱也爵所以稱天子者何王者父天母地爲天之子也故援神契曰天覆地載謂之天子上法斗極鉤命訣曰天子爵稱也帝王之德有優劣所以俱稱天子者何以其俱命於天而王治五千里內也尚書曰天子作民父母以爲天下王何以知帝亦稱天子也以法天下也中候曰天子臣放勛太平御覽卷八十載尚書中候運行曰帝堯刻璧東沈于雒書天子臣放勛德薄施行不元注元善也今引此以證帝之亦稱

白虎通 卷一上 一 抱經堂校定本

清乾隆四十九年（1784）盧文弨刻抱經堂叢書本

2冊。半葉10行，行20字，小字雙行同。白口，單黑魚尾，左右雙邊。框高18.1厘米，寬13.3厘米。

荀子二十卷（唐）楊倞 注（清）謝墉 輯補 校勘補遺一卷（清）謝墉 撰

荀子卷第一

唐登仕郎守大理評事楊　倞　注

勸學篇第一

君子曰學不可以已青取之於藍而青於藍冰水爲之而寒於水以喻學則才過其本性也○青取之於藍從宋本困學紀聞所引同元刻作青出之藍無於字木直中繩輮以爲輪其曲中規雖有槁暴不復挺者輮使之然也輮屈槁枯暴乾挺直也晏子春秋作不復嬴矣○暴舊本作暴非說文一作暴睎也一作暴疾有所趣也顏氏家訓分之亦極明今此字注雖訓乾然因乾而暴起則下當从本案考工記輪人槁作薧鄭注云薧薧暴陰柔後必橈減幬革暴起釋文步角反劉步莫反一音蒲報反又注嬴舊本訛作嬴嬴案嬴緩也今據晏子雜上篇改正亦作嬴故木受繩則直金

荀子　卷一　勸學篇　二　嘉善謝氏

清乾隆五十一年（1786）謝墉刻本

4冊。半葉10行，行20字，小字雙行同。白口，單黑魚尾，左右雙邊。框高18.8厘米，寬13.2厘米。

陽明先生集要理學編四卷經濟編七卷文章編四卷附年譜一卷　（明）王守仁 撰　（明）施邦曜 評輯

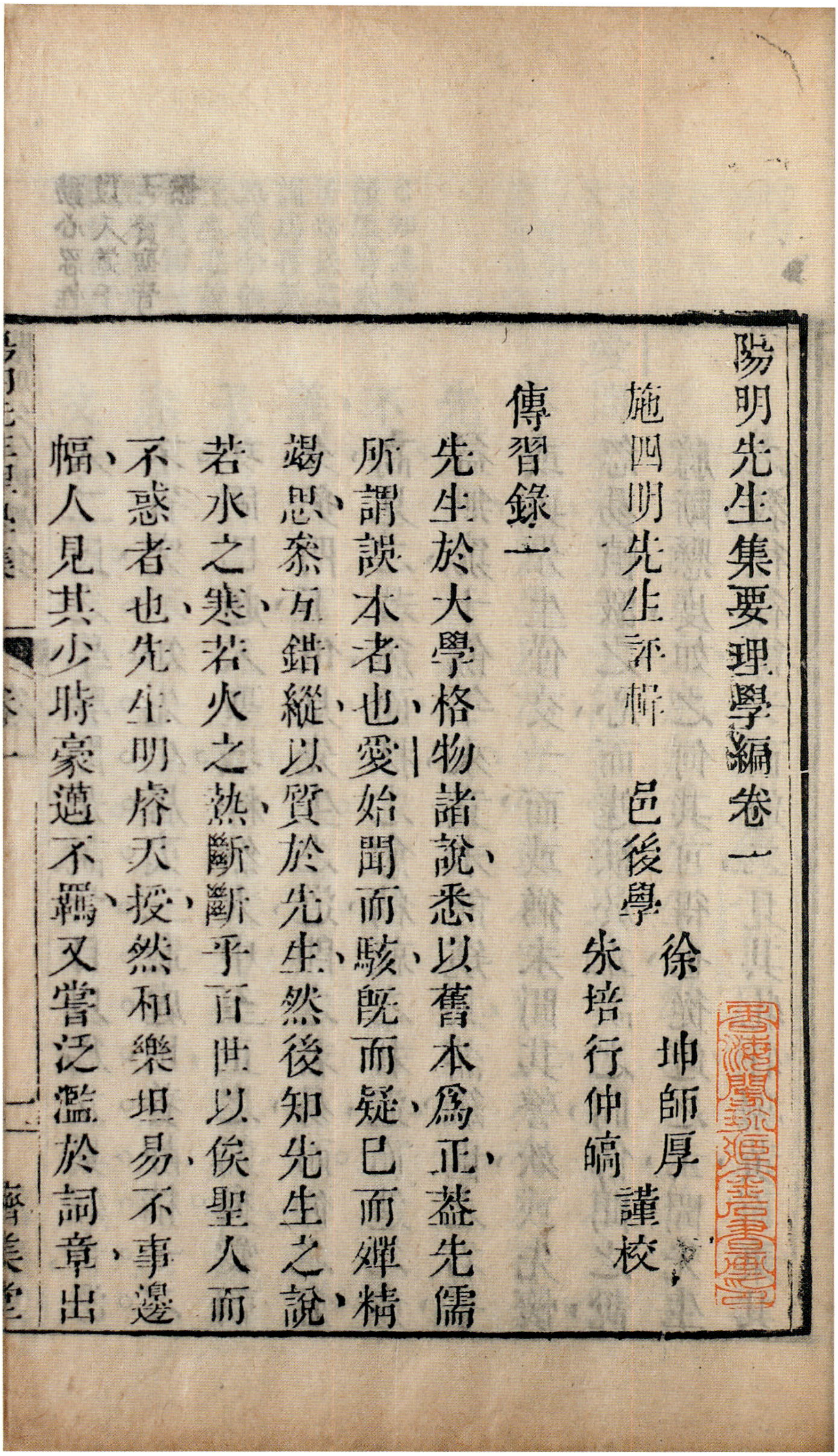

清乾隆五十二年（1787）濟美堂刻本

12 册。半葉 10 行，行 20 字，小字雙行同。白口，單黑魚尾，左右雙邊。框高 17.1 厘米，寬 13.3 厘米。

尚書後案三十卷後辨一卷 （清）王鳴盛 撰 （圖1）

清乾隆四十五年（1780）刻本

8冊。半葉14行，行30字，小字雙行44字。上下黑口，單黑魚尾，四周單邊。框高23.2厘米，寬16厘米。

尚書後案三十卷後辨一卷（清）王鳴盛 撰（圖2）

尚書後案卷二

東吳王鳴盛學

虞夏書

皋陶謨

曰若稽古皋陶曰允迪厥德謨明弼諧

〔鄭曰〕皋陶下屬爲句尚書疏〔傳曰〕順攷古道以言迪蹈厥其也其古人也人君當信蹈行古人之德謀廣聽明以輔諧其政

〔案曰〕鄭以皋陶下屬爲句者鄭于前篇解稽古爲同天堯德則然皋陶人臣不可以同天言之則此經稽古不得與皋陶連讀也曰若稽古四字想典謨諸篇皆有之其實同天者惟堯餘篇相承用爲標首有文無義故逸周書武穆解亦以四字發端又周頌譜疏引中候擿雒貳有曰若稽古周公旦亦此之類古史文義蹇拙難以意量也白虎通聖人篇云何以言皋陶聖人以目篇曰若稽古皋陶此讀則與鄭異其義非也皋陶古皆作咎繇見說文卷三上言部所引虞書今本乃晉人改也傳以謨爲謀者言部及爾雅釋詁文也

十七史商榷一百卷　（清）王鳴盛　撰

十七史商榷卷一

東吳王鳴盛述

史記一

史記集解分八十卷

漢志史記百三十篇無卷數裴駰集解則分八十卷見司馬貞史記索隱序隋志始以一篇爲一卷又別列裴注八十卷新舊唐志亦然不知何人刻集解亦以一篇爲一卷疑始于宋人今予所據常熟毛晉刻正如此裴氏八十卷之舊不可復見不知其分卷若何

十七史商榷　卷一　一

清乾隆五十二年（1787）洞涇草堂刻本

存六十八卷（一至六十八），13册。半葉10行，行20字，小字雙行同。白口，無魚尾，四周雙邊。框高18.3厘米，寬13.7厘米。

晏子春秋七卷 （清）孫星衍 校 音義二卷 （清）孫星衍 撰

晏子春秋卷一

賜進士及第翰林編修孫星衍校

護左都水使者光祿大夫臣向言所校中書晏子十一篇臣向謹與長社尉臣參校讎太史書五篇臣向書一篇參書十三篇凡中外書三十篇爲八百三十八章除復重二十二篇六百三十八章定著八篇二百一十五章外書無有三十六章中書無有七十一章中外皆有以相定中書以夭爲芳又爲備先爲牛章爲長如此類者多謹頗畧椾皆已定以殺青書可繕寫晏子名嬰諡平仲萊人萊者今東萊地也晏子博聞彊記通於古今事齊靈公莊公景公以節儉力行盡忠極諫道齊國君得以正行百姓得以附親不用則退耕于野用則必不詘義不可脅以邪白刃雖交胸終不受崔杼之劫諫

清乾隆五十三年（1788）陽湖孫氏刻本

2冊。半葉12行，行24字。上下黑口，雙對黑魚尾，左右雙邊。框高18.4厘米，寬15.1厘米。

儀禮經注疏正譌十七卷　（清）金曰追　撰

儀禮經注疏正譌卷一

嘉定金曰追著　受業張式愼校

士冠禮第一

鄭目錄句讀主人元冠朝服則是仕於諸侯

句天子之士朝服皮弁素積

以諸侯絕句故通解外注曰言主人

元冠朝服則是仕于諸侯而爲士者

若天子之士則其朝服當用皮弁素

清乾隆五十三年（1788）張式慎刻本　張鴻來跋

4册。半葉8行，行17字，小字雙行同。上下黑口，雙對黑魚尾，左右雙邊。框高16.8厘米，寬12.2厘米。

八宅明鏡二卷 題（唐）楊益 撰

八宅明鏡卷上

論男女生命

人之生命不同宅之宜忌各異故祖孫或盛或衰父子或興或廢夫婦而前後災祥不同兄弟而孟仲休咎迥別或居此多坎坷或遷彼得安康實皆命之合與不合有以致此也古人云命不易知故從卦以演命之理次從宅舍各事之宜以合夫命庶得趨所宜而不拂天地八卦五行所生之理則慶流奕業而祥萃當身矣坎離震巽爲東四宅而男女命以三元起例弔至此四宮者爲東命乾坤艮兌爲西四宅而男女命以三元起例弔至此四宮者爲西四

八宅明鏡 卷上 一 樂真堂

清乾隆五十五年（1790）顧鶴庭樂真堂刻陰陽五要奇書本

4冊。半葉10行，行22字，小字雙行同。白口，單黑魚尾，左右雙邊。框高20.2厘米，寬13.7厘米。

蘇門山人詩鈔三卷 （清）張符升 撰

清乾隆五十六年（1791）刻本

2冊。半葉9行，行19字。上下黑口，單黑魚尾，左右雙邊。框高17.9厘米，寬14厘米。

蘇門山人詩鈔卷一

古徐張符升子吉

古今體

秋夜用綏輿先生韵送黄盖孫歸虞山

祖餞曾無酒一巵重來何日竟難期人從紅葉聲中去颿向黄河曲處移半載風塵幾兩屐一篷霜月數篇詩多情每作銷魂别况復山城夜雨時

春夜偶作

春雲盈大野踈雨鳴空堦獨夜依深燈顧影悲形

切問齋集十六卷 （清）陸燿 撰

切問齋集卷第一　　吳江陸燿朗甫著

述聞上

原善

人莫不有本然之性亦莫不有後起之情識觀於人之慕善恥不善而知人性之本善既本善矣而復有性惡善惡混之說者據後起之情識陷溺既深者言之而非人性之本然也涉於事交於物而情識參焉始或見善而不知慕見不善而不知恥善惡之間若相混然繼或以其慕善之心易而慕不善恥不善之

切問齋集卷一　一

清乾隆五十七年（1792）暉吉堂刻本

8冊。半葉9行，行20字。白口，單黑魚尾，左右雙邊。框高19.3厘米，寬14厘米。

銅鼓書堂遺稿三十二卷（清）查禮 撰

清乾隆查淳刻本

6册。半葉12行，行22字，小字雙行同。白口，單黑魚尾，左右雙邊。框高19.4厘米，寬14.2厘米。

銅鼓書堂遺稾卷一

宛平 查禮 恂叔

甲寅

春日郊遊

野馬田閒路悠悠遠世情荒原殘碣臥古墓朽株橫農圃非家學巖阿負隱名佇看煙景召花事競春城

落盡殘梅處無驚拂柳條溪陰氷未解徑滑雪初消飢鵲窺芳樹疲驢怯板橋一聲清磬響隔水寺非遙

亥市囂塵散芳津煙靄中帘斜村店靜岸闊夕陽空蘭苣安初服闤闠得古風漁樵舒嘯傲誰許話窮通

登臨非有意來去更何期蟾影穿疎樹尨聲出短籬興闌歸覺晚境僻轉忘疲欲待桑麻長還將筆硯隨

才調集補注十卷 （五代）韋縠 輯 （清）殷元勛 箋注 （清）宋邦綏 補注 （圖1）

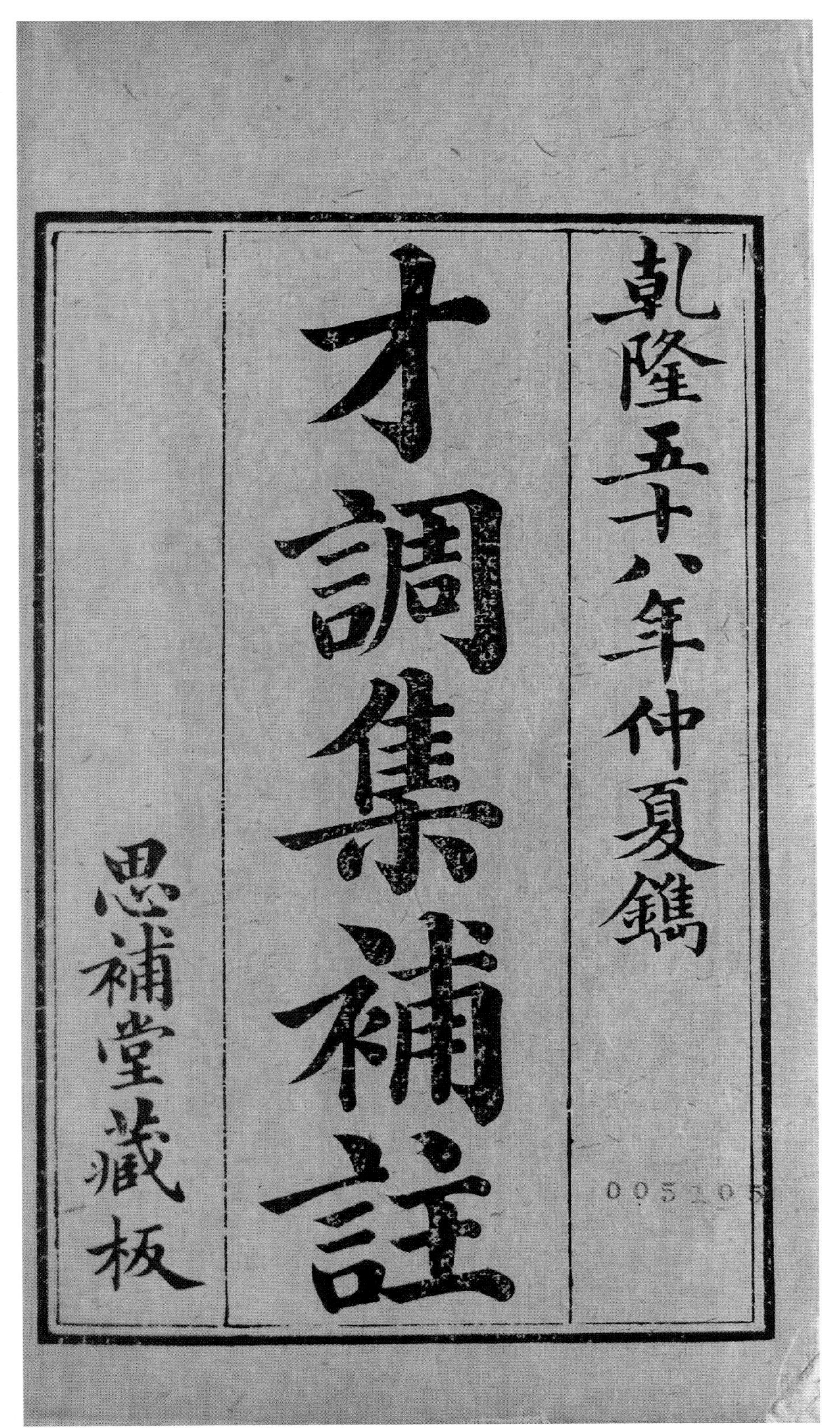

清乾隆五十八年（1793）思補堂刻本

8册。半葉10行，行21字，小字雙行同。白口，單黑魚尾，四周雙邊。框高18.6厘米，寬13.5厘米。

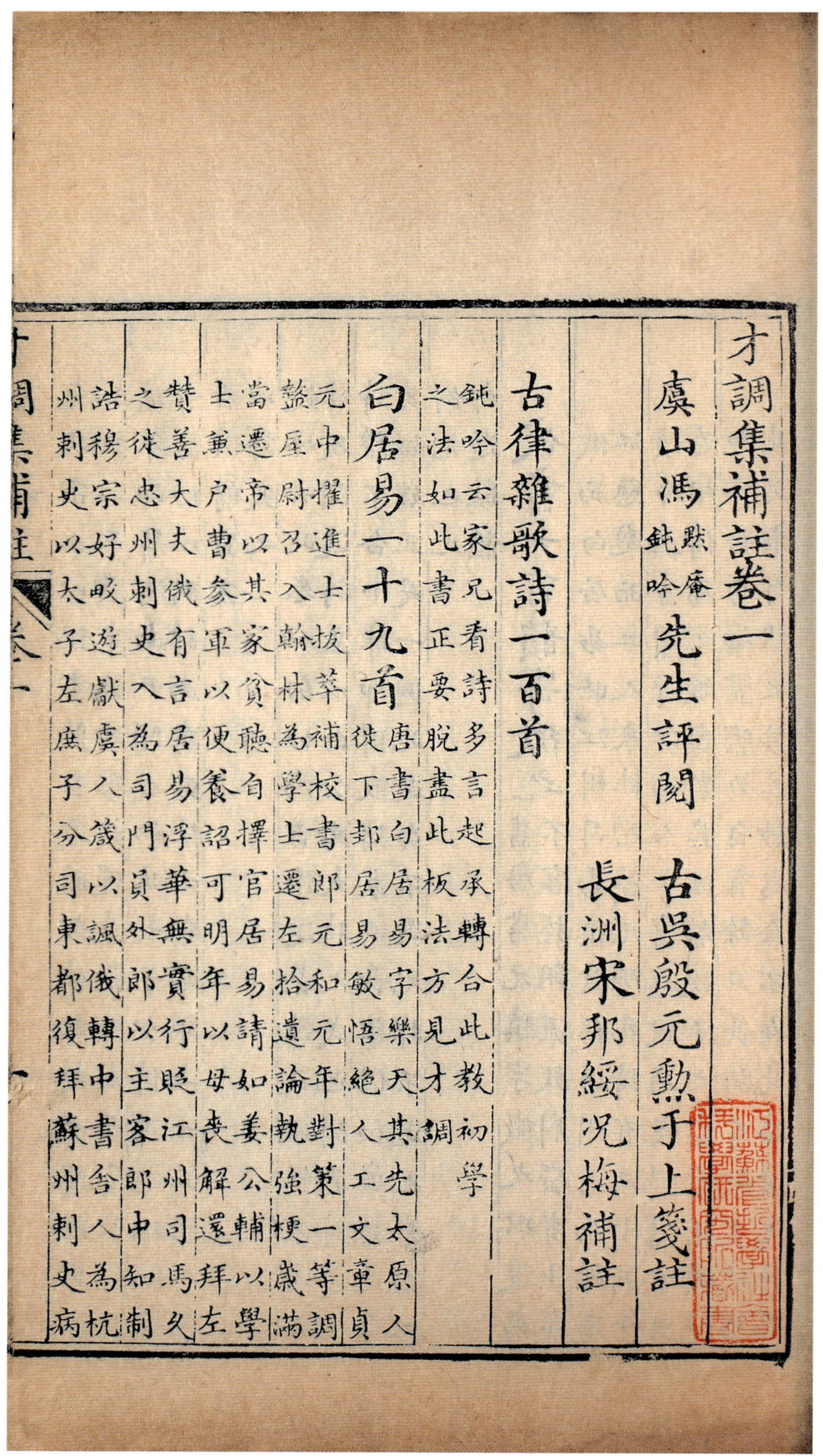

才調集補註卷一

虞山馮默庵鈍吟先生評閲　古吳殷元勳于上箋註

長洲宋邦綏況梅補註

古律雜歌詩一百首

鈍吟云家兄看詩多言起承轉合此教初學之法如此書正要脫盡此板法方見才調

白居易一十九首

唐書白居易字樂天其先太原人徙下邽居易敏悟絕人工文章貞元中擢進士拔萃補校書郎元和元年對策一等調盩屋尉召入翰林為學士還左拾遺論執強梗歲滿當遷帝以其家貧聽自擇官居易請如姜公輔以學士兼戶曹參軍以便養詔可明年以母喪解還拜左贊善大夫俄有言居易浮華無實行貶江州司馬久之徙忠州刺史入為司門員外郎以主客郎中知制誥穆宗好畋遊獻虞人箴以諷俄轉中書舍人為杭州刺史以太子左庶子分司東都復拜蘇州刺史病

才調集補註　卷一

才調集補注十卷　（五代）韋縠 輯　（清）殷元勛 箋注　（清）宋邦綏 補注　（圖2）

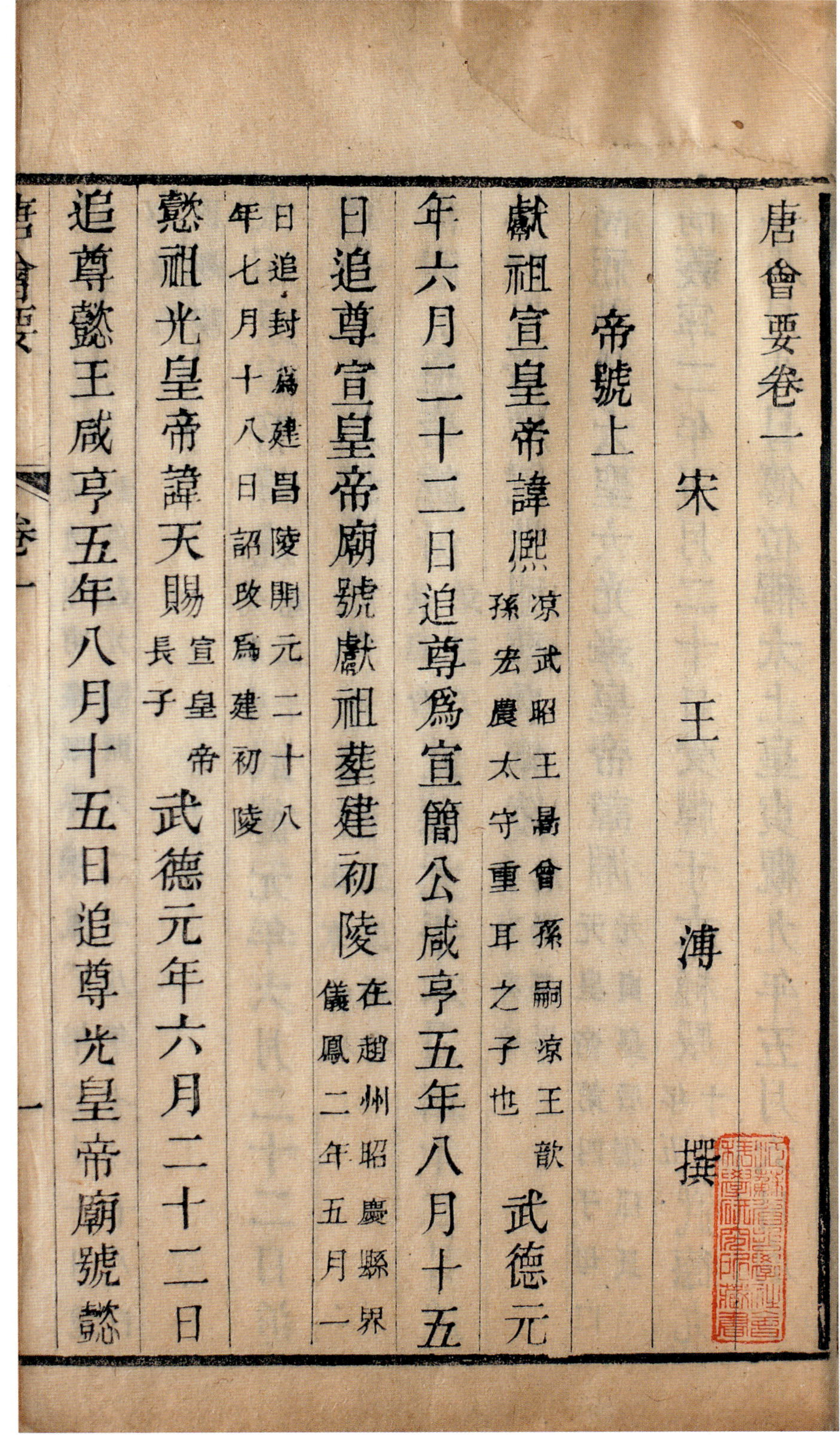

唐會要卷一　宋　王溥　撰

帝號上

獻祖宣皇帝諱熙（涼武昭王暠曾孫嗣涼王歆孫宏農太守重耳之子也）武德元年六月二十二日追尊爲宣簡公咸亨五年八月十五日追尊宣皇帝廟號獻祖塟建初陵（在趙州昭慶縣界儀鳳二年五月一日追封爲建昌陵開元二十八年七月十八日詔改爲建初陵）

懿祖光皇帝諱天賜（宣皇帝長子）武德元年六月二十二日追尊懿王咸亨五年八月十五日追尊光皇帝廟號懿

唐會要　卷一

清乾隆武英殿木活字印武英殿聚珍版書本

缺三十二卷（十二至十五、十九至三十七、七十二至七十四、七十七至七十八、九十至九十三），25冊。半葉9行，行21字，小字雙行同。白口，單黑魚尾，四周單邊。框高24.1厘米，寬16.1厘米。

輿地廣記三十八卷　（宋）歐陽忞 撰

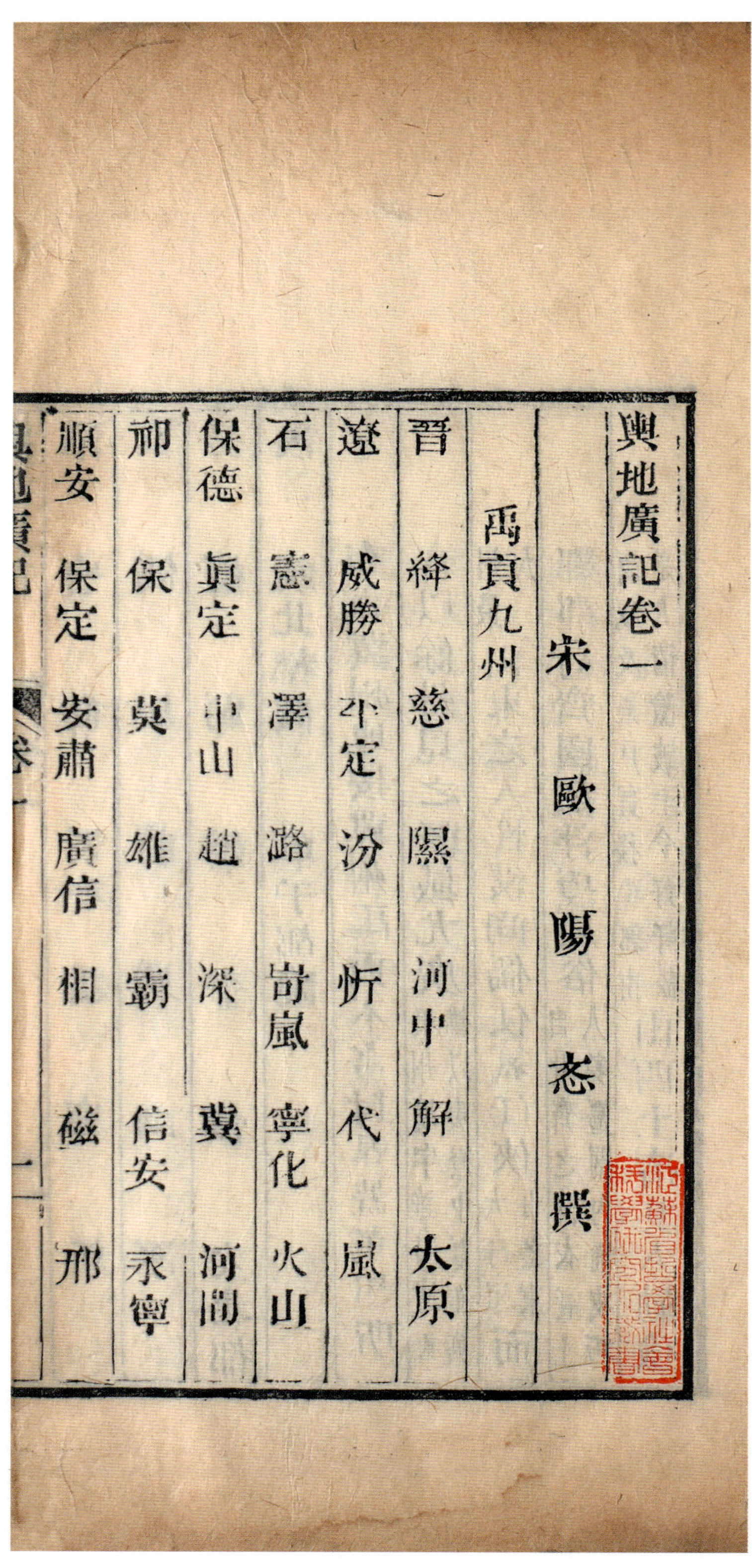

輿地廣記卷一

宋　歐陽忞　撰

禹貢九州

晉　絳　慈　隰　河中　解　太原

遼　威勝　平定　汾　忻　代　嵐

石　憲　澤　潞　岢嵐　寧化　火山

保德　眞定　中山　趙　深　冀　河間

祁　保　莫　雄　霸　信安　永寧

順安　保定　安肅　廣信　相　磁　邢

清乾隆武英殿木活字印武英殿聚珍版書本

6冊。半葉9行，行21字，小字雙行同。白口，單黑魚尾，四周雙邊。框高19.2厘米，寬12.6厘米。

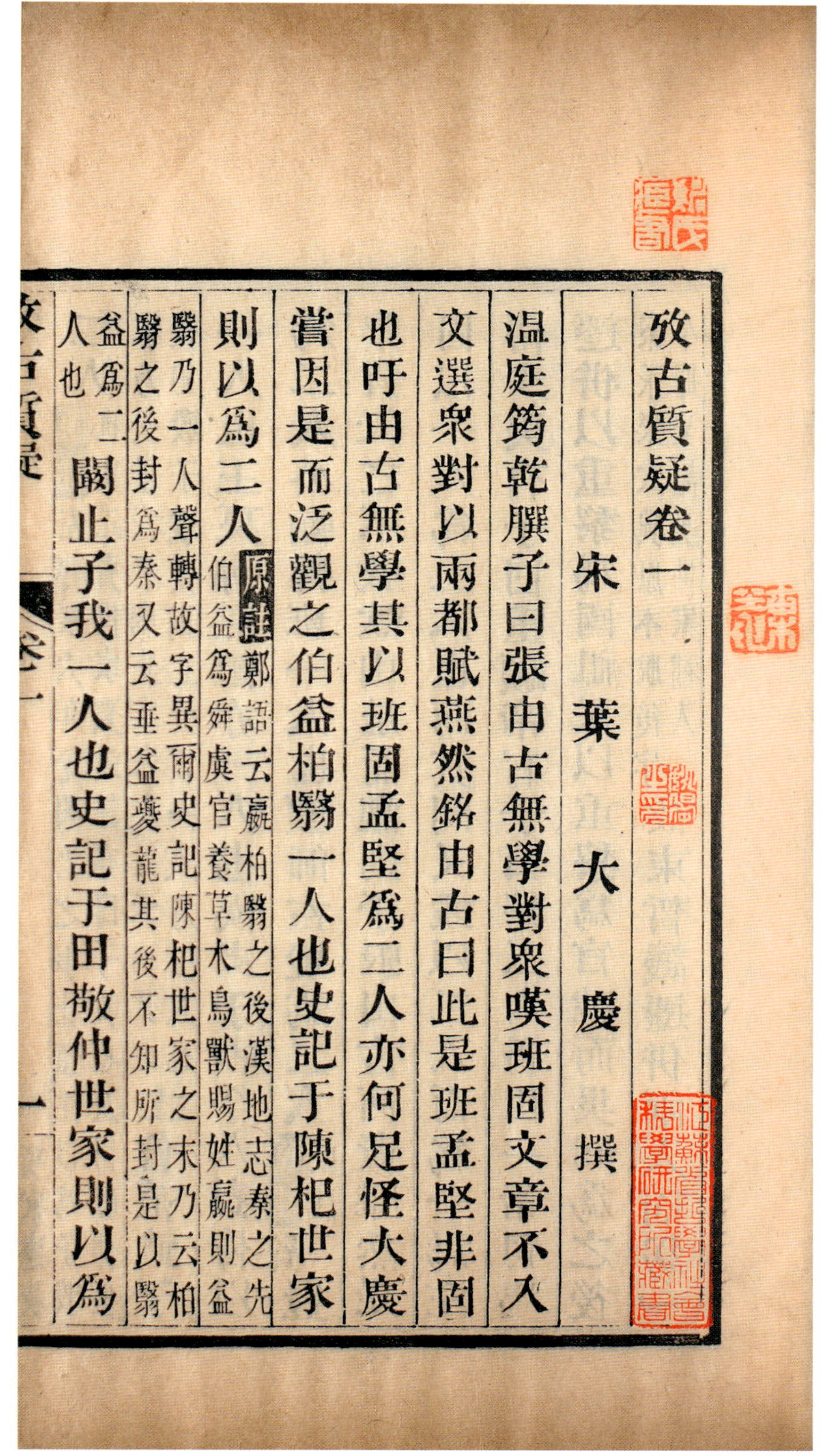

攷古質疑卷一

宋 葉大慶 撰

温庭筠乾𦠆子曰張由古無學對衆嘆班固文章不入文選衆對以兩都賦燕然銘由古曰此是班孟堅非固也吁由古無學其以班固孟堅爲二人亦何足怪大慶嘗因是而泛觀之伯益柏翳一人也史記于陳杞世家則以爲二人原註鄭語云嬴柏翳之後漢地志秦之先伯益爲舜虞官養草木鳥獸賜姓嬴則益翳乃一人聲轉故字異爾史記陳杞世家之末乃云柏翳之後封爲秦又云垂益夔龍其後不知所封是以翳益爲二人也闕止子我一人也史記于田敬仲世家則以爲

攷古質疑 卷一 一

清乾隆武英殿木活字印武英殿聚珍版書本

2冊。半葉9行，行21字，小字雙行同。白口，單黑魚尾，四周雙邊。框高19.5厘米，寬12.6厘米。

板橋集六編 （清）鄭燮 撰 （圖1）

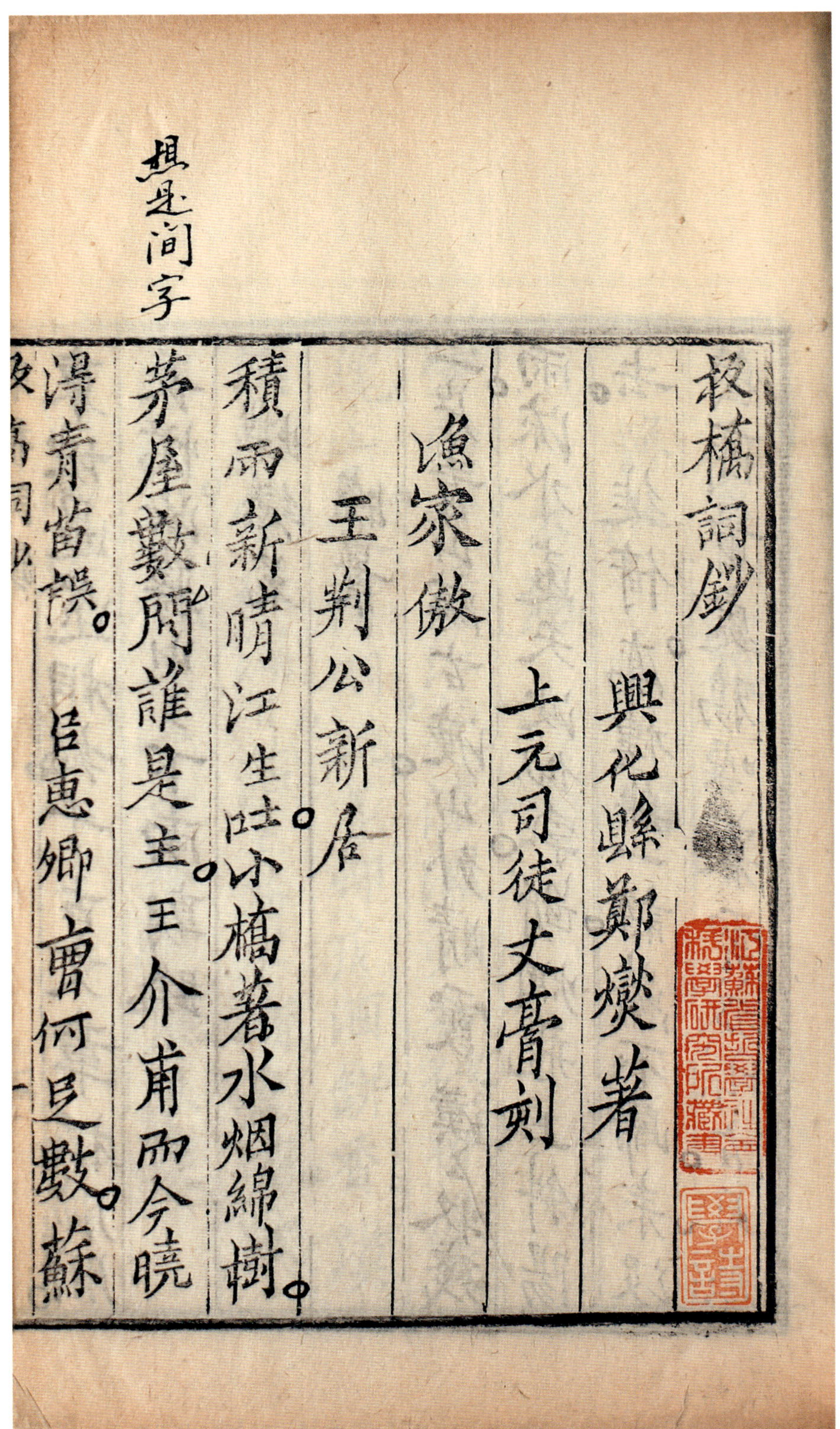
想是間字

板橋詞鈔

興化縣鄭燮著

上元司徒文膏刻

漁家傲

王荆公新居

積雨新晴江生吐。小橋着水烟綿樹。

茅屋數間誰是主。王介甫而今曉

滑青苗誤。呂惠卿曾何足數。蘇

板橋詞鈔

清清暉書屋刻本

4冊。

板橋詩鈔

興化鄭燮克柔氏著

鉅鹿之戰

懷王入關自聾瞽楚人太拙秦人虎殺人八萬取
漢中江邊鬼哭酸風雨項羽提戈來救趙暴雷驚
電連天掃臣報君讐子報父殺盡秦兵如殺草戰
酣氣盛聲喧呼諸侯壁上驚魂逋項王何必爲天
子只此快戰千古無千奸萬黠藏兇戾曹操朱温
盡稱帝何似英雄駿馬與美人烏江過者皆流涕

種菜歌 爲常公延齡作

板橋詩鈔 一

板橋集六編 （清）鄭燮 撰 （圖2）

道古堂詩集二十六卷　（清）杭世駿 撰

清乾隆刻本

4册。半葉10行，行21字，小字雙行同。白口，單黑魚尾，左右雙邊。框高18.6厘米，寬13.6厘米。

道古堂詩集卷一

仁和　杭世駿　大宗

橙花館集上

古蕩舟中望法華秦亭諸山

小雨吹不成散作谿響急溪行十八里初自石橋入脩竹烟濛濛半隱嵐靄溼忽然漏晴暉露出青戢孴松杉亘其腹高下蔽石級天影隨峰廻皴法變幽澀笑指梅花僧定有草廬葺

溪上集

十笏淨名室漉漉春流環老樹當戶立寄竹隨溪灣磵

道古堂詩集卷一　橙花館集　一

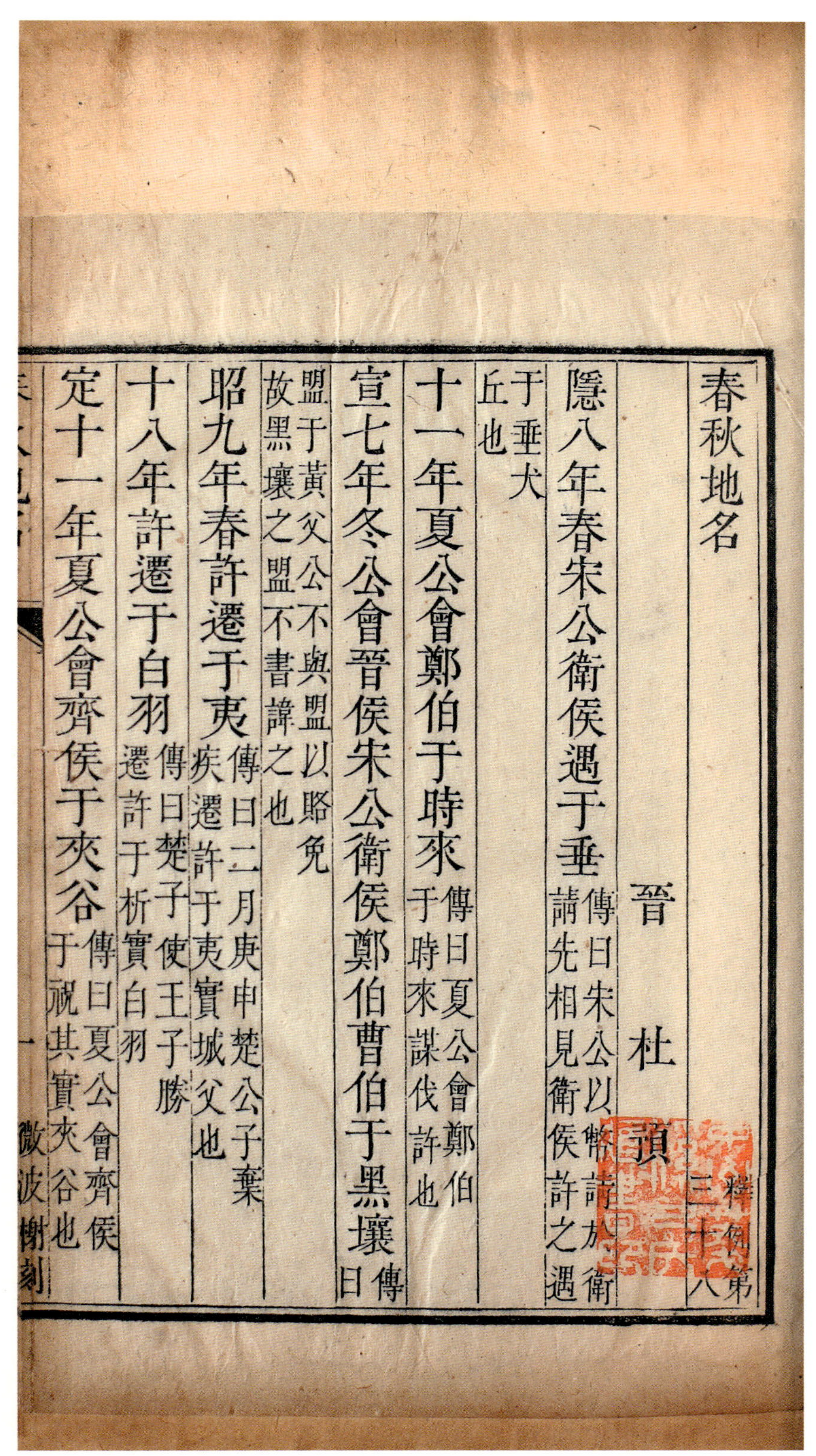

春秋地名

晉 杜 預 釋例第三十八

隱八年春宋公衛侯遇于垂 傳曰宋公以幣請於衛請先相見衛侯許之遇于垂犬丘也

十一年夏公會鄭伯于時來 傳曰夏公會鄭伯于時來謀伐許也

宣七年冬公會晉侯宋公衛侯鄭伯曹伯于黑壤 傳曰盟于黃父公不與盟以賂免故黑壤之盟不書諱之也

昭九年春許遷于夷 傳曰二月庚申楚公子棄疾遷許于夷實城父也

十八年許遷于白羽 傳曰楚子使王子勝遷許于析實白羽

定十一年夏公會齊侯于夾谷 傳曰夏公會齊侯于祝其實夾谷也

微波榭刻

清乾隆曲阜孔氏刻彙印本

存十一種三十九卷(戴氏遺書:東原文集十卷、聲韻考四卷、聲類表九卷首一卷、原善三卷、原象一卷,春秋地名一卷,春秋長歷一卷,春秋金鎖匙一卷,國語補音三卷,五經文字三卷附五經文字疑一卷,新加九經字樣一卷),13册。

知不足齋叢書 （清）鮑廷博 編

涉史隨筆

宋 葛洪 著

趙公仲連止烈侯賜鄭歌者田

趙烈侯好音謂國相公仲連曰鄭歌者槍石二人賜之田人萬畝公仲曰諾不與烈侯累問公仲稱疾不朝番吾君謂公仲曰君實好善而未知所持君相趙於今四年亦有進士乎曰未也番吾君曰牛畜荀欣徐越皆可公仲乃進三人及朝復問歌者田公仲曰方使擇其善者牛畜侍烈侯以仁義約以王道明日荀欣侍以選練

涉史隨筆 一 知不足齋叢書

清乾隆、道光間長塘鮑氏刻本

存十四種五十九卷（涉史隨筆一卷、客杭日記一卷、榕城詩話三卷、補漢兵志一卷、愧郯録十五卷、皇宋書録三卷、蘆浦筆記十卷、五代史記纂誤補四卷、山静居畫論二卷、茗香詩論一卷、吹劍録外集一卷、五行大義五卷、負暄野録二卷、道命録十卷），18冊。

困學紀聞二十卷 （元）王應麟 撰 （清）閻若璩 箋 （清）何焯 評 （圖一）

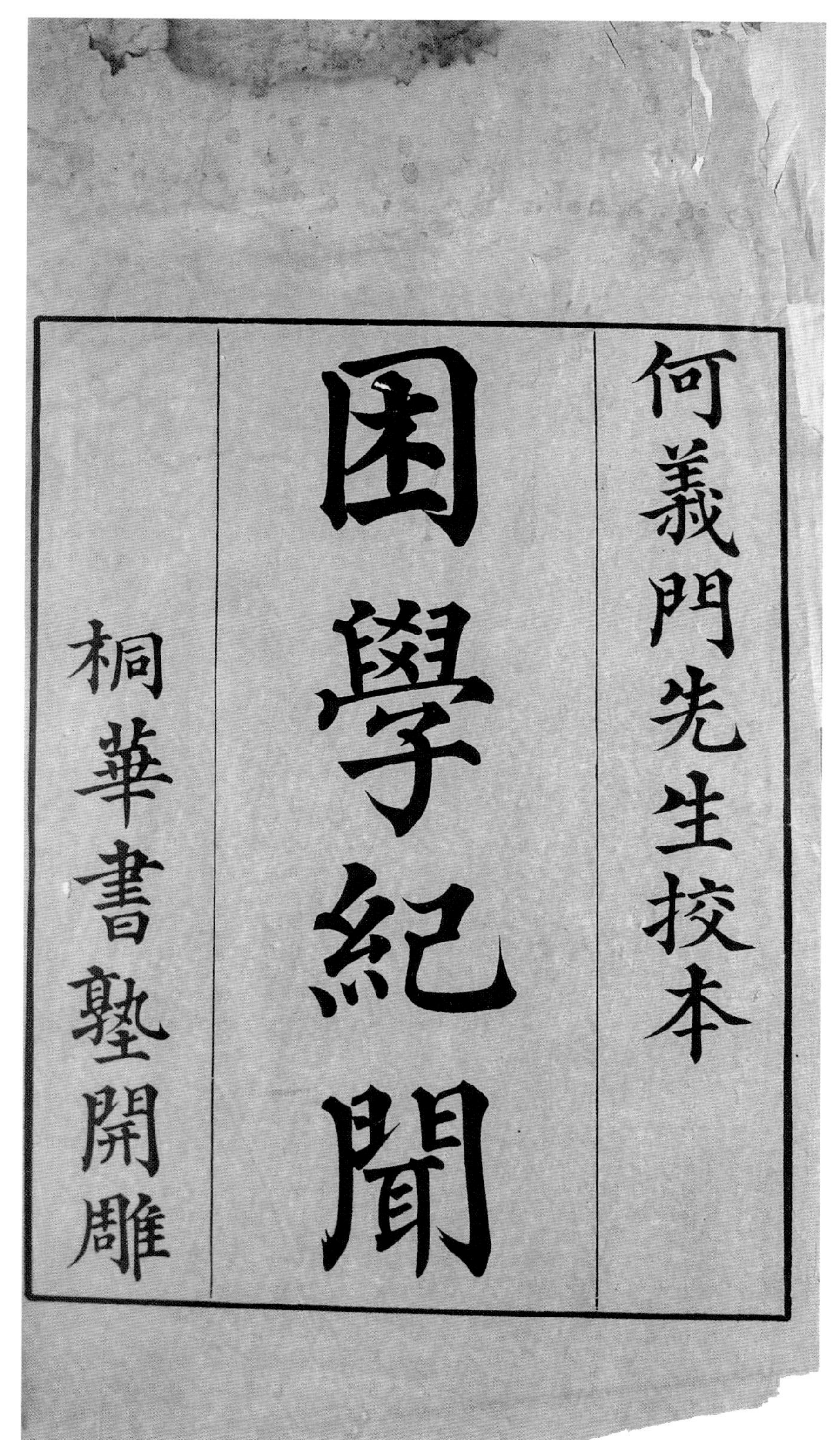

清汪垕桐華書塾刻本

4冊。半葉11行，行25字，小字雙行34字。白口，單黑魚尾，左右雙邊。框高19.1厘米，寬14厘米。

困學紀聞二十卷　（元）王應麟　撰　（清）閻若璩　箋　（清）何焯　評　（圖2）

困學紀聞卷之一

浚儀　王應麟　伯厚

易

危者使平易者使傾易之道也處憂患而求安平者其惟危懼乎故乾以惕无咎震以恐致福

脩辭立其誠脩其內則爲誠脩其外則爲巧言易以辭爲重上繫終於默而成之養其誠也下繫終於六辭驗其誠不誠也辭非止言語今之文古所謂辭也

履霜戒於未然月幾望戒於將然易貴未然之防至於幾則危矣

潛龍以不見成德管寧所以箴邴原也全身以待時杜襲所以戒繁欽也易曰括囊无咎无譽

困學紀聞　卷一　一

元史類編四十二卷 （清）邵遠平 撰 （圖1）

元史類編卷之一

仁和邵遠平戒山學　南沙席世臣邵客氏校刊

世紀一

太祖皇帝諱鐵木眞姓奇渥溫氏蒙古部人其先世有曰脫奔咩哩犍妻曰阿蘭果火夜寢帳中夢白光自天而下化金色神人趨臥榻遂驚覺有娠生子曰孛端乂兒大方通鑑云阿蘭夜寢屢有光明照其腹一乳三子長曰孛完合答吉次曰孛合撒赤季曰端乂兒其季也狀貌奇異沉默寡言家人謂之癡阿蘭獨曰此兒非癡後世子孫當有大貴者歷四世曰海都家爲押剌伊兒部所破止海都存其季父納眞率八剌忽怯谷諸民共立爲君長海都旣立轉攻押剌伊兒部役屬之形勢寖大列營帳于八剌合黑河上跨河爲梁以便往來由是隣部歸者漸衆其後子孫蕃衍各自爲族曰哈答吉曰散只兒曰吉押又謂之札卽剌氏彼此不相統屬傳五世

清乾隆六十年（1795）席世臣掃葉山房刻本

缺四卷（二十二至二十五），11冊。半葉12行，行25字，小字雙行37字。白口，單黑魚尾，左右雙邊。框高21.4厘米，寬15厘米。

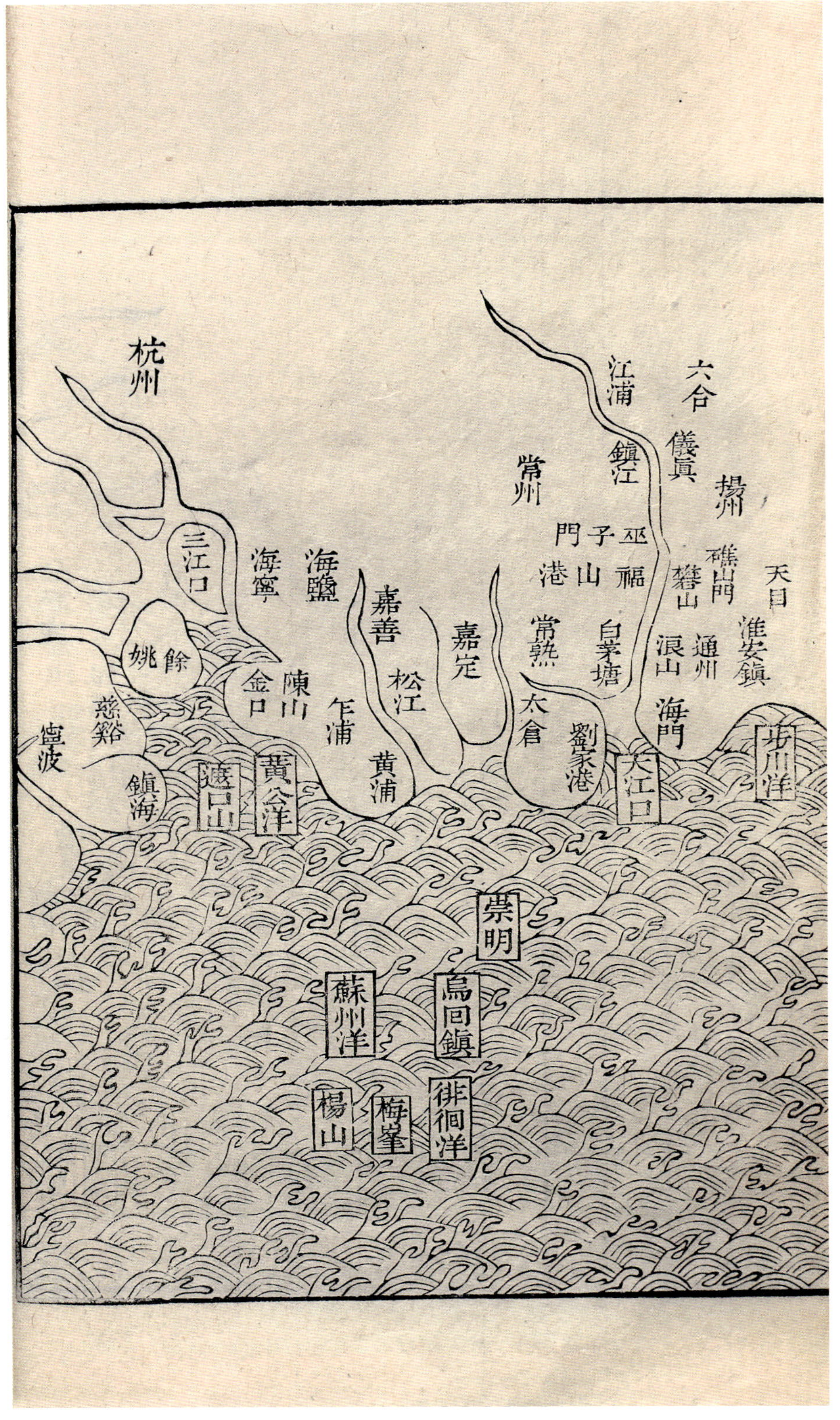
杭州
三江口
餘姚
慈谿
寧波
鎮海
海寧
海鹽
金口
陳山
乍浦
黃公洋
嘉善
松江
黃浦
嘉定
常州
常熟
太倉
劉家港
白茅塘
江浦
六合
儀真
鎮江
揚州
狼山
通州
海門
淮安鎮
大江口
崇明
蘇州洋
徘徊洋
楊山

昌黎先生詩集注十一卷　（唐）韓愈撰　（清）朱彝尊　（清）何焯評　（清）顧嗣立刪補　昌黎先生年譜一卷（圖1）

序無文章止直敘然御亦腴峭有法

昌黎先生詩集注卷第一

長洲顧　嗣立　俠君　刪補

古詩三十一首

元和聖德詩 并序

嗣立補注唐書憲宗皇帝紀帝順宗長子永貞元年八月詔立爲皇帝乙巳卽位癸丑劒南西川行軍司馬劉闢自稱留後十一月壬申夏綏銀節度留後楊惠琳反元和元年三月辛巳惠琳伏誅九月辛亥克成都十月戊子闢伏誅二年正月己丑朝獻于太清宮庚寅朝享于太廟辛卯有事于南郊大赦

臣愈頓首再拜言一有曰字臣伏見皇帝陛下卽位已來誅流姦臣嗣立補注舊唐書順宗紀八月庚子詔冊皇太子卽皇帝位壬寅貶右散騎常侍王伾爲開州司馬前戶部侍郎度支鹽鐵轉運使王叔文爲渝州司戶憲宗紀八月卽位九月貶韓泰等爲諸州刺史十月貶中書侍郎平章事韋執誼爲崖州司馬朝廷清明無有欺蔽外斬楊惠琳劉闢以收夏蜀東定青徐積年

昌黎詩集注卷一　一　膺德堂重刊顧氏本

清道光十六年（1836）膺德堂刻朱墨套印本　張鴻來批跋

4冊。半葉11行，行20字，小字雙行30字。白口，單黑魚尾，左右雙邊。框高18.8厘米，寬15厘米。

翻案感慨

古詩人生不滿百常懷千歲憂陶詩世短意常多起聯即此意

飲食字摘得好

十一詩大指通在讀書

結高

從悲秋意又翻出一層　泬寥兮天高而氣清寂寥兮收潦而水清是首所祖○原本前哲卻句句直書

受氣苦異適時各得所松柏不必貴

彼時何卒卒（蒼沒切〔前漢〕司馬相如傳卒卒無須臾之間師古曰卒卒促遽之意也）我志何曼曼（音萬）

犀首空好飲（〔史記〕犀首者魏人也名衍姓公孫氏〔司馬彪曰〕犀首魏官名〔又〕楚使陳軫使秦過梁見犀首曰公何好飲也曰無事也）

廉頗尚能飯（〔史記〕廉頗趙將以讒奔魏其後趙王使使者視廉頗尚可用否頗爲之一飯斗米肉十斤被甲上馬以示可用使者還報曰廉將軍雖老尚善飯）

此詩蓋懷○士時作

學堂日無事驅馬適所願茫茫出門路欲去聊自勸（一作歎）歸還閱書史（一作簡書）文字浩千萬陳（一作塵）跡竟誰尋（一作難）（〔莊子〕六經者先王之陳跡）賤嗜非貴獻丈夫意有在（一作存）女子乃多怨

志士悲秋不同思女傷春我特以時易失而志難行耳豈歎老哉

秋氣日惻惻秋空日凌凌上無枝上蜩（音條〔詩〕五月鳴蜩）下無盤中蠅豈不感時節耳目去（一作無）所憎清曉卷書坐南山見高稜其下澄（一作通或作有或作古或作石）湫水有蛟寒可罾（音曾）惜

不○但○去○所○憎○靠○開○水

澄○尤○秋○之○可○喜○也　末又因不得手攪蛟龍○觸動所懷此○固丈夫

清神高韻會心自遠

視樹之顔色非復向薿薿矣

以精語運淡思兼陶謝兩公

起四語常意卻寫得流快

妙從秋聲入耳寫得驚心動魄然後轉出顔色凋瘁來若於光薿薿下徑接凋瘁便嚼蠟矣

是比若謂秋中生更勝彼後彫者

秋懷詩十一首

樊云秋懷詩十一首文選詩體也唐人最重文選學公以六經之文爲諸儒倡文選弗論也獨於李郱墓誌之曰能暗記論語尚書毛詩左氏文選而公詩如自許連城價傷砌看紅藥眼穿長訝雙魚斷之句皆取諸文選故此詩往往有其體

窗前兩好樹衆葉光薿薿音擬詩黍稷薿薿秋風一披拂策策鳴不已微燈照空牀夜半偏入耳愁憂無端來感歎成坐起天明視顔色與故不相似義和驅日月一作白日廣雅義和日御也詳見卷五赤藤杖歌注疾急不可恃浮生雖一作每多塗趨死惟一軌胡爲浪自苦得酒且歡喜

接得妙　逐層襯出　應薿薿　反結放開

白露下百草蕭蘭共雕一作憔或作凋悴荀子勞苦凋悴青青四牆下已復生滿地寒蟬暫寂寞蟋蟀鳴自恣運行無窮期稟

悲哉秋之爲氣也草木搖落而變衰發端祖此

牆　草　蟋蟀

又得氣之偏者言物亦各適其時非必草木之榮悴生感也

昌黎先生詩集注十一卷　（唐）韓愈 撰　（清）朱彝尊　（清）何焯 評　（清）顧嗣立 刪補　昌黎先生年譜一卷（圖2）

楊園先生全集□□卷　（清）張履祥　撰　（清）陳敬璋　輯　（圖一）

楊園先生全集卷之二十一

海昌後學陳敬璋輯

傳

邱平叔傳

邱允琦字平叔與顏統士鳳同里王父廣文君以明春秋貢禮部凡鄉之春秋得舉者皆習廣文君說平叔世其業獨不遇負性耿直意所不可鬚髯戟張遇事慷慨無避忌以是士鳳少長交於平叔雅相得崇禎癸未士鳳卒乙酉七月顏氏家難作持杖斧呼殺人以入士鳳長子鼎受從嗣祖太學出走羣兇將及平叔開門迎之曰無害吾能卒

稿本

存一卷（二十一），1冊。

卒子二汝賢殤汝中聘巢氏女三長適松江國子生姚世靖次適嘉興屠子安道俱孺人出幼未字與汝中同妾葉氏出妾二李氏葉氏先戊戌九月朔葬姚孺人於澉湙荊山之陰乙巳十二月初五日奉先生櫬合葬焉銘曰

維德之厚本乎孝弟維德之進勇於知非厥非有覺職焉焉趨孝弟允篤乃慶之貽蒼山峩峩永瞻望兮澉水洋洋實櫟期兮先生之志子孫世世其無違兮

吳子仲木墓誌銘

吳子仲木諱蕃昌八世祖胡諱忠者自天台徙澉浦易姓吳族益大遂爲海鹽吳氏大父司寇公諱中偉憙廟時逆

稿本

7册。

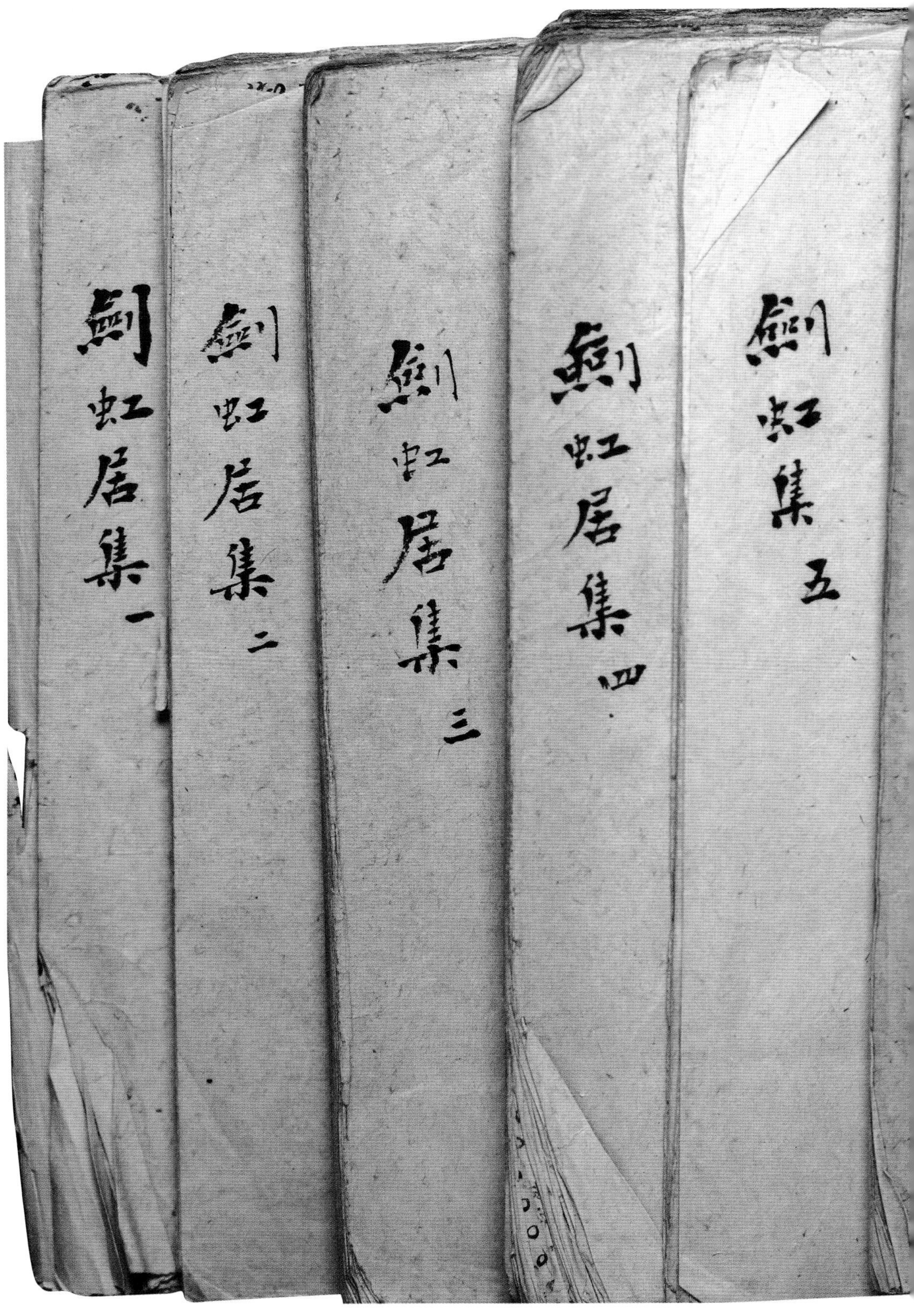
劍虹居集一
劍虹居集二
劍虹居集三
劍虹居集四
劍虹集五

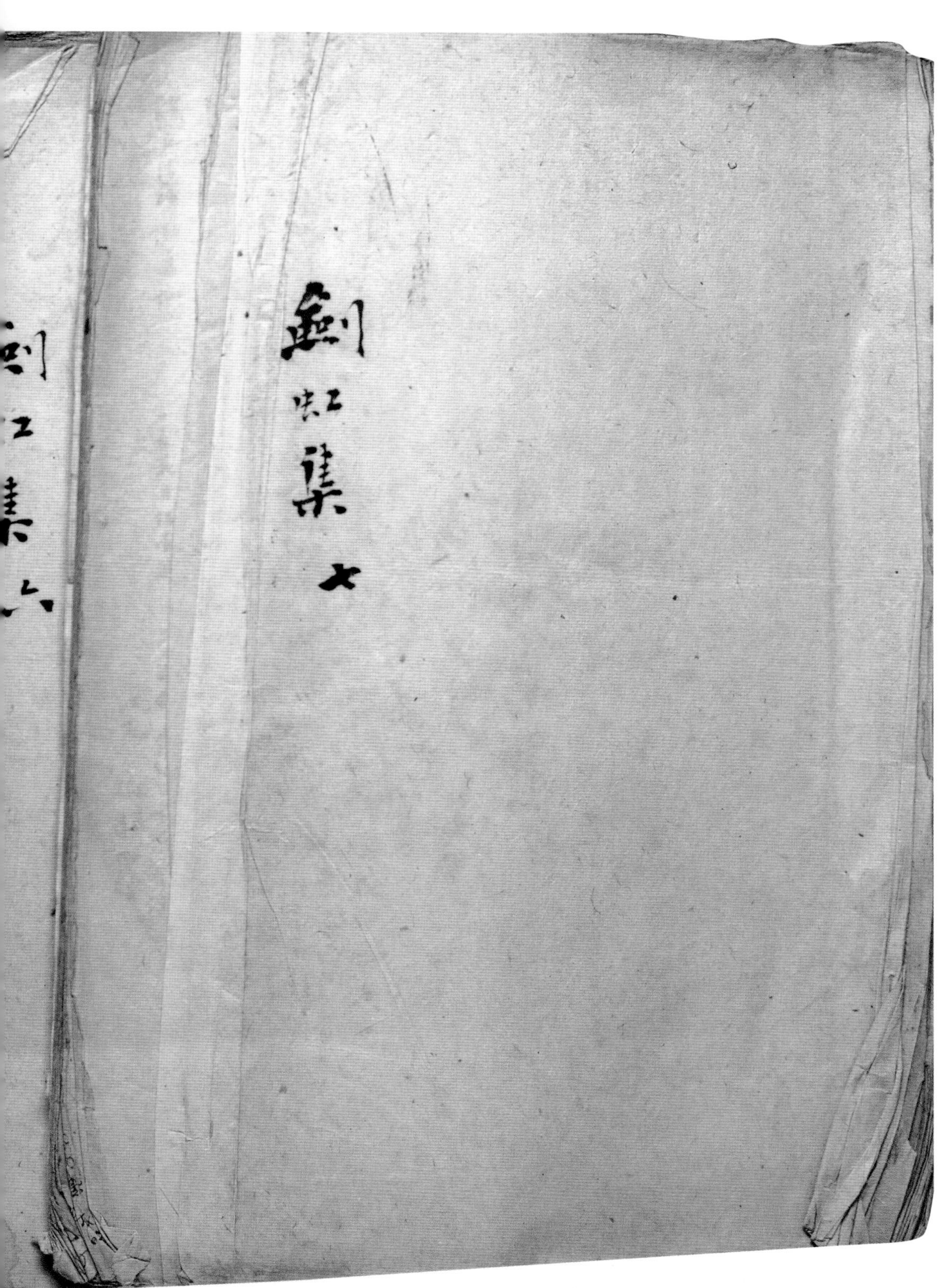

劍虹居集不分卷 （清）秦焕 撰 （圖1）

劍虹居集不分卷 （清）秦煥 撰 （圖2）

8

讀桃花扇題後

壯悔文章高閣置

青溪野館臘剩斜曛。多少興亡付水雲。才敵侯生今亦有
幾。一箇李香君。

弔古須憑卓識真。莫將成敗論孤臣。天教黃左扶殘運
都是。徐常。合傳人。

入骨相思鐵石同。癡腸兒女竹英雄。桃花眼淚梅花
血。濺透冬江流恨紅。

何樓樓展覓漁樵。二百年前恨未消。酒冷燈殘一披
卷。吟魂飛過白門橋。

雨窓有感

坐冷皐比指不言。村墟一帶暮鴉喧。詩吟久客真

赤鳳公子日記辛丑年不分卷（清光緒二十七年三月至十二月）（清）翁之廉 撰 （圖一）

辛丑三月
初三連雨陰濕殊甚跋涉維行展叔耶孫
金閶般者 吾母昨夕抵舟 宝妹同到山前看
拜香予則日君謹乘何小弟般公集者太倉紙
柳屛 燃園 江都千嘯仙 宗慶 曾孟朴朱遠生
隱圭如方補帆諸君約午刻已過由南门絃赴
燒香浜畫舫雲集 小水夫容鮮艷奪目又見
洛水妃子 正自欲仙去年今日同此景遇者
摩撿點娃笙感焉援筆占得一律
此日遊蹤大可觀 三年夢影未全殘 山川作

稿本
2冊。

心結詩深淺舊遊思裙結葉成陰綠凄斷還樓沐霊

遍君性善韵平調心

不隸而真亦其不錄之錄

與平有別

居孟昭勝侶。空靈鼎新詩甘卷

月齋名

槐像那附謂蟫

與孟昭亦曾居吳當時與覃溪伯元頻伽諸

先生有倡和集名今昔感雙燕子也應長歎

處藤書屋詩錄

集者三十六人

選辭隽永寄慨遥深當行家面

應如是　小蓮華注

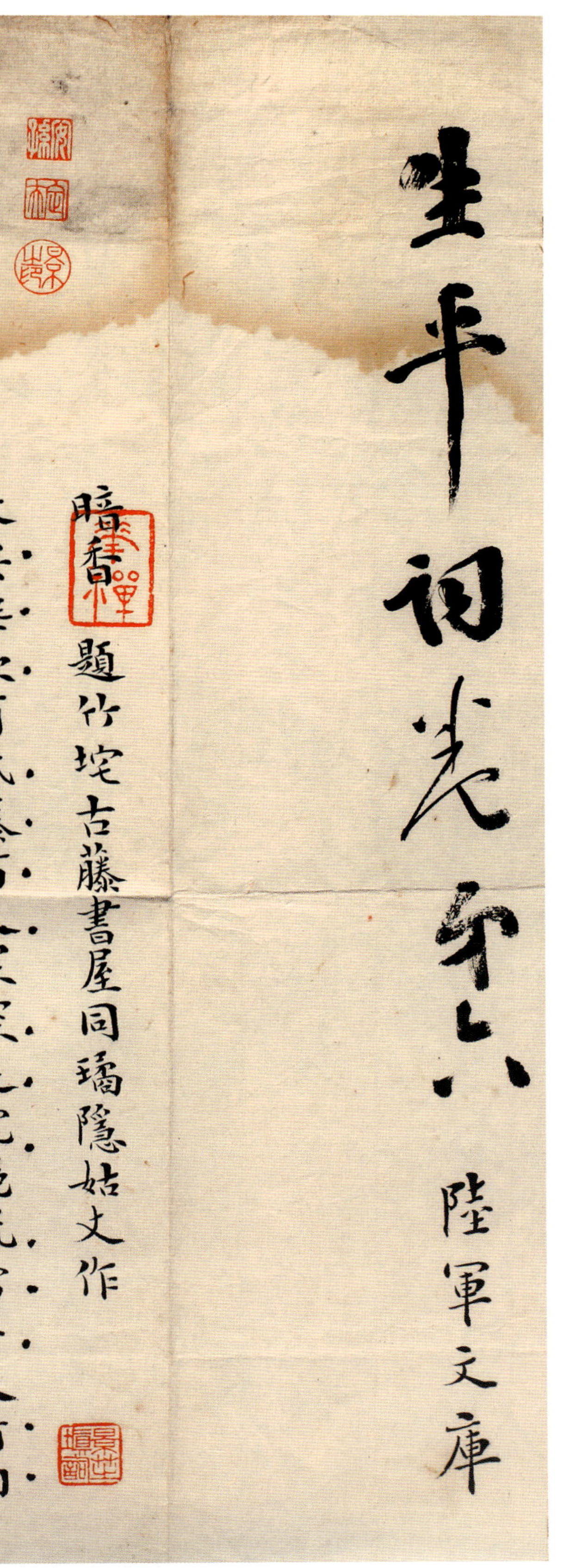
陸軍文庫

暗香 題竹垞古藤書屋同瑺隱姑文作

長安塵軟有紫藤百尺深深庭院艷說當年天倩詞人作花伴可惜芳根易老都只共金風零亂但怪得如此匆匆春事阿誰管

不平見意晼晚問雨夕琴

赤鳳公子日記辛丑年不分卷（清光緒二十七年三月至十二月）（清）翁之廉 撰 （圖2）

赤鳳公子日記辛丑年不分卷（清光緒二十七年三月至十二月）（清）翁之廉 撰 （圖3）

錦芸如晤前日接
惠書并頌生康訪聯之函位置甚嚴密并承
[illegible]
陳之已感不言謝
尊聯亦已 頌公書來
大著懷柳[illegible]面交 頌公極賛美云須收原
稿留[illegible]坡未索回拙作四首勉強和均已達
清聽內人[illegible]未作如有存者可索出奉

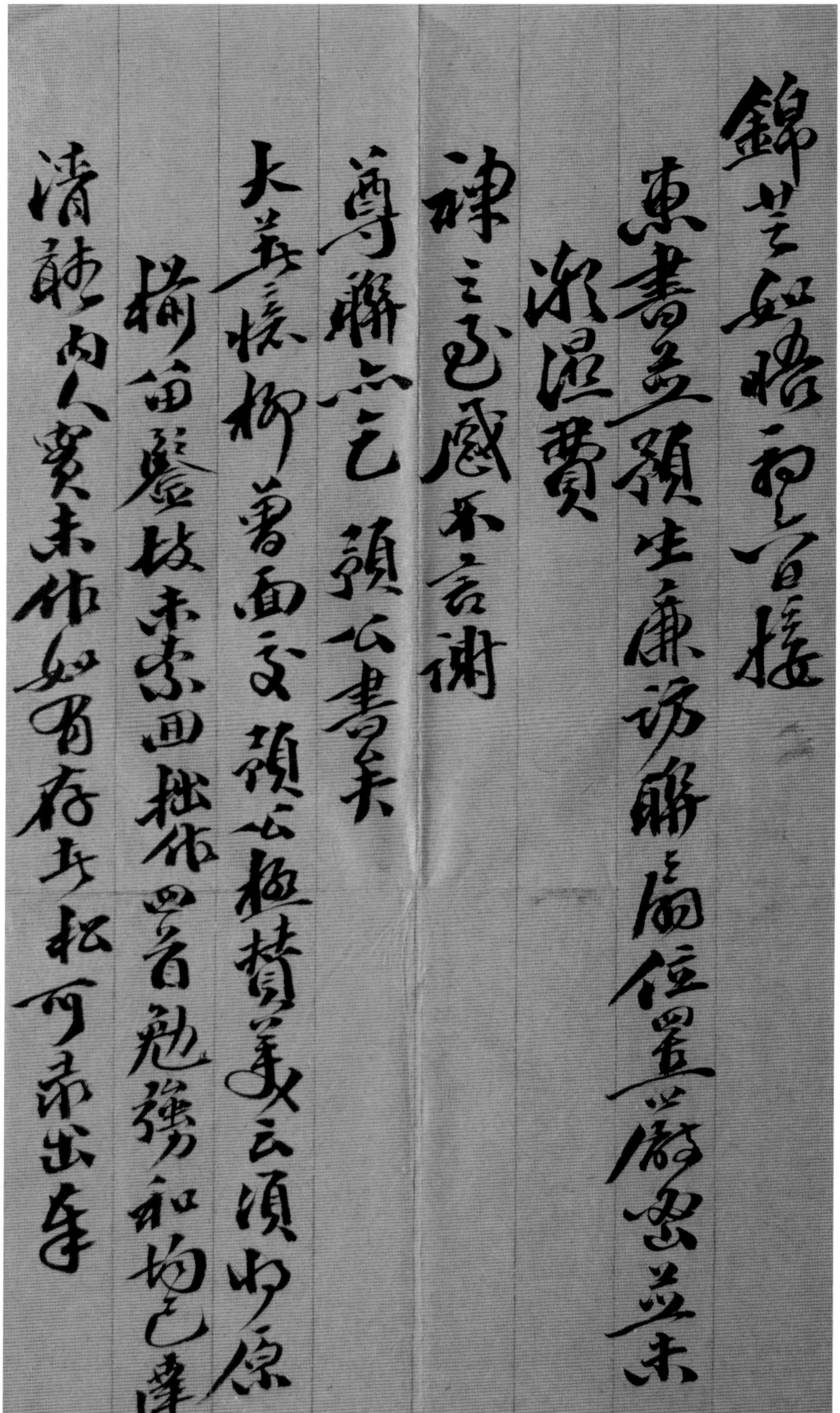

赤鳳公子日記辛丑年不分卷（清光緒二十七年三月至十二月）（清）翁之廉 撰 （圖4）

後記

中共江蘇省委黨校圖書館古籍整理工作始於2017年6月，在時任分管校領導楊明教授的重視關心下，圖書館組建了由江蘇省古籍保護中心專家領銜的工作小組，開啓摸清家底、書目編目工作，至2018年9月完成館藏古籍普查登記目録的上傳校對工作。第一階段的成果《中共江蘇省委黨校圖書館等八家收藏單位古籍普查登記目録》已由國家圖書館出版社于2022年4月出版。館藏元刻明修本《附釋音禮記注疏六十三卷》入選國家文化和旅遊部2020年10月發佈的第六批國家珍貴古籍名録（第12340號）。

2021年4月，在時任分管校領導顧明進教育長的支持幫助下，圖書館啓動古籍整理第二階段的工作，採用“師帶徒”方式，由南京圖書館古籍整理專家帶領本館專職古籍工作人員進行善本分級分類整理工作。2022年1月，圖書館獲批“江蘇省古籍重點保護單位”，有4部古籍入選第五批江蘇省珍貴古籍名録。爲了讓館藏古籍充分發揮現實作用，在校領導的支持下，圖書館購買了古籍書刊數字化掃描系統，啓動《中共江蘇省委黨校圖書館館藏古籍珍本圖録》的编纂工作，挑選出237部品質較高的珍稀古籍善本，完成了300餘頁書影的拍攝工作。本書古籍著録方式遵從中華人民共和國國家標準（GB/T 3792.7-2008）古籍著録規則，結合館藏實際，與原書書影不盡一致。所選古籍的編排方式以朝代排序爲主，輔以版本考量。以上兩點説明，以供參閲。

本書由常務副校（院）長楊明擔任編纂委員會主任，他對整本書的目録選編、美工排版、封面設計等進行了悉心的指導和審定。副校（院）長胡志軍、分管副校（院）長顧明進和教育長李宗堯擔任編纂委員會副主任，他們都對本書的内容提出了寶貴的意見。楊慶雲擔任主編，丁小文、仲明對本書的編輯工作提了建議，常璐負責本書編輯出版具體工作事宜。參加該項工作的還有王曉寧、顧麗紅、戚曉熔、趙霞、高鵬和王文美等同志。

本書的出版工作得到了江蘇省古籍保護中心的大力支持，特此致謝全勤主任、周蓉副主任和方雲老師，她們對這項工作進行了全方位的指導。由於編者水準有限，本書難免存在缺點與不足，敬請讀者批評指正。

中共江蘇省委黨校圖書館

2022 年 11 月 25 日

圖書在版編目（CIP）數據

中共江蘇省委黨校圖書館館藏古籍珍本圖録 / 中共江蘇省委黨校圖書館編纂. -- 南京 : 鳳凰出版社, 2023.4
ISBN 978-7-5506-3928-7

Ⅰ. ①中… Ⅱ. ①中… Ⅲ. ①黨校圖書館－古籍－善本－圖書館目録－江蘇 Ⅳ. ①Z838

中國國家版本館CIP數據核字(2023)第045841號

書　　名　中共江蘇省委黨校圖書館館藏古籍珍本圖録
編　　纂　中共江蘇省委黨校圖書館
責任編輯　杜錦瑞
裝幀設計　姜　嵩
出版發行　鳳凰出版社(原江蘇古籍出版社)
　　　　　發行部電話025-83223462
出版社地址　江蘇省南京市中央路165號,郵編:210009
照　　排　南京新華豐製版有限公司
印　　刷　南京凱德印刷有限公司
　　　　　江蘇省南京市江寧濱江開發區寶象路16號，　郵編:210001
開　　本　787毫米×1092毫米　1/16
印　　張　21.5
版　　次　2023年4月第1版
印　　次　2023年4月第1次印刷
標準書號　ISBN 978-7-5506-3928-7
定　　價　300.00圓
(本書凡印裝錯誤可向承印廠調换,電話:025-52603752)